GEORG HOLLAS
Charlotte sticht

Über den Autor

Georg Hollas wurde 1967 in einer Kleinstadt am linken Niederrhein geboren. Aufgewachsen in einer Handwerkerfamilie lernte er schnell seine Gedanken und Ideen mit den Händen umzusetzen. Als selbstständiger Maler- und Glasermeister widmete er sich nicht nur seiner Arbeit, sondern entwickelte sich im Laufe der Jahre auch zum Kunsthandwerker. Vor allem die Arbeit mit Pinsel, Farbe und Glas begeisterte ihn.

Wenn es seine Freizeit zulässt, widmet er sich seinem Hobby, dem Schreiben. Geschichten, die über Jahre in seinem Kopf heranreiften, fasste er in Worte und veröffentlichte bislang zwei Fantasy-Romane: 2012 „Ployyderia – Eine andere Welt" und 2016 „Ployyderia – Bücher der Vergangenheit".

Seine Diagnose „Multiples Myelom" (Blutkrebs) veranlasste ihn, einen Erfahrungsbericht zu schreiben, um Krebspatienten, aber auch ihren Angehörigen, aufkommende Ängste und Unsicherheiten zu nehmen und ihnen vielleicht die notwendige Willenskraft zu stärken, gegen den eigenen Krebs anzukämpfen oder Betroffene zu unterstützen.

Georg Hollas

Charlotte sticht

Eine Lebensabschnittskatastrophe
18 Monate Blutkrebs

1. Auflage

ISBN: 978-3-946537-53-3

Umschlaggestaltung: © Georg Hollas
Korrektorat: www.lektorat-mecke.com

Druck und Satz:
Heimdall Verlag, Devesfeldstr. 85, 48431 Rheine,
www.heimdall-verlag.de

Bibliografische Information der Deutschen Nationalbibliothek:
Die Deutsche Nationalbibliothek verzeichnet diese Publikation in
der Deutschen Nationalbibliografie; detaillierte bibliografische Daten sind im Internet über http://dnb.dnb.de abrufbar.

Gewidmet

allen Krebserkrankten mit den besten Genesungswünschen

[handschriftlich:]

Liebe Angela!
Schön, dass ich Sie
kennenlernen durfte.
Wir hatten und werden
Sie Gespräch haben.
Danke für Ihr Interesse

Lieben Gruss
[Unterschrift]

2.12.2018

Inhaltsverzeichnis

Vorwort

Es stellt sich für mich die Frage, wie viel ich von mir, auch von meiner Familie öffentlich preisgeben möchte. Manche denken, vielleicht ist zu viel Privates dabei, was nicht unbedingt jeder wissen muss. Andere denken vielleicht, es ist Sensationshascherei. Und die Nächsten denken vielleicht – mir erging es wesentlich schlechter.

Jeder, den ich frage, und jeder, den ich fragen werde, hat eine andere Meinung, andere Empfindungen darüber, was und wie viel ich erzählen darf, kann und sollte.

Ich denke für meinen Teil, wenn es so war und wenn es so ist, warum damit hinterm Berg halten?

Ob ich jemandem mein Lebensschicksal bei einem Gläschen Wein erzähle oder hier niederschreibe und veröffentliche, macht für mich nicht so den großen Unterschied.

Na ja, und jeden Abend mit einer an meinem Leben interessierten Person ein Gläschen Wein zu trinken, wäre mir auf Dauer dann doch zu viel Alkohol.

Ich wünsche mir gerade durch meine Ehrlichkeit und Offenheit, jene Menschen zu erreichen, die sich dann mehr trauen, über ihre Krankheiten, Schicksale und Ängste zu reden.

Vielleicht gelingt es mir durch diese Zeilen, bestimmte Ängste und Unsicherheiten zu nehmen, oder zumindest nicht größer werden zu lassen, und führt dazu, für sich selbst Kraft aus diesem Geschriebenen zu ziehen, um mit seiner eigenen Last auf den Schultern besser zurechtzukommen.

Georg Hollas

1
August

„Wir planen Wochen und Monate voraus.
Dabei sind es Sekunden und Minuten,
die unser Leben verändern." (1)

Montagmorgen, sieben Uhr dreißig in einer nordrheinwestfälischen Großstadt.

Im Laufe der Jahre habe ich es mir zur Angewohnheit gemacht, zuerst den Schlüssel ins Schloss zu stecken und dann mit dem Schlüssel die Tür zuzuziehen. Ich habe dann die Sicherheit, dass ich den Schlüssel nicht in der Wohnung vergessen werde. Kaum war die Tür zu, ich wollte gerade abschließen, ging mein Smartphone. Beim Blick auf das Display wurde mir irgendwie mulmig. Die Nummer meines Hausarztes.

„Hallo Herr Hollas, hier ist die Praxis von Dr. K. Der Doktor möchte Sie gerne sprechen. Einen Moment bitte. Ich verbinde Sie", sagte die nette Frauenstimme, und ich landete in der Warteschleife ohne nervige Musik. Ich kenne alle seine Sprechstundenhelferinnen, aber ich weiß wirklich nicht mehr, mit wem ich gesprochen habe. Es ging alles viel zu schnell und es war noch viel zu früh am Tag. Ich starrte nach wie vor auf mein Türschloss, in dem der Schlüssel immer noch steckte. Um einen Auftrag würde es definitiv nicht gehen, dachte ich. Und schon begrüßte mich eine Männerstimme.

„Hallo Herr Hollas, schön, dass ich Sie erreiche. Ihre Blutwerte vom Donnerstag sind da. Ist es Ihnen möglich, heute in meine Sprechstunde zu kommen?"

Nicken hätte nichts genutzt, war ja am Telefon, auch wenn mir danach war, also antwortete ich mit „Ja, wann denn?".

„Von mir aus sofort", antwortete Dr. K.

„Ich bin noch in der Stadt und nicht vor neun Uhr im Dorf, geht das auch?"

„Ja, dann bis um neun."

„Worum geht es denn?"

„Das klären wir dann, wenn Sie hier sind, und nicht am Telefon", antwortete er und verabschiedete sich.

Jo, wenn einen der Hausarzt schon montags morgens um halb acht anruft, verheißt es nichts Gutes und der Arsch ging mir ganz schön auf Grundeis. Ich trabte nachdenklich meine dreiundachtzig Stufen hinunter und versuchte, mich nicht verrückt zu machen. In etwa anderthalb Stunden würde ich Antworten bekommen auf Fragen, die ich selbst nie bewusst gestellt hatte. Irgendwas war mit meiner Lunge wohl nicht in Ordnung. Nach den zwei Lungeninfekten irgendwie kein Wunder.

Was war geschehen?

Typische Geschichte in einem wechselhaften Sommer, vor dem sich keiner wehren konnte. An dem einen Tag waren es dreißig Grad im Schatten, am folgenden nur noch zwanzig Grad, windig und feucht. Je empfindlicher ein Körper ist, desto anfälliger wird man für solche Wetterkapriolen und die damit verbundenen aufkommenden Erkältungskrankheiten. Wie sich in der Tat später herausstellen sollte.

Ich stand mit einem nass geschwitzten Rücken im kalten Durchzug und bekam prompt eine ordentliche Bronchitis. Diese war diesmal vom Feinsten. Habe mich des Nachts wegen der Husterei vor Schmerzen gekrümmt. Schön, wie sich die Schleifstäube und Zigaretten ihren Weg nach außen bahnen wollten. Ich dachte, die Wege in die Lungen sind geteert? Sollte doch daher etwas einfacher gehen. Weit gefehlt. Wenn

Zwerchfell oder Rippenfell meinen, sich entzünden zu müssen, hat man keinen Spaß mehr. Aber wozu gibt es denn die leckeren Antibiotika. Fünf Tage, zweimal am Tag, und die Sache ist gefühlt vorbei. Pipi stinkt zwar ein bisschen, aber das war für mich ein Zeichen, dass es wirkt.

Gut. Mein Körper heilte so langsam vor sich hin. Sobald es mir besser ging, legte ich wieder richtig schön von vorne los, als sei nie etwas gewesen. Anstatt mich ein paar Tage weiter zu schonen.

Nun ja, irgendwann zeigte mir mein Körper, dass er das nicht mehr so richtig will. Nach drei Wochen ging die Sache weiter. Bevor ich vorwurfsvoll schreien konnte: „Wer hat denn das Fenster aufgemacht?", war es schon zu spät. Ich merkte, wie sich auf meinem von den sommerlichen Temperaturen nur leicht feuchten Rücken kühle Luftwirbel festsetzten und meine Lungenflügel erkalten ließen.

Wieder endloses Abhusten in der Nacht und Krümmen vor Schmerzen, um anschließend mit autogenen Atemübungen meine Lunge zu beruhigen.

Das kann es doch irgendwie nicht sein. Heidewitzka, morgen wird wieder geschliffen, geraucht und womöglich im Durchzug gestanden. Das Los eines Malers auf einer Baustelle, an der zu viele andere Handwerker ein anderes Frischluftbedürfnis hatten als ich.

Am Folgetag war Tapezieren vorgesehen, und wie üblich das Rauchen. Sorry, ich vergaß, das klappte auch nicht, weil ich keine Luft mehr bekam und mich meine Kundin daraufhin, ohne Wenn und Aber, sofort zum Arzt schickte.

Dieser legte mich dann, zum ersten Mal in meinem Leben, an einen Cortisontropf. Och, beruhigte ich mich, es gibt etwas, was besser funktioniert als ein Antibiotikum. Aber an einem Tropf zu liegen ist nun doch nicht so fein. Vor allem nicht mit einer Nadel im Arm. Und das mit meiner Spritzenphobie. Außerdem ist es reine Zeitverschwendung.

In dem Moment, als ich das dachte, hatte ich keinen blassen Schimmer davon, was auf mich zukommen wird.

„Ach ja, ich brauche noch Blutdrucktabletten", sagte ich in einem Nebensatz zu Dr. K.

Er zuckte nur kurz mit seinen Augenbrauen und fragte: „Sagen Sie mal, Herr Hollas, wann haben wir das letzte Mal ein großes Blutbild gemacht?"

Worauf ich nur unwissend meine Schultern hob. In den zwei Jahren, seit ich die Blutdruckmedikamente nehme, habe ich es nie nachkontrollieren lassen. Und ich gebe zu, während dieser Zeit war ich auch nie wieder bei Dr. K gewesen. Denn sie funktionierten doch. Ich meine die Pillen. Mein Blutdruck hatte sich richtig schön auf einem Durchschnittsdruck eingedruckt.

„Dann kommen Sie bitte Donnerstagmorgen nüchtern zur Blutabnahme", war seine Antwort. „Wir machen, wenn die Ergebnisse da sind, für Ende nächster Woche einen Termin."

Und meine Gedanken waren: Donnerstag. Halbe Stunde früher aufs Dorf fahren ... grummel ... nüchtern ... grummel ... Nadel im Arm ... schrecklich ... Was tut man nicht alles, um irgendwie seinen Körper auf Trab zu halten.

Aber das war nur der Anfang der folgenden Geschichte.

Der Termin zur Nachkontrolle meines Lungeninfektes, der für Ende nächster Woche geplant war, wurde gerade aufgrund der mir bis dahin noch nicht bekannten Ergebnisse auf Montagmorgen um neun Uhr vorverlegt.

Ich frühstückte mit meinen beiden Angestellten Tomek und Daniel, brachte die beiden zu ihrer Baustelle und ging in meinem Handwerkeroutfit, meiner weißen Latzhose, zu meinem

Hausarzt. Ich musste gar nicht lange warten. Das Wartezimmer war wider Erwarten leer. Ferienzeit und gutes Wetter, war die Erklärung.

„Wenn Sie mal schauen wollen", begann Dr. K. nach den üblichen freundlichen Begrüßungsfloskeln. „Das letzte große Blutbild war 2008 und da lag der Wert der Eiweißenzyme bei 8. Bei den Ergebnissen, die wir heute bekommen haben, liegt der Wert der Eiweißenzyme bei 30. Also mehr als dreimal höher wie vor acht Jahren. Die Kurve auf der Grafik dürfte bei Weitem nicht so hoch sein, wie hier angezeigt."

Ja, ich gebe zu, ich hatte es komplett verdrängt. Davon war nichts mehr da. Vollständig aus dem Hirn verbannt. Ja, so ein Zäckchen in einem Kurvendiagramm hatte ich vor acht Jahren schon einmal gesehen. Ich nahm es durchaus ernst, denn es jagte mir einen großen Schrecken ein. Damals suchte ich einen Hämatologen auf. Eine Knochenmarkentnahme stand auch auf dem Programm. Doch der Hämatologe meinte nach der Betrachtung der Blutwerte, es wäre nicht so tragisch, ich sollte regelmäßig zum Blutnehmen gehen. Dass es jedoch so ernst war, erkannte ich nicht, denn es ging mir ja gut. So hoch war dieser Wert auch nicht, das wird sich schon wieder einpegeln, dachte ich mir. Nun ja ... ich will mich jetzt nicht rechtfertigen, denn es ist so, wie es ist. Ich habe es verdrängt und nachher vergessen. So wie Männer nun mal sein können.

Das Auf und Ab im Leben und auf der Arbeit waren immer gute Gründe, solche Informationen nicht mehr weiterzuverfolgen.

Es kam die Krankheit und Pflege meines Vaters dazwischen. Anschließend die gesundheitlichen Probleme meiner Mutter.

Und ich muss wirklich sagen, ich habe es – vielleicht auch zum Glück – wirklich vergessen.

Ehrlich gesagt, fünf Jahre vorher, im letzten Lebensjahr meiner Mutter, in dem sie sich quälte, ihren Weg zum Herrn Gott zu finden, hätte ich den ganzen Kladderadatsch, der unweigerlich auf mich einstürzen sollte, gar nicht gebrauchen können. Außerdem ging es mir ja gut. Ich hatte zu dieser Zeit aktuell nichts Besonderes, bis auf den zu hohen Blutdruck und diese Lungengeschichte. Aber diese war ja erklärbar.

Wie sich später herausstellte, hätte man vor zehn Jahren sowieso nichts behandeln können. Man hätte die Krankheit vielleicht schon diagnostiziert und betiteln können, aber keine zufriedenstellende Möglichkeit gehabt, sie zu behandeln. Von daher war es, vom heutigen Standpunkt aus betrachtet, für mich sogar besser, dass ich es vergessen hatte. Manchmal lebt es sich entspannter, manches nicht zu wissen, bevor man sich verrückt macht.

Nun kam dieser riesige Zacken in der Grafik wie so ein Tsunami auf mich zugerollt und ich war klatschnass von der Flutwelle. Irgendwie wusste ich, dass es nun nicht mehr mit „Abwarten und Beobachten" abgetan ist.

„Ist es so wie vor acht Jahren?", fragte ich meinen Hausarzt mit meinen Dackelaugen. „Verdacht auf Leukämie, sprich Blutkrebs?"

Das wollte er so nicht sagen. Es war auch gut so. Ich weiß gar nicht, ob er jemals das Wort Krebs gebrauchte. In der ganzen Diagnosefindung war er schon klasse und sehr einfühlsam. Er empfahl mir für die nächsten Schritte zwei Ornithologen, sorry ... Onkologen.

Ich wählte nach meinem Bauchgefühl und nach dem Zeitaufwand, dorthin zu kommen, aus. Allerdings nahmen sich beide nicht viel. Es stellte sich nachher heraus, dass es dieselbe Onkologin war, die meine Mutter behandelte. Fügung des Schicksals? Weiß nicht. Glaub ich nicht dran. Es fühlte sich sicher an. Denn wie ich noch von meiner Mutter in Erinnerung hatte, kam sie gut mit ihr zurecht. Und das konnte ich nur bestätigen.

Ich bekam zwei Wochen später einen Termin für ein Vorgespräch mit der Onkologin und Hämatologin zur Biopsie meines Beckenknochens. Es ist nach den Blutergebnissen der nächste Schritt, um eine weitere Diagnose zu erstellen. Das bedeutet, mir wird ein Stück Knochen aus meinem Becken gebohrt. Dieser wird dann untersucht, um mehr zu erfahren.

Der Schlag in die verschiedenen Gesichter meines Umfeldes war gewaltig, als sie die Prognose hörten. Ohne dass ich, und das kann ich eigentlich ganz gut, dramatisierte. Einfach nur die Tatsache, dass mit meinem Blut etwas nicht stimmt und es auf Blutkrebs hindeuten könnte, sorgte schon für besorgtes Unbehagen. Die Reaktionen waren vielseitig. Nun war für uns alle die Zeit des Wartens bis zur Diagnosestellung angebrochen.

Mir erzählte mal jemand: „Bei einer Krebskrankheit gebe man sich und sein komplettes Selbst beim Durchgang durch die Krankenhaustür ab." Das hallt immer noch in meinen Ohren und ist nach wie vor sehr präsent. Denn es stimmt.

Nach meiner Zivildienstzeit, das ist knapp dreißig Jahre her, war ich einmal genötigt, mich arbeitslos zu melden. Der Weg zum Arbeitsamt war einfach zu bewältigen. Doch als ich mit meinen Unterlagen unter dem Arm vor dieser überdimensionalen Glastür stand, kam ein unwohles Gefühl auf. In dem Moment, wo ich durch diese Glastür ging, fühlte es sich so an, als ob ich einen Stempel auf die Stirn gedrückt bekam. Arbeitslos, ohne dass ich es wollte, hinterfragte ich mich und mein Leben. Wohin wird mich mein Weg führen? Welche Aufgabe habe ich und werde ich in dieser Gesellschaft erfüllen? Dieses sich selbst hinterfragende Gefühl hatte sich in meinem Unterbewusstsein festgebissen.

Und nun, als ich zum ersten Mal durch diese Tür in das Krankenhaus am Rande der Stadt ging, fühlte es sich für mich ähnlich an. Es war zwar keine überdimensionale Glastür, sondern eine Drehtür, aber sie ließ mir genug Zeit, um den gleichen Gedanken nachzugehen. Diesmal war der Grund ein anderer. Der Verdacht auf eine Krankheit und ein neuer mit großer Wahrscheinlichkeit anderer Weg, der überhaupt noch nicht zu erkennen war.

Ab dieser Tür ist mein eigener Einfluss, den ich selbst auf meinen Körper habe beziehungsweise was mein Körper und die Ärzte mit mir vorhaben werden, mehr oder weniger vorbei oder wird sich auf jeden Fall ändern. Man gibt durchaus einen Teil von sich selbst ab und muss Menschen trauen und vertrauen, die man mal eben für zwanzig Minuten kennenlernt.

Klar habe ich die Möglichkeit, mich umzudrehen und zu gehen. Aber das würde die ganze Sache, langfristig, mit Sicherheit schlimmer machen.

Es war richtig, weiterzugehen!

Und schon befand ich mich vor der nächsten Tür. Da stand etwas, was ich irgendwie bis zum Lesen dieser Aufschrift verdrängte, nicht wusste oder nicht wahrhaben wollte: Onkologie und Hämatologie.

Zum ersten Mal realisierte ich wirklich, was da stand. Ich dachte immer, Onkologie hat etwas mit Krebs zu tun und Hämatologie mit Blut. Was ja auch stimmt. Aber der Zusammenhang war mir nie deutlich geworden. Anders gesagt, ich habe nie so richtig darüber nachgedacht, bis zu diesem Moment. Erst als ich diese Aufschrift las, wurde es mir bewusst. Durch diese Tür rückte das Wort Krebs deutlich ein Stück näher in mein Bewusstsein. Ich bin also nun dort, wo eine mir fremde Person nachforschen wird, ob ich Krebs haben könnte. Wohl war mir bei der ganzen Sache nicht und ich hoffte, seit dem ersten Gespräch mit meinem Hausarzt, auf ein glimpfliches Ende.

Neben dem Ausfüllen unzähliger Formulare und nach fünfundvierzig Minuten Wartezeit hatte ich mir fünfzehn Minuten angehört, was alles auf mich zukommen könnte. Und auch meine Hämatologin sprach nicht von Krebs. Auch gut. Alles noch in der Schwebe. Ist ein glimpfliches Ende doch in Sicht?

Nicht unbedingt beruhigend, aber wenn es so sein sollte, muss ich lernen, mich in Geduld zu üben. Es wurde ein Termin zur Biopsie vereinbart. Zehn Tage später. Weiter bangen und warten.

Warum geht das nicht an einem Tag?, fragte ich mich und verstand nicht unbedingt die Rationalität der Terminvergabe. Muss da irgendwer eine Nacht drüber schlafen? Kennenlernen und Befragung um elf Uhr, dann eine Runde sacken lassen und um vierzehn Uhr das Loch in den Beckenknochen bohren. Kann eigentlich organisatorisch nicht so schwierig sein. Ab diesem Termin begriff ich, dass ich mir eine Krankenhausuhr zulegen sollte.

2
Knochenklau

Der Termin rückte näher. Ja, ich gebe zu, ich war nervös. Nadeln, Spritzen, alles nicht mein Ding. Und die Lampe mit der Beschriftung „Ich habe Krebs" war schon da, aber sie leuchtete „noch" nicht.

Eine nette, halben Kopf kleinere, typisch linke Niederrheinerin nahm mich ernsthaft an der Hand und führte mich weiter in den Flur hinein bis ans Ende und brachte mich in den Biopsieraum. Ja – an der Hand.

„Ich muss hier zum Knochenstempel und würde ganz gerne an die Hand genommen werden, weil ich nicht weiß, was auf mich zukommt."

Ich meinte das zwar eher symbolisch, um meine Unsicherheit auszudrücken, aber sie nahm mich beim Wort. Sie tat, worum ich sie bat, und begann sogleich, mich mit einem leichten niederrheinischen Akzent freundlich zuzutexten. Fand ich gut, denn sie ging auf mich und meine Bedenken ein. Auch wenn das Gespräch nicht sehr gehaltvoll war. Sie lenkte mich ab und nahm mir meine Unsicherheit. Sie beherrschte ihren Job, indem sie selbstbewusst und sicher die nötigen Vorbereitungen traf.

Nachdem ich richtig positioniert auf dem OP-Tisch lag und sie mir einen Zugang in den Unterarm legte – ich wie üblich über meine Spritzenphobie jammerte –, drückte sie routinemäßig ein paar Knöpfe an irgendwelchen Gerätschaften, legte hier und da etwas zurecht und bereitete alles vor.

Meine Hämatologin kam und begrüßte mich kurz. Ich sah sie nicht, denn ich lag auf der ihr abgewandten Seite.

„Wie? Sie haben ein Buch geschrieben, habe ich gehört?", fragte sie mich. „Um was handelt es sich denn?"

Ich, dann doch recht relaxt, fühlte mich trotz der ganzen Umstände in meinem Wohlfühl-Thema und antwortete ihr: „Ja, habe ich. Es ist eine Fantasy-Trilogie mit Menschen, die fliegen können. Sie heißt Ployyd..."
Der darauf folgende Schlaf unter Vollnarkose war dann mal vom Feinsten.

Ich war auf einen Schlag hellwach. Ich hatte jedes Zeitgefühl verloren. Es waren knapp zwei Stunden vergangen, stellte ich fest, als es mir später möglich war, auf die Uhr zu sehen.
Ich schaute gegen eine langweilige Decke und fragte mich, warum es so viele von diesen Odenwald-Decken gibt. Ihr kennt diese Akustikdecken? Diese abgehangenen hellgrauen Gitter mit den quadratischen, sechzig mal sechzig Zentimeter großen weißen, von mir aus auch cremefarbenen, Deckenplatten. Gerne in Büroräumen und Zahnarztpraxen. Diese treiben es auf die Spitze, denn dort hängen zur Krönung Neonlampen mit verspiegelten Plastikgittern, die man sich als Gast in diesen Räumen so lange ansehen muss, wie man dort auf dem Rücken liegen darf.
Der Einzige, der aus dieser Rolle gefallen ist, war ein überteuerter Luxuszahnarzt, mit Verrechnungsfaktor 3,2. Bei ihm hingen in der Tat Acrylbilder über den Behandlungsstühlen. Nicht unbedingt schön, aber die Farben waren harmonisch aufeinander abgestimmt und es gab viel zu entdecken. Fische halt ... Na ja, besser als diese quadratischen cremefarbenen Deckenplatten.
Jetzt, wo ich das hier schreibe, fällt mir ein: Man könnte ja Wimmelbilder, das sind diese Entdeckungsbilder von PC-Spielen, wo man Gegenstände finden muss, um einen Kriminalfall zu lösen, an die Decke hängen. Es geht gar nicht um eine Geschichte, sondern einfach nur um ein Bild, in

dem man etwas entdecken kann. Oder vielleicht doch eine Geschichte dazu und im Hintergrund hört man die bekannten Stimmen *der drei ???* Leider hat das Ganze dann den Nachteil, dass man den Raum nicht verlassen will, bevor der Fall gelöst ist. Wobei ... stimmt ja auch, in solchen Räumen möchte man wirklich nicht länger bleiben als notwendig, auch wenn man ein Hörbuch hören würde.

Weiter gesponnen ... und ich weiß, es wird ein fataler Fehler sein, das zu erwähnen ... Durch die Entwicklung der Flachbildmonitore und die Möglichkeit, sie in allen Größen herzustellen, könnten die Platten durch Flachbildmonitore ersetzt werden. Im schlimmsten Fall würde man Werbung darauf sehen.

„Dentiweiß. Die Zahnpasta, die die Zahnarzttochter in ihrer Pubertät nach Liebeskummer empfiehlt." Ich mag es mir ja gar nicht weiter ausmalen, wohin es führen könnte.

Wenn einem schon in den Herrentoiletten über dem Pissoir die Werbung beim Ausführen seines Geschäftes ins Gesicht springt, kann man ihr so gar nicht entrinnen. Schließlich ist man ja gezwungen, so lange dort auszuharren, bis man fertig ist. Dann ist der Weg für eine visuelle Beeinflussung des Patienten an den Decken in Behandlungsräumen auch nicht mehr weit.

Entschuldigung. Ich glaube, ich weiche nun doch allzu sehr ab. Na ja, egal wie man Decken gestalten könnte, ich wachte seitlich liegend auf. Es war schneller vollzogen, als ich dachte. Ich habe nichts von der Prozedur mitbekommen.

Und um allen die Ängste vor einer Knochenmarkbiopsie zu nehmen, es lässt sich aushalten. Mit einer kleinen Narkose ist das alles nicht so schlimm. Die Kirmes im Kopf war schlimmer. Gut, man sollte schon auf eine Vollnarkose drängen und sich nicht aus Kostengründen zu einer örtlichen Betäubung überreden lassen. Mir war es lieber, von dem ganzen Gedöns nichts mitzubekommen.

Die Schmerzen danach waren weniger schlimm als ein abheilender Wespenstich. Nein, ich spreche nicht von einem Wespenstich bei jemandem, der unter einer Wespenallergie leidet. Hallooooo! Okay. Die Schmerzen waren ähnlich wie nach einem Mückenstich einer großen Mücke – und ja, einer klassischen linken niederrheinischen Mücke, und nein, nicht so einem afrikanischen Insekt. Was? Da finde ich Bremsenstiche bei Weitem schmerzvoller und die lassen ja auch schlimme Pusteln zurück. Ich meinte einen abheilenden Stich. Nicht einen frisch gesetzten eines der oben genannten stechenden Insekten! Es lässt sich also gut aushalten.

Die Prozedur war vollzogen. Ich konnte später auf den Röntgenbildern meines Skelettes sogar sehen, an welcher Stelle der Knochen angebohrt wurde.

Und was ich ebenfalls witzig fand: Der Knochen ging nach Bayern zur Untersuchung. Nein! Darüber philosophiere ich nun nicht, warum es so weit weg sein musste.

Ab jetzt hieß es warten bis zum Ergebnis.

Ich bin dann erst einmal in Urlaub gefahren. Das Ergebnis hätte sowieso zwei Wochen gedauert, da machen drei Wochen auch nichts weiter aus. Die Kopfkirmes war sowieso da, ob auf Mallorca, mit meiner Familie oder zu Hause.

Sicher war ich nervös, als ich ganz leicht braun gebrannt von Mallorca zurückkam und den Termin mit der Hämatologin hatte. Okay, okay. Ich werde nicht braun, ich darf ja nicht schwindeln. Mal wieder voller Mallorca-Akne, zum Glück nur auf meinem Bauch und Oberschenkeln, und nach wie vor hellhäutig. Ich brauche ja nur „Sonne" zu schreiben, da habe ich schon einen Sonnenbrand. Klar überschattete die noch nicht laut ausgesprochene Diagnose den Urlaub und es wurde viel spekuliert und auch geweint. Leider war ich nicht sehr motiviert, meine Schreiberei fortzusetzen, und habe mich mehr mit einem anderen Buch beschäftigt statt des dritten Bandes von Ployyderia. Aber ich erholte mich recht gut. In den zwei Wochen habe ich meine Lunge wieder gut in den Griff bekommen und sehr wenig geraucht.

Es kam, wie es kommen musste. Wie konnte es anders sein. Es gab keine Diagnose nach dem Knochenklau. Nur Vermutungen, was sein könnte. Eine Krankheit wurde noch nicht benannt und das Wort Krebs nicht erwähnt. Was ich für den Schutz meiner Psyche nach wie vor nicht schlimm fand.
Allerdings wurde meine Geduld und die meiner Mitleidenden sehr gefordert.
Der nächste und finale Schritt der Untersuchungen war eine vollständige Röntgenaufnahme meines Skelettes, sprich vom Schädel bis zum kleinen Zeh. Warum, wusste ich bis dahin nicht.
Heißt also einmal durch den Computertomografen, sprich CT. Zum ersten Mal. Zehn Tage später in einem anderen Krankenhaus am Rande der Stadt.

3
Nicht atmen – weiter atmen

Es war der achtzigste Geburtstag meiner Mutter. Ich gebe zu, das realisierte ich erst in der Mitte des Tages. Meine Gedanken drehten sich nur um die anstehende Computertomografie und um mein pünktliches Erscheinen.

Auf Anhieb fand ich das andere Krankenhaus am Rande der Stadt, aber mit Schwierigkeiten einen Parkplatz, und lief auf neue Türen zu. Ich fragte eine leicht muffelige Rezeptionistin nach der Röntgenabteilung.

„Im Untergeschoss", antwortete sie wortkarg, anscheinend überfordert vom Sitzen und Wegweisen. Ich lief die Treppen in einem überdimensionierten Treppenhaus hinab.

Die Radiologie war – ich sag mal – gefüllt. Ich habe mich angemeldet, einen freien Stuhl gesucht, gesetzt und festgestellt, dass ich für mich die Krankenhausuhr – immer noch nicht – organisiert hatte. Jedoch setzte die mir nicht bekannte Uhr sofort ein. Aber sie war schon nebulös vor meinem inneren Auge zu erkennen.

Es folgt eine Zwischenbemerkung beziehungsweise eine Gebrauchsanweisung des Autors für den Rest des Buches:

Einfachheitshalber werde ich die Berufsbezeichnungen von Krankenschwestern und Pflegern, von Sprechstundenhelferinnen und den doch recht seltenen Sprechstundenhelfern, den Röntgenassistentinnen und Röntgenassistenten, den Zahnarztassistentinnen (mir ist nie ein Zahnarztassistent untergekommen) aufgrund der immer mehr aufkommenden Geschlechterneutralität und meiner Bequemlichkeit ab und zu mit „MTA" abkürzen.

MTA = Medizinisch technische Assistentin oder technischer Assistent, denn alle arbeiten im medizinischen Bereich, ohne die Fachrichtung zu erwähnen, und assistieren der Ärztin ,beziehungsweise dem Arzt. Was das Wort „technischer" in der Bezeichnung soll, ist mir zum Teil ein Rätsel. Und somit bleibt mir hoffentlich ein Vorwurf wegen mangelnder Geschlechterneutralität in meinen Zeilen erspart und keine oder keiner fühlt sich vor den Kopf gestoßen.

„Herr Hollas!", freundlich säuselnd sprach mich eine MTA nach einer Dreiviertelstunde an. „Wollen Sie nicht einen Kaffee trinken gehen? Das dauert hier noch etwas. Wir haben einige Notfälle."
Lektion gelernt. Schwestern und Sprechstundenhelferinnen können sehr freundlich sein, wenn sie etwas wollen.
Es hatte begonnen. In den folgenden Wochen sollte ich sehr viel über Frauen lernen, was mir bislang entgangen war.
„Definieren Sie mir bitte ,dauert' in einer Zeitangabe", forderte ich sie ebenfalls freundlich säuselnd auf. Nach einem kurzen Schlucken, Gedanken ordnen und Blick auf ihre Uhr antwortete sie gelassen: „Eine halbe Stunde."

Also lief ich nach draußen, damals noch Raucher, und rauchte eine Zigarette in der Sonne. Fünf Minuten um. Ich lief zum Wagen und löste den Parkschein nach. Auch wenn meiner noch nicht abgelaufen war. Aber wenn mein Auto so preiswert parken kann, dann gönnt man es dem Wagen doch auch mal. Fünfzig Cent für eine Stunde. Bei mir in der Stadt bezahlt man einen Euro für fünfundvierzig Minuten. Ich gönne es dem Bauern, der sein Grundstück betonierte und zwei Schranken errichtet hatte. Denn anscheinend bekam es der Krankenhausplaner nicht auf die Reihe, genügend Parkplätze zu schaffen. Dafür langweilige eintönige Grünflächen. Wieder ein paar Minuten um. Abermals Rauchen wollte ich nicht, da ich es doch so schön reduziert hatte. Ich setzte mich innen in den Eingangsbereich. Die Notfallambulanz war wirklich voll und deren Wartebereich hatte sich schon auf die Lobby ausgedehnt. So saß ich da und beobachtete die beiden Schiebetüranlagen, die nach draußen führten. Es war ein kühler Spätsommertag im Oktober und jedes Mal, wenn beide Türen offen waren, wehte ein kühler Windzug herein.

Ich fragte mich, wie viel Energiekosten durch diese schlechte Türanlage verballert werden, und mir taten jetzt schon die Rezeptionistinnen leid, die im Winter immer dort im Durchzug sitzen mussten. Auch wenn die heutige muffelig war. In meinen Augen war es schlecht geplant.

Die Gestaltung der Lobby war eintönig und ich hatte Mühe, mich nicht hineinzusteigern, schwierig für mich, denn schließlich war mir langweilig und Unbekanntes lag vor mir. Keine Farben, keine Bilder – und die Hinweisschilder waren viel zu klein gehalten und dadurch die Schriften aus der Ferne nur schlecht lesbar. Ich erwähne schon gar nicht mehr die mangelnden Parkplätze.

Ich fragte mich, wer so etwas entscheidet. Vierundzwanzigjährige mit den besten Augen, frisch von der Uni? Solche Menschen, die nur dezente Hinweisschilder haben wollen, damit nicht irgendetwas aus dem Rahmen fällt und schön harmonisch zusammenpasst? Ich steigerte mich jetzt ein bisschen hinein.

Schilder sollten so groß gestaltet sein, dass sie gleich ins Gesicht springen. Jeder ist doch, gerade wenn er ins Krankenhaus muss, mit seinen eigenen, häufig trüben Gedanken beschäftigt und will nur schnell an sein Ziel. Für ältere und nicht gut sehende Patienten sind so kleine Wegweiser gar nichts. Zu allem Übel würden dann die Gestalter mit Sicherheit folgendermaßen dagegen argumentieren: Hat man einmal den Weg gefunden, findet man ihn auch ohne Mühe ein zweites Mal. Das erwartet natürlich einen gewissen Orientierungssinn.

So in Gedanken versunken lief ich erneut die Treppe zur Röntgenabteilung hinab und begann mich über das architektonisch ausladende Treppenhaus aufzuregen, durch das man gleich zwei Betten nebeneinander hinabrollen könnte, da genug Platz für den Gegenverkehr wäre. Die Treppenpodeste waren doppelt so groß wie der Wartebereich der Röntgenabteilung.

Das Highlight war für mich die Toilette, auf die ich mich vor Langeweile und vor Furcht, doch während der Röntgenaufnahme gehen zu müssen, begab. Tür auf – eine Flugzeugtoilette ist geräumig, verglichen zu dieser.

Wer plant so etwas?, fragte ich mich erneut. Geht niemand vor oder nach dem Röntgen auf die Toilette, dass man dieser nicht mehr Quadratmeter zugestand? Man hätte durchaus auf ein bisschen Fläche des Treppenhauses verzichten können. Diese Toilette wurde täglich gereinigt, wie der dilettantenhaft an drei ausgefransten Tesastreifen befestigte Reinigungsplan verriet, sehr einladend wirkte dieser Abort dennoch nicht. Das Beste waren die unverpackten Toilettenrollen auf der Fensterbank. Gestapelt vor einem gekippten, vergitterten und von außen mit Spinnweben verhangenen Fenster. Es waren in der Tat vierundzwanzig Rollen, die ich aufgrund der Zeitschindung zählte. Sie waren zwar bequem zu greifen, aber ich fragte mich, ob das so hygienisch ist?

Man sollte den Patienten nicht allzu lange warten lassen, um so etwas überhaupt zu sehen, war meine Schlussfolgerung, und ich ging wieder ins Rezeptions-Wartezimmer. Kaum saß ich, fragte mich eine der Sprechstundenhelferinnen, ob ich nicht einen neuen Termin vereinbaren möchte, denn es würde etwas länger dauern als geplant. Noch mal eine Stunde hinfahren, eine Stunde zurückfahren, noch mal eine halbe Stunde warten, unter der man hier bestimmt nicht wegkommt. Nein, das wollte ich bei Weitem nicht. Zumal es das Ergebnis der Diagnose weiter in die Länge ziehen würde. Ich überlegte kurz und verneinte. Ich wollte lieber warten.

Neben der ausstehenden Krankenhausuhr ergänzte sich nun folgendes Phänomen: Menschen beobachten. Und davon kann sich wirklich kaum einer freisprechen, denn das tun alle. Jeder schaut sich um, wer um einen herum sitzt. Mal offensichtlich und direkt und mal aus den Augenwinkeln. Und alle fragen sich, manche mehr, manche weniger, warum sitzt die oder der da?

Ich gab sogar im Laufe meiner Wartezeit zwei Erklärungen über Fensterglas. Ich klärte ein älteres Ehepaar auf, warum eine Glasscheibe, an die jedes Mal mit einem Bett oder Rollstuhl gestoßen wurde, nicht zu Bruch ging. Kaum outete ich mich als Handwerker, begann auch schon die Fragerei über mein Gewerk. Was war ich froh, dass ich mich nicht als Maler offenbarte, denn jeder hat irgendeine Malergeschichte zu erzählen. Und darauf hatte ich in dem Moment gar keine Lust.

Jedoch hatten diese Gespräche einen angenehmen Nebeneffekt: Die Krankenhausuhr lief etwas schneller.

Ich wurde letztendlich doch aufgerufen. Ich folgte einer jungen Frau, die mich in ein Umkleidekämmerchen verwies. Kaum Platz genug, um sich einmal um die eigene Achse zu drehen und sich beim Schuhbinden nicht den Kopf an einer

Wand zu stoßen. Wieder eine Platzeinsparung aufgrund eines ausladenden Treppenhauses.

Nach einer kurzen Weile wurde die Tür zum Röntgenraum aufgerissen und man bat mich hinein. Die beiden Röntgenassistentinnen waren sichtlich im Stress. Und irgendwie brachte ich sie aus dem Rhythmus, als ich sie fragte, ob ich meine Zähne rausnehmen müsse. Ich mag das Wort Gebiss nicht. Ich nenne meine künstlichen Beißerchen halt nur meine Zähne. Als ich anmerkte, dass ich die Goldteleskope nicht herausnehmen könne, war es für die beiden vollends vorbei. Ich erntete nur einen gestressten Blick mit dem Kommentar, ich möchte mich bitte auf die Liege legen. (Goldteleskope sind die mit Gold überkronten noch verbliebenen Zähne, auf die ich meine Gebisse aufstecken kann.)

Die beiden Mädels nuschelten untereinander, dass es lange her sei, ein vollständiges Röntgenbild von einem Skelett zu erstellen. Ich wollte nicht in Panik verfallen und hoffte nur, dass sie wissen, was sie da tun.

Irgendwie bekamen sie Schwierigkeiten mit meinen Armen und wussten nicht so recht, wohin mit ihnen. Abschneiden – ging nicht, dachte ich mir, als sie sich gegenseitig klarmachten, dass die Arme nicht neben meinem Körper liegen können, da das Loch des riesigen elfenbeinfarbenen Donuts zu klein ist. So musste ich sie über Kreuz und ausgestreckt über meinen Körper legen. Sie fixierten mich an Klettbändern.

Anspielungen auf „Shades of Grey" verstanden die beiden zwar, aber ich erntete nur einen kritischen Blick und ein abgeklärtes Lächeln. Heute anscheinend nicht für Späße aufgelegt. Bestimmt hatten sie diesen oder ähnliche Sprüche bei der Fixierung von Männern schon öfters gehört. Obwohl ich meinen Vergleich recht kreativ fand. Vermutlich falscher

Zeitpunkt und so hielt ich dann doch besser meinen Mund. Die beiden waren wirklich im Stress.

Mit grauen Bändern auf dieser schmalen Liege fixiert, kam ich mir vor wie eine mit Mullbändern eingewickelte Mumie vor dem Röntgen. So wie Tutanchamun mit Krummstab und Geißel in seinen Händen. Er hielt seine Arme allerdings nach oben. Ich kreuzte sie über meinem Bauch. Wobei ich in diesem Moment eher an die rot-weißen wie ein Gehstock gebogenen Zuckerstangen dachte. Diese Candy Canes, welche die Amerikaner zu Weihnachten gerne an ihre Tannenbäume hängen.

Die Mädels verließen den Raum.

Da lag ich nun in diesem riesigen, glatt polierten hellbeigen Donut. Ich war neugierig. Ich kannte diese Maschinerie schon von meiner Mutter, da ich ihr einst auf eine Liege hinauf helfen musste. Bin aber selbst nie zuvor drin gewesen, und nun war es so weit.

Ich bin ja ein halber Trekkie und oute mich nun hiermit offiziell. Mit anderen Worten, ich habe es eher mit dem Enterprise-Gedöns als mit dem Star-Wars-Kram. Habe nahezu alle Star-Trek-Serien und Filme gesehen. Mir irgendwelche Poster, Figuren oder gar Kostüme zuzulegen, geht mir dann doch zu weit. Ich muss dazu anmerken, dass es bei Star Wars nicht so richtig bekannt gewordene Ärzte und futuristische Krankenstationen gibt, die so kultig sind wie bei Enterprise.

Jeden Moment dachte ich, Dr. Flox würde auftauchen und meinen Körper durch einen Scanner fahren. Ein buntes Bild würde von meinem Körper auf einem großen Monitor über mir erscheinen und er würde mich mit seinen großen Augen ansehen. Nach wenigen Sekunden teilt er mir meine Diagnose mit. „Sie haben das und das. Aber machen Sie sich keine

Sorgen. Das haben wir schnell behoben. Ich muss nur noch ein Serum aus dem Blut meiner vulkanischen vierflügeligen Fledermaus extrahieren. Das wird dann mit dem Schleim einer andorianischen Schnecke vermischt und Ihnen als Spritze verabreicht. Sie werden sehen. In weniger als einer Stunde stehen Sie wieder auf Ihren Beinen."

Oder Pille, der Arzt von Kapitän Kirk aus den Siebzigern, mit seiner gerunzelten Stirn und seinem pastellblauen Sweatshirt mit dem Enterprise-Emblem auf der linken Brust. Er scannt mich mit irgendeinem Neunzigerjahre-Gameboy. Auf diesem blinkt es ein bisschen und schon wäre ich genesen.

Seit Ende des Sommers gibt es sogar eine neue Star-Trek-Reihe „Discovery". Alles neu. Auch der Arzt und die Krankenstation. Allerdings stirbt der nette Arzt schon in der ersten Staffel. Sehr spektakuläre Serie, gute Besetzung und hypermodern gestaltet. Hologramme, die über einem schweben, sind voll der Trend in der neuen Science-Fiction. Na, wer weiß, wie lange diese Diagnose- und Anzeigesysteme auf sich warten lassen?

So ging ich meinen Enterprise-Gedanken nach und sah mir diesen Donut von innen an und beobachtete die Platinen, die ab und an zu erkennen waren. Ich verfolgte die kreisende Bewegung innerhalb der Maschine, bis eine der Mädels mich bat, die Luft anzuhalten. Sogar persönlich. Bei einer Computertomografie einige Monate später bat mich doch tatsächlich eine Computerstimme, meine Luft anzuhalten. Wer erfindet so etwas Unpersönliches?

4
Die Diagnose schneller als erwartet

Der Rest dieses Prozesses war nicht mehr sehr spektakulär. Ich hatte es hinter mir, zog mich an und dachte, ich wäre fertig. Geschafft, da kann ich ja nun gehen. Alles Weitere wird mir meine Hämatologin in einigen Tagen berichten.

Weit gefehlt. Eine MTA hielt mich zurück. Ich müsste auf die CD und auf das Gespräch mit Frau Professor warten. CD, okay, auch neu für mich. Nix mehr mit so großen Schwarz-Weiß-Plastik-Negativen. Ein Gespräch mit Frau Professor. Ebenfalls neu für mich. In einer Woche ist der Termin für die große Verkündung. In diesem Moment dachte ich so gar nicht daran, dass mir eine unbekannte Ärztin eine Diagnose beziehungsweise Analyse des Röntgens mitteilen könnte. Ich war ja immer noch fremd in dieser Welt.

Die MTA führte mich in einen anderen abgelegenen Flur, bat mich Platz zu nehmen und auf Frau Professor zu warten. In diesem Krankenhaus am Rande der Stadt haben die wohl auch hier auf Kosten des riesigen Treppenhauses vergessen, ein Wartezimmer einzubauen. Da saß ich nun auf einem Korbstuhl mit Blumenkissen in einem Flur. Ich harrte der Dinge, die da kommen sollten, und dachte an nichts Böses. Ich war ein wenig nervös, denn ich hatte keine Ahnung, was mich erwartete. Wieder gedulden, erneute Feststellung, mir die Krankenhausuhr zuzulegen.

Schritte von Frauenschuhwerk nahten und eine blonde Frau, einen halben Kopf größer als ich, Anfang bis Mitte vierzig, bebrillt, stand plötzlich vor mir und begrüßte mich mit Handschlag. Ohne großartig zu zögern, trug sie mir ihre Diagnose gleich auf dem Flur vor. In süddeutschem Akzent sprach sie mit einer gewissen Selbstverständlichkeit, als ob ich schon alles wüsste und ihre wie aus der Pistole geschossenen medizinischen Fachbegriffe kennen würde.

„Sie wissen ja, Sie haben ein Plasmozytom, das ist schon so weit fortgeschritten, dass Ihr achter Rückenwirbel bereits um ein Viertel gesintert ist", sagte sie freundlich.

Ich sah sie verwundert an und stammelte: „Was bedeutet gesintert?"

„Der Rückenwirbel ist dünner geworden, es ist deutlich auf dem Röntgenbild zu sehen."

„Darf ich Sie bitten, mir die Röntgenbilder zu zeigen, falls es Ihre Zeit erlaubt?", bat ich sie freundlich. Ich merkte, das Gespräch war noch lange nicht zu Ende und ich wollte es nicht unbedingt auf einem langweiligen und kargen Flur weiterführen, geschweige denn von Vorbeilaufenden abgelenkt werden. Sie bat mich dann freundlich, aber verhalten in ihr Büro.

Ab diesem Wort „gesintert" zwang ich mich dazu, mir alles zu merken, was die Ärztin erklärte. Ich hatte kaum einen Blick für meine Umgebung und wusste später nicht mehr, wie ihr Büro aussah. Mein Bauchgefühl sagte mir, die kommenden Minuten werden keine guten Nachrichten bringen.

Sie zeigte mir die Röntgenaufnahmen meiner Wirbelsäule. Da sah ich es. Weiß auf anthrazit. Auf einem riesigen, hochkant stehenden Monitor.

Habe nie darüber nachgedacht, einen Monitor aufrecht hinzustellen, schoss es mir durch den Kopf, aber macht ja Sinn bei der Betrachtungsweise von Röntgenbildern, vor allem bei Wirbelsäulen.

Alle meine Rückenwirbel waren schön gleichmäßig gewachsen. Mit meinen Worten, auch wenn Folgendes fachlich nicht korrekt ist, etwa vier Zentimeter dick, mit gleichmäßigen Zwischenräumen. Nur der achte Wirbel war wesentlich dünner, also nur noch circa drei Zentimeter dick und deutlich weißer als die anderen.

Sie erklärte ruhig und sachlich: „Sie sehen hier genau, dass der Wirbel schon dünner geworden ist. Das Gute ist, dass die Hülle des Knochens nicht beschädigt ist. Durch das Plasmozytom ist der Wirbel von innen heraus geschwächt und poröser geworden. Dadurch verlor er nach und nach seine Festigkeit und ist, wie Sie hier auch sehen, dünner geworden." Sie zeigte auf die helle Stelle auf meinem Wirbel. „Hatten Sie nie Schmerzen im Rücken?", fragte sie mich und ich verneinte. „Ein paar kleine Osteolysen haben Sie in Ihrem Becken und einige wenige in Ihren Rippen. Außerdem hatten Sie sich je einmal zwei Rippen gebrochen." Sie sah mich fragend und ein wenig auffordernd an.

Ich schmunzelte, da ich genau wusste, warum ich diese gebrochen hatte, und entgegnete nur mit einem recht süffisanten Grinsen: „Ich glaube, das wollen Sie nicht wissen, wie die gebrochen wurden."

Sie hakte jedoch nach und ich antwortete unverblümt und auf Georgs Art mit einem breiten Lachen im Gesicht. „Beim Sex. Ging mal etwas heftiger zur Sache. Wir hatten ein wenig gerauft und plötzlich war da ein Knie im Weg."

Sie schaute mich ein wenig perplex an und fragte, wie lange das her sei.

„Mehr als fünfzehn Jahre", erklärte ich höflich, als sei es das Normalste der Welt.

„Also hat das nichts mit dem Plasmozytom zu tun", schlussfolgerte sie und fuhr fort.

(Ja, mein lieber Niederländer hatte mir bei einer neckischen Spielerei plötzlich sein Knie hingehalten und ich bin ziemlich heftig dagegen gestoßen. Da machte es knack. Nein, ich weiß nicht, ob wir weitergemacht haben. Mal nicht so neugierig, dazu ist es schon zu lange her. Ich weiß nur, dass ich mich aufgrund der schmerzenden Rippen mehr als sechs Wochen an den Abend erinnern konnte. Ist doch was.)

Sie zeigte mir noch die kleinen Osteolysen in meinem Beckenknochen. Ein paar punktuelle hellere Stellen als der Rest des Knochens.

„Und das sind wohl auch welche?", ich zeigte auf einen anderen hellen Punkt.

„Können Sie das erkennen? Können Sie das sehen?"

Ich bestätigte ihr das. „Klar, ich bin Maler von Beruf, da kann ich solche Schattierungen durchaus unterscheiden", antwortete ich keck. Ich – nach wie vor nichts Schlimmes ahnend, zwang mich, meine Stimmung weiterhin aufrechtzuerhalten.

Ich fotografierte das Röntgenbild mit meinem Smartphone.

„Und wie kommt das mit den Knochen?", fragte ich und langsam begann mir durchaus der Ernst der Lage bewusster zu werden, wollte aber meinen Humor nicht verlieren.

„Das Plasmozytom ist eine Form von Blutkrebs, der den Knochen zerstört", antwortete sie.

Ab da verstand ich gar nichts mehr. Sie versuchte es mir grob zu erklären, verwies mich jedoch freundlich an meine Hämatologin, die mir dann das Krankenbild genauer erklären könne und welche Möglichkeiten der Therapie es gäbe.

Frau Professor war die Allererste, die das Wort „Blutkrebs" aussprach. Da sie mitbekam, wie sehr ich irritiert war, riet sie mir, sofort zum Krankenhaus am Rande der anderen Stadt zu fahren. Vielleicht ließe sich ein Gespräch mit der Hämatologin einrichten, hoffte sie für mich.

Ich verließ das Krankenhaus und hatte keine Gedanken mehr an zu große Treppenhäuser oder Energieverluste in Lobbys. Ich lief zum Wagen und mir kullerten die Tränen.

„Krebs!" Also doch. Sogar mit Beweisfotos, auf denen man sehen kann, dass da etwas ist, was da nicht hingehört. Handwerker, und ich denke, die meisten in solch einer Situation, wollen irgendetwas haben, auf dem eindeutig etwas zu erkennen ist. Anders ausgedrückt, ohne ins Detail gehen zu wollen, irgendein weißer Knubbel, der da nicht hingehört, aber leider, leider da ist. Leukämie oder Blutkrebs kann man sich nur schwer bildlich vorstellen, denn da gibt es ja nichts zu sehen. Vielleicht unter dem Mikroskop. Aber wann hat man dazu schon die Gelegenheit. So ein Röntgenbild ist schon sehr aussagekräftig.

Ich weiß nicht warum, plötzlich fiel mir das Datum ein. Voll ins Schwarze. Mutters achtzigster Geburtstag. (Meine Mutter ist einen Monat nach ihrem fünfundsiebzigsten Geburtstag verstorben.) Ob das nun was zu sagen hat, wollte ich in dem Moment nicht weiterverfolgen.

Ich weiß nicht, ob es gut oder schlecht war, dass ich allein gefahren bin. Sollte ja nur eine Röntgenaufnahme werden. Deshalb war ich ohne Begleitung. So rief ich meine beste Freundin an. Wissentlich, unser Gespräch dann zu beenden, wenn ich es mag. Auch wissentlich, mich während der restlichen Fahrt meinen Gedanken hingeben zu können, falls ich nicht weitererzählen wollte. Manchmal ist es ganz gut, erst für sich selbst über die nicht so schöne Nachricht nachzusinnen. Daher war ich ganz froh, meinen Gesprächsbedarf am Telefon mit einer Person meines Vertrauens so manipulieren zu können, statt in endlose Spekulationen zu verfallen. Ich war überzeugt davon, dass es für mich gut war, dieses Ergebnis so zu erfahren.

Schöngerede? Hmm… Na ja, war nicht das erste Mal, dass ich allein nach Hause fuhr mit einer schlechten Nachricht im Gepäck … von daher …

Und ja! Ich habe eine Freisprechanlage im Wagen. Wir sprachen über das soeben Gehörte. Es war ein gutes Gespräch, denn wir kennen uns lang genug und wissen, was wir denken und empfinden. Wir bröselten so einiges über das „Was ist geschehen?" und „Wohin wird es gehen?" auf. Es ist gut, so eine beste Freundin zu haben.

Auch, dass es der Geburtstag meiner Mutter war, denn meine Mutter hatte einiges an Operationen und Chemos über sich ergehen lassen, von Brust-, über Leber- und Darmkrebs. Wir beide waren einer Meinung, dass meine Mutter mir ein gutes Vorbild sein wird mit dem, was in Zukunft auf mich zukommen könnte. Nicht ohne Grund kam diese Nachricht an Mutters achtzigstem Geburtstag.

Meine Freundin begleitete mich am Telefon bis zum Krankenhaus am Rande der anderen Stadt und wünschte mir viel Kraft und hoffte, ich würde befriedigende Antworten bekommen.

Tränen abwischend lief ich erneut durch eine Lobby und fuhr allein mit dem Aufzug in den dritten Stock. Klar gibt es auch über dieses Treppenhaus etwas Abfälliges zu sagen, aber da waren meine Gedanken bei Weitem nicht.

So stand ich vor der brünetten Sprechstundenhelferin, die mich schon nach der dritten Begegnung mit Namen kannte, und brach in Tränen aus. Weinende Männer haben eine besondere – wie sag ich es – Wirkung. Auch wenn es nun ein doch recht nüchternes Wort geworden ist auf Frauen.

Bewundernswerterweise konnte sie sofort auf meine Stimmungslage eingehen. Die Sprechstundenhelferin teilte mir mit gedämpfter Stimme mit, dass meine Ärztin in Urlaub ist. Sie bestätigte den Termin in der nächsten Woche. Ich müsse mich bis dahin gedulden.

Ich konnte meine Tränen nicht zurückhalten, so sehr ich mich bemühte. Noch länger in Ungewissheit sein, wäre ab diesem Zeitpunkt wirklich eine Qual gewesen.

Plötzlich stand die Kollegin meiner Hämatologin neben mir. Sie sah mich und es trat die gleiche Wirkung ein wie bei der Dame zuvor. Sie sah mich ganz lieb an und verstand auch sofort, worum es ging. Sie erkundigte sich bei der Sprechstundengehilfin, ob sie meine Telefonnummer habe, und bot mir an, sobald die Röntgenergebnisse da seien, würde sie mich anrufen.

Abgemacht!

Tränen trocknend verließ ich das Krankenhaus und lief zu meinem Wagen. Es war mir egal, ob mich jemand so verquollen und in Tränen aufgelöst gesehen hat. Ich schenkte niemandem Beachtung und war mit meinen Gedanken bei dem bevorstehenden Telefonat mit der Kollegin meiner Hämatologin.

Ich weiß – und ja –, das kann man nicht so vergleichen, ich mache es aber doch: Es war wie in der Jugend, als man jemand Neues kennengelernt hatte und hoffte, der- oder diejenige würde sobald als möglich anrufen. Es machte mich nervös.

Wehe, irgendjemand anderes ruft mich an und blockiert unnütz die Telefonleitung. Wehe, die Ärztin ruft an, wenn ich gerade an irgendeiner Kasse im Supermarkt stehe und mitten im Zahlprozess bin und die EC-Karte versagt. Wenn man das Handy alle zehn – ach, was schreibe ich da –, alle fünf Minuten anstiert, es möge endlich klingeln.

Das Handy hatte noch genug Strom, also brauchte ich mir wegen eines leeren Akkus keine Gedanken machen. Das wäre dann der Supergau gewesen, wenn mitten in diesem wichtigen Gespräch der Akku aufgegeben hätte.

Die Weiterfahrt verbrachte ich allein. Kein Telefonat, auch nicht mit der besten Freundin. Allein schon aus oben genannten Gründen. Es war so, wie ich wollte, und ich versuchte meine wirren Gedanken zu ordnen. Es war nicht viel zu ordnen, weil sich nichts ordnen ließ und auch nicht ordnen lassen wollte. Ein Puzzle lag in einem Haufen vor mir auf dem Tisch. Es war kein Motiv zu erkennen und von einigen Teilen war selbst diese einfarbige hässliche Rückseite zu sehen.

Ich weiß nicht, ob ich beschreiben kann, wie ich mich fühlte. Dazu bin ich nicht genug Poet und mit Reimen habe ich es ja gar nicht. Und irgendwelche Vergleiche zu ziehen, wie im folgenden Versuch, sind schwierig.

Ich fühlte mich wie ein welkes Blatt einer Trauerweide, das im kalten Novembersturm von seinem Ast geweht wird und in einem trüben Tümpel landet. Das bin nicht ich. Außerdem weiß ich nicht, wie sich ein Blatt einer Trauerweide fühlt. Es ergab sich bislang kein Gespräch. Okay. Ein kalter Novembersturm ist nicht schön. Also lasse ich diese Art der literarischen Gestaltung doch lieber bleiben.

Ich fühlte mich irgendwie leer. Aber um sich leer zu fühlen, waren viel zu viele Gedanken in meinem Kopf. Wie ich schon mal sagte: Kopfkirmes. Ich fühlte mich voll, zu voll. Irgendwie auch ohnmächtig, obwohl ich nicht am Boden lag, mit den Beinen hoch gelagert auf einem Stuhl und einem nassen kalten Lappen auf der Stirn.

Ich war traurig. Anders traurig. Nicht diese Traurigkeit, nachdem eine Beziehung auseinanderging und man sich am liebsten aufs Bett schmiss und heulte wie ein Schlosshund: „Keiner liebt mich" und: „Ich werde mich nie mehr verlieben". Auch nicht diese Traurigkeit, nachdem ein geliebter

Mensch aus meinem Leben geschieden ist. Diese Mischung aus Es-nicht-wahrhaben-Wollen, Verlust, Wut, Verzweiflung bis hin zur Akzeptanz. Aber so weit war ich in dem Moment noch nicht.

Es war „neu traurig". Nun bin ich der Betroffene und nicht jemand anderes. Ich fühlte mich ängstlich, weil ich unsicher war und nicht viele Fakten wusste. Aber ich hatte keine Angst. Ich fühlte mich unsicher und innerlich schwankend. Auf der anderen Seite wusste ich, dass es irgendwie weitergeht, und viel wichtiger, weitergehen musste. Egal was auf mich zukommen sollte, ich werde kämpfen. Gleichzeitig fragte ich mich, ob ich für die Zukunft stark genug sein würde.

Eines war mir jedoch, bezogen auf meine Gedanken und auf mein Leben, klar: Es hat sich mit einem Schlag und ganz plötzlich etwas in meinen Kopf geschlichen – nein – falsch, ist brutal eingebrochen und bis zum Schreiben dieser Zeilen nicht mehr verschwunden – „Krebs". Von mir auch in einem Satz: „Ich habe Krebs."

Ich hatte nun neben meinen ungeschriebenen Büchern, neben meinen Darstellern aus Ployyderia einen neuen, nicht so schönen Gedankenbeeinflusser namens Krebs bekommen. Er hat sich nicht nur in meinem Blut, sondern auch in meinem Kopf heftig festgesetzt und ließ erst einmal nicht los. Denn ich stand erst am Anfang.

Der Nebel für meinen künftigen Weg hat sich nicht gelichtet, aber er hat eine Geschichte bekommen. Mein künftiger Weg wird mit einer Krebskrankheit weitergegangen. Ich hoffte, es würde beim Aufrechtgehen bleiben. Wenn nicht, dann wird weiter gekrochen oder gerobbt. Hoffentlich ist der Boden nicht allzu steinig. Und wenn, dann bitte glatte Kieselsteine und bitte keine Steine mit scharfen Kanten, an denen ich mir mein kleines Bäuchlein aufschneiden könnte. Auf jeden

Fall geht es weiter, egal wie. Am Ende bitte wieder aufrichten. Wie heißt es so schön: „Krone richten und weitergehen."

Die Kollegin meiner Hämatologin rief mich zweieinhalb Stunden später an. Es war gar nicht so leicht, mein Telefon in dieser unendlichen Wartezeit anruffrei zu halten. Sie erklärte mir freundlich und in groben Zügen, wie die Krankheit heißt und was auf mich zukommen könnte.
Was doch weinende Männer alles bezwecken können. Ich denke, das hätte sie auch bei jedem anderen getan, der verzweifelt an der Rezeption gestanden hätte.
Nach dieser Erklärung liefen mir erneut die Tränen.

„Das Gefühl, nicht ganz in Ordnung zu sein,
ist ekelhaft. Man ist bloß ein halber Mensch." (2)
Ludwig Thoma

5
Was ist es?

Was habe ich nun? Und ich werde es mit meinen Worten niederschreiben. Es wird kein medizinisches Kauderwelsch. Genannt wird es „Multiples Myelom" und abgekürzt „MM". Auch als Plasmozytom oder Morbus Kahler bezeichnet. Genauer gesagt ist es zuerst ein Plasmozytom und wird dann beim Fortschreiten der Krankheit zu einem Multiplen Myelom. Es wurde erstmals 1873 von dem Arzt J. von Rusitzky als Multiples Myelom beschrieben.

Sehr einfach ausgedrückt macht diese Krankheit das Blut und die Knochenstruktur kaputt. Es kommt zu lokalen Knochenauflösungen, wie es an meiner Wirbelsäule geschehen ist. Es ist keine typische Leukämie und auch kein typischer Knochenkrebs. Allerdings ist es eine Unterform der Leukämie, von denen es Unzählige gibt. Unangenehmer ausgedrückt – es ist eine fortgeschrittene Bluterkrankung – „Blutkrebs".

Denn Krebs bezeichnet ja das falsche Verändern von Körperzellen und das Bilden von Tumoren. Tumore müssen nicht unbedingt irgendwelche Knubbel sein, die irgendwo wachsen, wo sie nicht hingehören. Meistens stellen wir uns die ja so vor. Wie zum Beispiel einen Gehirntumor oder Brustkrebs, die man gut auf Röntgenbildern erkennen kann und beim bloßen Hinschauen schon sieht, dass da etwas ist, was da nicht sein sollte.

Nein! Tumore gibt es auch im Blut. Mikroskopisch klein, mit dem bloßen Auge nicht zu erkennen. Wer läuft denn schon mit einem Mikroskop herum, um sich seine Tumore im Blut anzusehen. Ich kenne keinen. Außerdem wüsste man so gar nicht, wonach man suchen sollte und wie die aussehen.

Wobei – es ist ja größtenteils so: Etwas, was man nicht sehen kann, glaubt man irgendwie nicht so recht.

Und das ist bei mir leider so.

Das Blut wird im Knochen als auch im Rückenmark produziert. Teilweise in der Lunge, dort bekommt das Blutkörperchen seinen Sauerstoff zugeführt. Ist ja auch ein Teil der Blutherstellung.

Mein Blut wird nicht mehr richtig hergestellt, denn es „verklumpt". Nein, nicht zu riesigen Mörderklumpen, jedoch viel größer, als es sein sollte. Diese Verklumpungen zerstören von innen heraus die feine Knochenstruktur. Meist in der Wirbelsäule, im Becken oder in den Rippen. Im Schädel und in den restlichen Knochen ebenfalls. Dann ist die Krankheit schon sehr weit fortgeschritten und die Knochen sehr porös – sprich sehr bruchanfällig.

Ich erkläre es gerne so: Man stellt sich einen riesigen Saal mit unzähligen schlanken Säulen vor. So viel Platz, dass man getrost zwischen den Säulen herumlaufen kann. In diesem Saal gibt es Stammzellen. Witzigerweise wurde das Wort „Stammzelle" nie hinterfragt. Jeder wusste irgendwie sofort, was mit einer Stammzelle gemeint ist. Vielleicht sagt es ja schon das Wort. Der Stamm hat etwas Ursprüngliches, so wie ein Indianerstamm, der „Stammbaum" oder „Baumstamm". Mit einem Stamm, dem Ursprung, fängt alles an. Und Zelle ist auch klar. Jeder, der halbwegs im Biologieunterricht aufgepasst hat, weiß in etwa, was eine Zelle ist. Irgendwas Kleines, Schleimiges, was sich teilen kann und aus dem der Körper besteht. Vielen wird die Zelle vielleicht nur als Eizelle und Sperma bekannt sein, na ja, das gehört nun wirklich nicht hierher. Geb' ich ja zu, aber wenn's doch so ist?

Und diese Stammzellen kleben irgendwo in dem Säulensaal und stellen Ritter her. Wie – das überlasse ich der eigenen Fantasie. Ja, Ritter ... gute Ritter. Plopp, sind sie da. Sie kommen mit einem Lächeln zur Welt und wollen tatkräftig gegen die nicht so freundlichen Eindringlinge im Körper ankämpfen. Sie greifen zu ihren Schwertern, lassen sich in die Blutbahnen am Rande des Säulensaals treiben, um dort ihre Arbeit zu erfüllen. Sie bemühen sich redlich, Bakterien und Viren, eigentlich alles, was nicht ins Blut gehört, mit ihren Schwertern zu vernichten beziehungsweise so in Schach zu halten, dass sich diese im Körper nicht weiter ausbreiten können. Wenn das alles so funktioniert, wie es sein sollte, nennt man das ein funktionierendes Immunsystem. Bis hierhin ist alles in Ordnung.

In irgendwelchen dunklen Ecken gibt es jedoch Waffenschmieden, die nie jemand so richtig zu Gesicht bekommt. Und je fortgeschrittener die Krankheit ist, desto mehr unheimliche und mysteriöse Waffenschmieden gibt es. Die stellen Schwerter mit verbogenen Spitzen her. Unglücklicherweise gelingt es den Waffenschmieden, den guten Rittern diese verbogenen Schwerter unterzujubeln. Mit schlimmen Folgen. Die Ritter verhaken sich untereinander mit den verbogenen Klingen. Sie können sich aus der Verhakung nicht mehr lösen und verklumpen sich. Da sie ja den Trieb haben, nach draußen zu kommen, zerstören sie als Klumpenhaufen die schlanken Säulen des Raums. Und je mehr Säulen zerstört sind, umso einsturzgefährdeter wird der Raum, sprich die Knochen werden poröser und können leichter brechen. Das sind dann die Osteolysen (ich habe mir dieses Wort irgendwie nie so richtig merken können), die sind sozusagen wie die Löcher in einem Schwamm. Das ist das Verhängnisvolle an dieser Krankheit. Sie wird meist erst durch Knochenbrüche entdeckt.

Ohne jemandem nahe treten zu wollen. Auch nicht den Ärzten, die nur latent das Wissen über diese seltene Krankheit besitzen, oder denjenigen, denen es im richtigen Moment nicht einfällt, weil es ja nicht so häufig vorkommt. Ich habe einige Male gehört, dass nach einem Knochenbruch das Blut des Betroffenen viel zu spät aufwendig untersucht wurde. Bei einem Knochenbruch denkt man nicht sofort an eine seltene Blutkrebsart.

Andy, einem Patienten, den ich in der Klinik kennenlernte, waren die Rippen gebrochen. Er führte diese Brüche auf seine anstrengende körperliche Arbeit wie Heben und Tragen zurück. Schmerzmedikamente und abwarten, so, wie es bei Rippenbrüchen üblich ist. Erst auf sein Drängen hin wurden weitere Schritte eingeleitet. Mit dem Ergebnis: MM.
Karl, auch ein Patient auf der Station, tat der Rücken weh, ging zum Röntgen und wurde direkt im Krankenhaus behalten. Seine Rückenwirbel waren ziemlich porös. Die Ritter mit den verbogenen Schwertern hatten verdammt gute Arbeit geleistet. Seine Säulensäle waren heftig demoliert. Er durfte nach unzähligen Schrauben in seinen Wirbeln, ein paar Säcken Knochenzement und fünf Wochen flach liegen wieder aufstehen.
Eine Dame aus meiner Selbsthilfegruppe bekam bei der Gartenarbeit einen Oberschenkelbruch (nein, kein klassischer Oberschenkelhalsbruch) und andere hatten Rippen- und sogar Beckenbrüche.
Mein Sitznachbar bei der Gruppe hingegen erhielt seine Diagnose vor einigen Jahren und ist im Abwartestadium. Frei nach dem Motto: „Ja! Sie haben MM, aber Ihre Ritter haben noch nicht zugeschlagen. Das kann passieren, muss nicht. Da müssen Sie ‚noch' drauf warten."

Mag vielleicht zynisch sein, aber es kann so kommen. Es ist so, als wüsste man, dass einen eine schlimme Grippe in zwei, vielleicht sechs Wochen erwischt, aber kann im Voraus nichts dagegen unternehmen. Fühlt sich auch sehr mies an.

Ich gebe zu! Ich hatte echt Glück, dass Dr. K. mein Blut gründlich untersuchen ließ, bevor ich mir irgendeinen Knochen brach. Und da meine Ritter „nur" in meinem achten Rückenwirbel ihre Arbeit verrichteten, hätte es auch schlimmer werden können. Denn wie schon erwähnt, war dieser Wirbel im Vergleich zu den anderen schon um ein Viertel dünner geworden.

Da die Knochen aufgrund des MM meist bei einer unerwarteten Bewegung oder ruckartigen Belastung brechen, wäre es mir bestimmt beim Tapezieren einer Decke passiert. Schön die Arme über den Kopf, mit einer zwölf Meter langen und acht Kilogramm schweren eingekleisterten Raufasertapete in der Hand, und plötzlich macht es knack, in dem Moment, wo ich die Tapete anheben will. Und dann liege ich da wie ein kleiner dicker Käfer auf seinem Rücken. Das muss nicht sein.

6
Ich bin …

„Jeder Mensch spielt die Hauptrolle in seinem Leben." (3)

Hier ist meine:
Mein Name ist Georg Hollas, gerade zum einundfünfzigsten Mal mit der Erde um die Sonne gerast, rage einen Meter fünfundsiebzig in den Himmel. Wobei, nachdem ich erfahren habe, dass mein achter Rückenwirbel dünner geworden ist, habe ich nie meine „neue" Größe nachmessen lassen. Bin wahrscheinlich jetzt nur noch ein Meter vierundsiebzig groß.
Ich bin Sternzeichen Fisch. Ein überzeugter Fisch. Aszendent Steinbock und meine Venus liegt im Widder. Astrologen könnten nun durchaus einen Rückschluss auf meine Persönlichkeit ziehen. Ob es stimmt, sei dahingestellt.
Ich wiege so zwischen einundachtzig und vierundachtzig Kilogramm. Je nach Chips- und Schokoladenkonsum und je nachdem, wie viel Kochsalzlösung man mir in den Körper geträufelt hat.
Ja, ich bin ein bisschen „buddharesk", mit anderen Worten, ich habe ein kleines, süßes Bäuchlein, was bei den Chemo- und Thrombosespritzen recht hilfreich war.
Ich habe, seitdem ich vierundzwanzig bin, einen sehr breiten Scheitel. Anders beschrieben – eine Glatze auf dem Kopf und die Seiten kurz geschoren. Ich musste mich schon in jungen Jahren an einen halb nackten Schädel gewöhnen. Irgendwie besser als mit Mitte vierzig, finde ich jetzt. Denn die meisten eitlen Männer fallen, neben der aufkommenden Grauschattierung ihrer Haare, doch in eine gewisse Krise, wenn sich ihr Haar zu lichten beginnt. Das blieb mir dann doch erspart. Und mein Grauschleier macht mich ziemlich sexy.

Ich muss dazu sagen, dass der Verlust des Kopfhaars in jungen Jahren mit Sicherheit familiär bedingt ist. Meine beiden Großväter hatten eine Glatze. Mein Vater hatte ebenfalls eine sehr hohe Stirn. Und wenn man den Statistiken glauben darf, habe ich als Zweitgeborener gefälligst unter schnellerem Haarverlust zu leiden als mein älterer Bruder.

Mein ältester Neffe fängt mit dreiundzwanzig auch schon an, sich zu lichten. Eine Glatzenbildung liegt also in der Familie. So viel schon mal zum später aufkommenden Thema vererbbare Genome.

Ich bin in einem sehr schönen Dorf mit fünftausend Einwohnern, am idyllischen linken Niederrhein gelegen, aufgewachsen und durchaus altmodisch und streng erzogen worden. So wie es nun mal die Nachkriegsgeneration für richtig hielt. Rückblickend betrachtet genoss ich eine recht gute und bodenständige Erziehung. Was ich in meiner Jugend natürlich nicht so empfunden habe. Aber ich denke, es geht beinahe jedem so, dass man die Erziehung seiner Eltern nicht verstehen kann und möchte.

Mein Vater absolvierte eine Ausbildung zum Maler und studierte einige Jahre Kunst. Anfang der Sechziger machte er sich selbstständig als Malermeister und Autolackierer. Er hatte durchaus mit Lösemitteln und giftigen Pigmenten zu tun. Es wurde jedoch nie so richtig recherchiert, ob sich das auf seine folgenden Krankheiten auswirkte. Mit achtundfünfzig bekam er einen Schlaganfall, mit der Folge einer Spastik in seiner vollständigen rechten Körperhälfte, und war seitdem berufsunfähig.

Das führte dazu, dass ich die Firma übernahm. Mit zweiundsechzig wurde ihm ein Gehirntumor entfernt sowie das Augenlicht auf einem Auge. Das andere war bereits durch sein Diabetes in Mitleidenschaft gezogen und er konnte demzufolge kaum noch etwas sehen. In seinem letzten Jahr bekam er die Parkinsonsche Krankheit dazu und wurde bettlägerig. Meine Mutter, meine Familie und ich pflegten ihn ein knappes Dreivierteljahr. Er verstarb im Alter von zweiundsiebzig Jahren.

Sein Herz hingegen hatte ihn immer kraftvoll begleitet. Im Gegensatz zu seinen drei Brüdern, die an Herzkrankheiten vor ihrem zweiundsiebzigsten Lebensjahr verstarben.

Deren Vater, sprich mein Opa, verstarb mit achtundfünfzig an einem Schlaganfall.

Irgendwie war es eine Herzkrankheit, auf die sich mein Bruder und ich einstellten, da die Gene der Familie Hollas sehr dominant sind. Wir rechneten beide damit, irgendwann einmal Herz-Kreislauf-Schwierigkeiten zu bekommen. Na gut, ich muss zugeben, die Sache ist nicht vom Tisch, auch wenn ich MM habe. Denn das eine hat mit dem anderen nichts zu tun.

Meine Mutter, Frau des Handwerkermeisters, war verantwortlich für den Haushalt und für die Kindererziehung sowie die Büro- und Materialorganisation für den Malerbetrieb. Wie sagt man so schön, sie war die Managerin eines kleinen Familienunternehmens.

Sie hatte wirklich – auch wenn folgender Ausdruck noch häufiger vorkommt und sehr derbe ist – die Arschkarte gezogen. Ende der siebziger Jahre bekam sie ihre erste Diagnose Brustkrebs. Ich war gerade zwölf Jahre alt und mir war damals die Ernsthaftigkeit ihrer Krankheit nicht so richtig bewusst. Das kam erst wesentlich später.

Über Krebs wurde in dieser Zeit nur hinter vorgehaltener Hand gesprochen. Ich will es nicht schönreden, aber irgendwie auch verständlich, denn kaum einer wusste etwas darüber. Die Diagnose Krebs verbreitete in dieser Zeit Angst und Unsicherheit. Ja, und durchaus ist es heute noch so. Jedoch ist man jetzt wesentlich aufgeklärter und erlangt Wissen und Erfahrungen, die es damals in diesem Umfang nicht gab. Ich kenne kaum jemanden, der nicht irgendeinen Krebspatienten in der Verwandtschaft, im Bekanntenkreis oder in seiner Nachbarschaft hat. Dieses unsichere und erschrockene Denken steckt außerdem immer in den Knochen der Menschen. Und ja – nun auch in meinen.

Die Brust meiner Mutter wurde damals vollständig abgenommen und der Bereich von der Bestrahlung vollständig verbrannt und vernarbt. So war es nun mal Ende der Siebziger. Als Nächstes bekam sie Unterleibskrebs, der zum Glück nicht ausstrahlte und sie „nur" mit einer OP davonkam. Danach hatte sie jahrelang Ruhe. Am Ende ihrer Sechziger, also circa dreißig Jahre später, ging es dann so richtig los.

Wie heißt es doch so schön: „Ein Krebs kommt selten allein." Einmal Darmkrebs. Zweimal Leberkrebs und dreimal Brustkrebs an der noch verbliebenen Brust. Sie hatte sich für brusterhaltende Operationen entschieden, bis sie letztendlich ganz abgenommen wurde.

Und dann, das sind meine Worte – auch meine Beruhigung – für den Ablauf ihrer Krankheiten: „Der Brustkrebs hatte dann nichts mehr zu ‚knabbern' und suchte sich seinen Weg zu ihrem Gehirn. Vierzehn Metastasen."

Verständlicherweise hatte meine Mutter dann keine Kraft mehr, dagegen anzukämpfen, und wollte keine Therapien mehr. Sie verstarb zwei Monate nach dieser Diagnose, einen Monat nach ihrem fünfundsiebzigsten Geburtstag. Den Geburtstag, den sie immer erreichen wollte und auch groß feierte. Wissentlich, dass sie nicht mehr lange unter uns weilen durfte, hatte sie sich auf dieser Feier von allen ihren Nahestehenden verabschiedet und diesen Tag sehr genossen.

Mit ihren Krankheiten und all den Chemotherapien war und ist meine Mutter, jetzt bei meinem MM, immer ein großes Vorbild, gegen dieses ganze Übel mit aller Kraft, die ich habe, anzukämpfen. Nur nicht bei den Chemos übergeben bitte. Und danke – das klappte.

Meine Mutter war für viele, meist Frauen mit ähnlichen Schicksalen, ein großes Vorbild. Häufig erfuhr ich von ihnen, wie stark sie war und wie tapfer sie mit ihren Krebsgeschichten umging. Sie klagte nur selten. Meist hat man ihr nur angesehen, wie schlecht es ihr ging. Fragte man sie nach ihrem Befinden, antwortete sie: „Was soll ich machen, da muss ich nun durch. Wird schon wieder." Und nach einer Atempause kam der Nachsatz – egal in welchem Zustand sie war: „Wie? Wolltest du schon Feierabend machen?" Sie war nun mal die Frau eines Handwerkers. Denn solange es hell ist, kann man ja arbeiten.

Selbst nach ihrem Tod erfuhr ich sehr häufig, dass die, die von ihrem Schicksal wussten, sich ihren beispiellosen Kampf zum Vorbild nahmen, ohne viel zu jammern, auch wenn sie selbst betroffen waren.

Bedenkt man nun, dass die Genome meines Vaters und die meiner Mutter weitergegeben wurden, kann man zu verschiedenen Rückschlüssen bezüglich einer aufkommenden Krebskrankheit kommen.

Meine größte Sorge war – wie man bestimmt nachvollziehen kann –, Brust- und Darmkrebs zu bekommen. Ich informierte mich darüber, ob Männer ebenfalls Brustkrebs bekommen können, und erfuhr, dass es möglich, aber selten ist. Ich habe bislang nichts ertastet. Ich stellte mir schon vor, wie die Röntgenassistentin meine Hühnerbrust zwischen diese Plexiglasplatten quetscht ... aua ... Aber dann wollte ich davon ganz schnell nichts mehr wissen und verwarf diesen Gedanken wieder.

Ebenso verhält es sich mit einer Darmspiegelung, die ja aufgrund meines Alters und meines Krebses nun vor der Tür steht. Bezogen auf diese Untersuchung sage ich im Moment nur, und das können sehr viele verstehen, „Verdrängung ist auch ein guter Mechanismus".

Zurück zu meiner Kindheit:

Kindergarten, Hauptschule mit mittlerer Reife, wie es so schön hieß. Malerlehre bei meinem Vater, und ja, ich kann sagen, war nicht so einfach.

Anschließend eine Ausbildung zum Glasergesellen und währenddessen erlangte ich in der Abendschule mein Fachabitur für Gestaltung.

Dann kam, und so war es damals, der staatliche Pflichtdienst. Anders genannt – Bundeswehr oder Zivildienst. Ich entschied mich aus verschiedenen Gründen für den Zivildienst. Ich habe es nicht so mit Waffen, Gewalt und Strammstehen. Da ich unter der Ära von Herrn Kohl wegen einer anstehenden Gesetzesänderung beinahe vierundzwanzig Monate hätte „dienen" müssen, musste ich schnell einen Platz finden, damit ich nur zwanzig Monate absolvieren brauchte.

Also nahm ich eine Stelle als Altenpfleger an. Denn zum einen brauchte meine damalige Chefin einen Pfleger und zum anderen nahm die Pflegedienstleiterin Rücksicht auf meine Abendschule zum Malermeister. Georg und Pfleger – hätte ich mir mit einundzwanzig Jahren und nach sechs Jahren Handwerker nie vorstellen können.

Zu allem Übel hatten wir auch sehr viele Pflegebedürftige auf der Station liegen. Ich wurde so richtig schön ins kalte

Wasser geschmissen. Ich möchte nun nicht auf die Details eingehen, aber der erste Monat war nicht leicht und es roch nicht immer alles gut. Es war nicht sehr schön, als junger Mann, der sein Leben noch vor sich hatte, Kranke und alte Menschen dahinsiechen zu sehen. Nach einer gewissen Einarbeitungszeit wurde vieles zur Routine und machte auch Spaß. Vor allem wenn plötzlich Frau Grünhügel mit drei Gebissen im Mund vor mir stand und mich nuschelnd als Herr Doktor bezeichnete. Da wir Bezugspflege hatten, sprich immer die gleichen Patienten, konnte ich das falsche Gebiss rasch zuordnen.

Es gelang mir sogar, dass besagte Dame nach wochenlangem Training meinen Vornamen behielt. Die Folge: Sie sprach jeden mit Georg an.

Das war auch die Zeit, in der meine Seriensucht begann. Ja, ja, ich gebe es ja zu, ich bin ein Serienjunkie.

Zwischen neun Uhr fünfundvierzig und zehn Uhr fünfzehn lief – Trommelwirbel – Dallas. Georg war auf Zimmer 22, zum Glück das letzte Zimmer am Ende des Ganges, und reichte Frau Hader – wie heißt es so schön – ihre Nahrung. Na ja, und das dauerte nun mal eine halbe Stunde. Und wehe es störte mich jemand in der Zeit. Bis auf die Chefin und die Stationsleitung wusste das gesamte Personal davon. Wenn mich jemand suchte, hieß es, der ist auf 22 und guckt Dallas.

Wäre wohl heute nicht mehr möglich, aber heute gibt es ja auch keine Zivildienstleistenden mehr.

Diese gesamte Pflegezeit hat mir nicht geschadet, jedoch deutlich meinen Horizont über das Leben und über den Tod erweitert. Denn ich hatte sehr viele eindringliche Gespräche mit meinen alten Leutchen in ihren letzten Monaten. Wie sich Jahre später herausstellte, war mir dieses Wissen bei der Pflege meiner Eltern sehr nützlich.

Nach dem Zivildienst habe ich erst einmal etwas Geld verdient. Ich bestand anschließend den Glasermeister und erwarb später den Meistertitel zum Maler und Lackierer.

Meine Hobbys waren zu der Zeit Tanzen, Schwimmen, Judo und Gitarre. Habe diese jedoch leider vernachlässigt aufgrund meiner Selbstständigkeit als Maler- und Glasermeister, da ich ja, wie vorhin schon erwähnt, das Geschäft meines Vaters nach dessen Schlaganfall übernahm.

Mit fünfundzwanzig fand ich eine sehr schöne und ruhige Wohnung in einer nordrheinwestfälischen Großstadt, in der ich nach wie vor wohne. Es war damals schon schwierig, eine Wohnung zu finden, denn sehr viele aus den neuen Bundesländern wollten in den Westen. Das erste Mal von Mutters Rockzipfel gelöst. Sie hatte über vier Monate Mühe damit, weil ihr Nesthäkchen auszog.

Zwar bekam mein Vater ein Jahr danach den Schlaganfall, mit den bereits erwähnten Folgen. Doch nach einer Weile hatte sich auch seine Behinderung in unserem Leben eingependelt.

Eigene Wohnung, ein bisschen mehr Geld als zuvor, zwar viel Arbeit und manchmal Zehn- bis Zwölfstundentage, aber das Erwirtschaftete war ja für mich. Ich mag behaupten, unter all den Umständen ging es mir gut.

Klar – das Leben ist eine Berg- und Talfahrt. Sicher ging es mir schlecht, als auf einmal mein Wagen wegen eines Motorschadens vollständig hinüber war. Obendrauf eine Steuernachzahlung und keine Geld bringende Arbeit zu haben – ist nicht schön. Und die Krankheiten meiner Eltern machten es auch nicht einfacher. Aber ich beziehungsweise wir haben alles irgendwie gut bewältigt.

Ich gönnte mir meine Urlaube und war, was so technische Geräte betraf, immer auf dem neuesten Stand. Klamotten waren mir nicht sooo wichtig. Geburtstage wurden gefeiert, Grillfeste und ausführliches Frühstücken genossen. Sprich, unterm Strich führte ich, und ich meine die Zeit vor der Diagnose MM, ein zufriedenstellendes Leben. Alles andere wäre Jammern auf hohem Niveau, denn besser und schlechter geht's immer.

Vor elf Jahren vernachlässigte ich meine Kunstmalerei und begann mit dem Schreiben, weil mir Geschichten einfielen und ich meiner Fantasie freien Lauf ließ. *Learning by doing.* Einfach mal ausprobieren.
Ich habe schon zwei Fantasy-Romane der Trilogie „Ployyderia" veröffentlicht. Gerne würde ich an meinem dritten Band weiterschreiben und habe noch so einige spannende Geschichten im Kopf. Jedoch wurde die Sache mit dem Krebs so groß in meinen Gedanken, dass ich mit dem Niederschreiben dieser Zeilen begann. Ich wollte so viel wie möglich da oben aus meinem Kopf herausbekommen.

Mit neunzehn wurde es langsam öffentlich, dass ich verzaubert bin. Mit anderen Worten ... schwul beziehungsweise homosexuell. Ich bevorzuge das Wort verzaubert. Klingt witziger und man wird nicht sofort in eine Schublade gesteckt oder vielmehr in eine andere.
Nein! Es kam keine Fee, die mit einem Zauberstab wutschte und wedelte. Es hatte sich halt einfach so entwickelt. Aber das ist eine ganz andere Geschichte.

Ich wurde – ich sag mal – doch recht durchschnittlich älter. Ich meine so körperlich bedingt. Was zu bestimmten „drolligen" Krisen führte.
Mit zwölf nahm man mir, Ende der Siebziger, die Mandeln heraus. Nein, nicht im Krankenhaus am Rande der Stadt, sondern

in meinem Geburtsort. In einem nonnengeführten Dorfkrankenhaus, mit Schwester Rabiata und Doktor Frankenstein. Dort malträtierte man mich mit Spritzen und ich entwickelte eine sehr starke Abneigung gegen Spritzen, die sich bis heute nicht gelegt hat, und ich befürchte – nie legen wird.

Regelmäßiges Zähnereparieren, Zahnspange und anschließendes gedankenloses Ziehen waren so die einzigen körperlichen Maleschen in meinen Zwanzigern und Dreißigern.

Wobei ich sagen muss, dass mir die Betäubungsspritzen im Mund kurioserweise nie etwas ausgemacht haben. Ja, ja, die Psyche des Menschen ist und bleibt ein Mysterium.

Und dann ging es los. Auch wenn es mehr zum Schmunzeln ist. Ende meiner Dreißiger: Senk- und Spreizfuß, folgerichtig trug ich dann Schuheinlagen. Ja, toll ... Einmal im Jahr mit den Füßen einen Styroporblock stempeln und sich auf die kalte Glasscheibe eines Flachbettscanners stellen. Nichts Schlimmes, aber ab dieser Zeit begann ich mir deutlich mehr Gedanken über die Zerbrechlichkeit meines eigenen Körpers zu machen.

Mit zunehmendem Verlust der bleibenden Zähne und der Notwendigkeit sich ernsthaft über die Situation meiner Kauleisten Gedanken zu machen, begann ich mich in meiner Familie und dem Internet umzuhören, wie gut, besser gesagt, wie überhaupt die Zähne meiner Ahnen waren und wie viel Einfluss die Gene auf dieses klägliche Thema haben. Mit der Schlussfolgerung, dass der schlechte Zustand meiner Zähne und des Zahnfleisches nicht nur durch meine mangelnde Pflege kommt – ich gebe es ja zu, ich hasse Zähneputzen, tue es aber zähneknirschend –, sondern auch bedingt familiäre Ursachen hat.

Ergo: Die nicht so tollen Gene haben nicht nur im Bereich meines Haupthaars, sondern auch in meiner Mundhöhle zugeschlagen.

Also sanierte mir die liebe Susi Anfang meiner Vierziger das Gebiss vollständig. Implantate gingen nicht, wegen meines bereits vorhandenen Knochenabbaus und wegen der Raucherei. Ich habe oben zwei goldüberkronte Eckzähne, meine Vampies, und unten acht Teleskope, wie sie so schön genannt werden. Da nun zwischen meinen Goldies viel Platz zum Reinigen ist, habe ich kaum noch Probleme mit dem Zahnfleisch.

Die Krise mit dem altersbedingten Haarverlust hatte ich ja schon hinter mir. Ich gebe zu, dass ich mich über jene amüsierte, bei denen es mit zunehmendem Alter losging. Wie sagte mal irgendwer: „Schadenfreude ist die ehrlichste Freude."

Die größte Krise traf mich Ende meiner Vierziger. Ich bekam ein Schreiben von einem Rechtsanwalt, in dem stand, dass mein Verlag für *Ployyderia – eine andere Welt* pleite war. Mein „Baby" hatte zwar kein Zuhause mehr, dafür gehörten die Rechte wieder mir. In dieser Zeit beschäftigten mich durchaus Themen wie E-Book, englische Übersetzung und andere Marketingfragen. Es bedeutete aber auch, wieder von vorne anzufangen. Erster Schritt: Das Buch erneut überarbeiten und kleine Mängel ausmerzen. Also nahm ich einen Rotstift und legte mich auf mein kuscheliges Sofa. Ich öffnete meinen Roman und … ich konnte nichts mehr lesen. Meine Arme waren nicht mehr lang genug – wie man so schön sagt.

Diese Situation führte erst mal zu einem Wutanfall und setzte sich am Folgetag mit dem Gang zum Optiker fort. Ich bat die durchaus freundliche Optikerin, die Ursache meiner schlechten Augen nicht in jedem dritten Satz mit „altersbedingt" und „Ihrem Alter entsprechend" oder „Alterserscheinung" zu erklären. Es ist eh alles schon schlimm genug. Sie nahm die Herausforderung an und schlug sich recht gut.

Meine Hoffnung, erst Mitte fünfzig bebrillt herumzulaufen, erfüllte sich leider nicht. Es endete mit einer Officebrille, schöner Anglizismus, also mit einer Gleitsichtbrille für den Nahbereich. Das Schlimme ist – es funktioniert. Ich kann wirklich besser sehen.

Ja, ja, ich weiß: „Was stellst du dich so an?" und: „Andere tragen seit ihrer Kindheit schon eine Brille" und: „Sei froh, dass du die nicht den ganzen Tag tragen musst!" oder: „Ich laufe schon, solange ich denken kann, mit einer Brille herum". Mag ja alles stimmen. Aber da hätte ich doch lieber vier, fünf Falten mehr bekommen und erst in fünf Jahren eine Brille. Ich habe schon seit Ewigkeiten eine Glatze, sollte doch reichen!

Und – ach ja – Bestimmtes wird schon so selbstverständlich, dass es einem erst später einfällt, weil es normal geworden ist. Jedoch eigentlich nicht selbstverständlich sein sollte. Meinen Bluthochdruck bekam ich wunderbar mit den Blutdrucksenkern in den Griff.

Na ja. Andererseits wurde mein MM bei einer Blutkontrolle und der Kontrolle der Verträglichkeit der Blutdruckmedikamente entdeckt. Weisung des Schicksals?

7
Warum ich?

Aber dann – sechs Monate vor meinem Fünfzigsten – Multiples Myelom. Eine gewisse Art von Blutkrebs. Klatsch, voll in die Fresse. Einmal ganz laut hier geschrien. Als ob eine Brille nicht schon genug wäre. Wie sagte Gaby Köster so schön: „Ein Schnupfen hätte auch gereicht."

Ich habe nun eine neue Tagesbeschäftigung. Der Blutkrebs ist ein kompletter Einbruch in mein Leben. Das ist nun etwas, was ich wirklich nicht brauche – keiner braucht.

Eine der unzähligen Fragen, die sich von den vielen in den Vordergrund schob, war: „Warum ich?" Ich bin davon überzeugt, es kann sich kein Betroffener von dieser Frage freisprechen. Sie beinhaltet irgendwie auch die folgenden Fragen, die man sich unweigerlich stellt. Jeder denkt daran. Manche vielleicht nur ab und zu, andere mehr, andere viel mehr, und es gibt welche, die bleiben – leider – in dieser Frage viel zu lange gefangen.

„Warum ich?" ist zweigeteilt. Einmal „Warum ich?" als Person und der andere Teil „Warum mein Körper?".

Auf „Warum ich?" gibt es definitiv keine Antwort. „Warum mein Körper?" ist bedingt erklärbar. Formuliert man es um in „Warum erkrankt ein Körper an Krebs?", ist es bedingt erklärbar mit Genen, Umwelt, Ernährung, um an dieser Stelle nur ein paar Beispiele zu nennen.

Die Hauptfrage bezieht sich doch zuerst auf sein eigenes Gefühl, bevor man versucht, es sachlich zu erklären. Es gibt keinen, ist mir zumindest noch nicht bekannt, der da sitzt und mit einem Weidenstöckchen auf einen zeigt und sagt: „Du bekommst Krebs, weil du zu nett warst. Und du bekommst keinen Krebs, obwohl du die Kassiererin an der Supermarktkasse unberechtigt angepöbelt hast." Außer man glaubt vielleicht an eine Matrix wie in dem Film mit Keanu Reeves, wo wir Menschen, unser Handeln und unser Schicksal von einem Mega-Super-Computerprogramm bestimmt und gelenkt wird. Ganz schlechtes Programm, das da für mich geschrieben wurde, ganz schlecht! Oder es gibt eine vierte Dimension, von der aus wir gelenkt werden und ein schlecht gelaunter Regisseur das Drehbuch für unser Leben schreibt und sich vor Schadenfreude ins Fäustchen lacht. Wenn es so etwas geben sollte, hat man wirklich Pech gehabt. Okay. Ich muss zugeben, man hätte dann auch einen Schuldigen, den man verprügeln könnte, falls er sich zeigen würde. Aber ... ich höre hier mal auf, damit kommt keiner weiter. Sackgasse.

Habe ich etwas falsch gemacht? Ist es mein Leben nicht wert, an Altersschwäche sterben zu können? Liegt es daran, dass ich mal über eine rote Ampel gefahren bin? Liegt es daran, dass ich mal in der Schule geschummelt habe? Liegt es daran, dass ich mir mal eine CD von Tracy Chapman ausgeliehen habe und nie zurückgab?

Ihr kennt diese roten Legosteine mit den 4x2-Steckern, mit denen man wunderbar Wände bauen konnte. In unserer Kindheit nahm mir mein Bruder diese Bausteine immer wieder weg und verbaute sie in seinen Objekten. Was mich natürlich sehr verärgerte und immer wieder zu einem lautstarken Streit mit ihm führte. Was dann letztendlich unsere Mutter verärgerte. Das war in der Zeit, wo man nur vier verschiedenfarbige Steine und rote Dachziegel kaufen konnte, bevor den Kindern, oder auch Erwachsenen, durch diese vollständig durchdesignten Bauelemente mit Gebrauchsanweisung die Kreativität genommen wurde.

Das ist für mich eigentlich nur eine lustige Kindheitsgeschichte, die allerdings etwa fünfundzwanzig Jahre später ihren Höhepunkt nahm, als ich meinen beiden Neffen einen ganzen Eimer voller Legosteine zu Weihnachten schenkte. Ich hatte mir aber die roten vorher herausgenommen. Und hätte mein Bruder nicht gepetzt, dass die roten Steine fehlen, hätte es doch ein harmonisches Weihnachtsfest geben können. Leider, leider ... weit gefehlt.

Jeder Psychoanalytiker hätte seine Freude daran, der Ursache für das Vorenthalten der roten Legosteine bei seinen Neffen auf den Grund zu gehen.

Aber war das der Grund, warum ich Krebs bekommen habe? Oder vielleicht, weil ich während meines Zivildienstes Herrn Kunto einmal kalt gebadet habe? Das kann es nicht sein.

8
Glauben? Woran?

„Der Glaube an unsere eigene Kraft
muss größer sein als unsere Zweifel." (4)

Vielleicht habe ich meinen Eltern zu viel widersprochen und dadurch gegen eines der zehn Gebote verstoßen?

Es ist ja schon selbstredend, dass bei diesem Denkprozess irgendwann mal Gott mit ins Boot geholt wird. Da machen wir uns mal nichts vor.

Oder doch den Teufel? Ich meine, mit ins Boot holen.

Ich habe mich in meiner Nachpubertät, ich finde recht viel, mit Religionen, Gott und dem Glauben auseinandergesetzt. Freiwillig und auch gezwungenermaßen.

Allein schon durch meine alten Leutchen im Altenheim, deren Tage bereits gezählt waren. Sie fragten nach Gott, und was mit ihnen nach ihrem Tod geschehen wird. Ob ich wollte oder nicht, dem konnte man nicht entrinnen.

Ich bin katholisch erzogen worden. Heißt für mich, den Glauben an einen Gott und Befolgen der irdischen katholischen Spielregeln. Neben den sonntäglichen Kirchenbesuchen, und auch fünf Jahre Messdiener gewesen zu sein, war mein Übel, direkt neben dem Pastorat zu wohnen. So klingelte der Pastor in der Woche auf dem Weg zur Kirche öfter an und bat mich, eine Messe zu dienen. Wobei „bat" das falsche Wort ist. „Gezielt freundlich nötigte" käme dem schon näher. War ich aber allein zu Hause, habe ich mich vor ihm versteckt, sodass er unverrichteter Dinge wieder abgezogen ist. War meine Mutter da, hat sie mich gnadenlos an ihn ausgeliefert. War das vielleicht der Grund, warum ich Krebs bekommen habe? Weil ich mich aus kindlicher Leichtsinnigkeit und Faulheit vor dem Geistlichen versteckt habe, um einer Messe nicht zu dienen?

Es war meist eine Beerdigung, ab und zu mal eine Hochzeit. Gefühlte unzählige Male stand ich mit dem schweren Kreuz bei Wind und Wetter am Kopfende des Grabes eines Verstorbenen, den ich so gut wie nie kannte. Ich lernte zwar, dass der Tod und eine Beerdigung Teile des Lebens zu sein scheinen, doch wichtiger war in dieser Zeit eher die Frage, ob es Trinkgeld gab. Und ich frage mich heute noch, warum es so gut wie nie Trinkgeld bei Beerdigungen gab, aber immer bei Hochzeiten. Letztendlich für die gleiche Dienstleistung. Ich hätte damals schon realisieren sollen, dass in dieser Welt etwas falsch läuft. Jedoch geändert hätte diese Erkenntnis auch nichts.

Habe ich gesündigt? Irgendetwas im Sinne der katholischen Denkstruktur falsch gemacht? Mich nicht an die Spielregeln gehalten?

Hmm...?

Da war doch etwas mit Sündenerlass? Aber das war im Mittelalter. Seitdem hat sich die Kirche schon ein wenig weiterentwickelt. Und ich zahle doch Kirchensteuer. Hätte ich vielleicht damals das Trinkgeld, das ich auf einer Hochzeit bekam, direkt an die Kirche weitergeben sollen? Bin ich deshalb nicht sündenfrei? Was sind denn Sünden? Wer hat sie wirklich aufgesetzt und bestimmt? Warum überhaupt? Bekommt man, wenn man sich nicht an die zehn Gebote hält – Krebs?

Diese Gedanken ausführlicher weiter niederzuschreiben, würde den Rahmen sprengen.

Ich möchte an dieser Stelle anmerken, dass mir alle meine Sünden bis zu meinem zweiunddreißigsten Lebensjahr vollständig genommen wurden. Nein, ich war nicht bei der Beichte und habe auch keine Ablasszahlung verrichtet. Mir ist auch nichts und niemand erschienen.

Leider hat die Begebenheit meiner Sündenbefreiung einen sehr traurigen Anlass. Eine Familie bat mich, bei der Beerdigungsmesse ihrer durch einen Unfall verstorbenen Tochter, die ich recht gut kannte, zu dienen. Ich willigte ein und lief nach Jahren wieder in die Sakristei der Dorfkirche. Es hatte sich nichts verändert. Der gleiche Geruch, die gleichen muffigen Gewänder und das gleiche Knarzen des Holzfußbodens. Nur der Pastor war nicht mehr derselbe. Die Gemeinde hatte in der Zeit Glück mit seinem Bodenpersonal. Dieser Geistliche war sehr aufgeschlossen und weltoffen. So ein kleiner Dicker, der gerne lachte, aber auch gerne aß.

Eine Gehilfin half mir in die schwarz-weiße, immer noch am Hals kratzende Kutte und ich ging den Gedanken nach, ob es mir während der Messe gelänge, diesen fürchterlichen Gong zu gongen – an dem jeder dritte Messdiener scheiterte – und diesem einen vernünftigen Klang zu entlocken. Bis mir auf einmal einfiel, dass ich ja gar nicht an der Eucharistiefeier teilnehmen durfte, weil ich ja vorher nicht zur Beichte war, so wie ich es als Kind gelernt hatte. Ich fragte also den Pastor, ob überhaupt der Leib Christi verteilt wird, und äußerte meine Bedenken.

Er verstand meine Zweifel sofort und ich merkte, wie ihm ganz langsam der Schalk im Nacken hochstieg. Er legte seine Schulter an meine, grinste mich wie ein Honigkuchenpferd an und sagte: „Ja, Herr Hollas, wenn ich Ihnen jetzt die Beichte abnehmen würde, dann können wir mit der Messe erst eine Stunde später anfangen."

Baff stand ich da. Ich war in dieser Epoche meines Lebens schon recht wortgewandt und schlagfertig. Allerdings gelang es dem Geistlichen, mich mundtot zu bekommen.

„Ja, aber …?", stammelte ich. „Wir haben doch früher gelernt …?"

„Das stimmt", erklärte er. „Doch die Kirche hat sich weiterentwickelt. Stellen Sie sich mal vor, jeder würde wirklich vor
der Messe zur Beichte kommen wollen, dann käme ich aus
dem Beichtstuhl nicht mehr heraus. Nein! Ihre Sünden und
die der anderen werden während der Eucharistiefeier von
Ihnen genommen. Sie dürfen also die Hostie empfangen."

Ja! Dann war ich also nach der Messe sündenfrei. Das ist
nun neunzehn Jahre her, so gesehen bin ich, aktuell betrachtet, drei Fünftel meines Lebens sündenfrei. Habe aber
im fünften Fünftel Krebs bekommen. Wie war das noch mal
mit der Bruchrechnung?

Diese Erkenntnis bringt mich nun auch nicht so richtig weiter.

Wieder zurück zu meinem beziehungsweise dem Glauben.

Anfang meiner Zwanziger habe ich für ein Vierteljahr bei
einer indischen Sekte mitgemacht. Nein! Kein Bhagwan.
Obwohl die in den Neunzigern sehr im Trend waren. Es war
eine kleine Gruppe im katholischen Münster. Habe ich
durch einen Zufall erfahren und meine Neugierde hat mich
dorthin geführt, unmittelbar nach meiner Altenheimzeit.

Es war schon irgendwie spannend, einmal so eine ganz andere
Welt zu erleben neben meinem anerzogenen katholischen
Glauben. In dieser Gruppe hatte ich sehr interessante, aber
auch vollständig andere Gespräche über Leben, Tod und Wie-
dergeburt. Ich lernte Meditieren und autogenes Training, aber
mir machten damals schon meine Knie einen Strich durch die
Rechnung, sie schmerzten bereits nach einer kurzen Zeit, wenn
ich kniete. Nach einer Weile fand ich es irgendwie doof, vor
dem Foto eines Gurus niederzuknien. Ich zog mein Wissen
daraus und fügte es zu meinem Glaubenswissen hinzu.

Warum muss man sich eigentlich immer vor irgendwem oder irgendetwas hinknien? Hätte der Erfinder unseres Körpers das gewollt, hätte er uns dann nicht kniefähigere Gelenke gegeben?

Mein Glaubenswissen wurde durch einige religiöse Gespräche mit einem Arbeitskollegen, der halbtags in der Glaserei arbeitete, erweitert. Er war Zeuge Jehovas und durfte auf der Arbeitsstelle nicht missionieren.

Es war schon sehr witzig, mit ihm morgens zu arbeiten, und am Nachmittag stand er mit seinem Wachtturm an der Straßenecke einer Fußgängerzone.

Doch so manche Gespräche waren durchaus interessant und nachdenkenswert. Das einzige Fazit, das ich heute noch weiß, ist: wenn alle Menschen nur einen Glauben hätten, dann würde die Menschheit in Frieden leben. Macht ja irgendwie Sinn und wäre wünschenswert. Allerdings behauptet das jede Religion von sich.

Und wenn ich mich in der Welt umsehe, ist es aktuell und auch für die nächsten Generationen ein Ding der Unmöglichkeit, wenn alle an dasselbe glauben wollen und sollen. Es wird ja schon seit Menschengedenken versucht und scheitert immer kläglich.

Was aus meinem Leben glaubensmäßig erwähnenswert ist, ist die Begegnung mit Rasti Rostelli, einem Magier mit einem Wanderzirkuszelt. In seiner Show hypnotisierte er einige Zuschauer und beeinflusste sie in ihren Gedanken. So wie man es auch aus den Hypnoseshows aus dem Fernsehen kennt. Er bot ebenfalls zur Selbstbewusstseinsfestigung einen Lauf über glühende Kohlen an. Was ich mir nicht nehmen ließ. Nein! Ich habe mir meine Füße nicht verbrannt.

Rasti Rostelli offerierte den Kohlenläufern gegen Entgelt ein Wochenendseminar. Mit Bewusstseinserweiterungsprogramm und positivem Denken, autogenem Training, Meditation und Grundlagen der Esoterik. Kraft der Gedanken und des Unterbewusstseins.

War schon sehr interessant, wie man sich und sein Umfeld gedanklich und verbal beeinflussen kann. Hat jedoch viel mit guter Beobachtungsgabe, Sprachgewandtheit und Empathie zu tun.

So ein bisschen Sigmund Freud kam irgendwann auch mal zu meinem Wissen hinzu. „Unterbewusstsein, Über-Ich, Ich und Es" sind mir keine Fremdworte und ich finde diese Betrachtungsweisen sehr spannend.

All dieses Wissen, ob nun viel oder wenig, ob lustig oder dramatisch, hat mich nicht davor bewahrt, Krebs zu bekommen. Selbst eine positiv denkende Lebensweise hat irgendwie nicht geholfen.

Eine Begegnung mit einem Geistlichen habe ich seit der Diagnose nicht gesucht und auch kein Bedürfnis danach empfunden.

Bis auf einen Pastor in der Klinik, der meinen Zimmernachbarn besuchen wollte. Ich zitierte ihn anfangs freundlich und sehr bestimmend aus dem Zimmer, weil er doch tatsächlich den Mundschutz nicht anziehen wollte. Er wäre gesund, war sein Argument. Ich verdeutlichte ihm im Laufe des knappen Wortwechsels, und ich gebe zu, ich wurde zunehmend ein wenig herrischer, dass ich von ihm keine Erkältung haben wollte, und mein Zimmernachbar, dem es zu dem Zeitpunkt wesentlich schlechter ging als mir, bestimmt auch nicht. Erst nachdem ich ihm klarmachte, dass er Träger von Viren und Bakterien sein könnte, die er sich sogar kurz zuvor im Aufzug hätte einfangen können, lenkte er ein. Auch wenn er ein Geistlicher ist, hat er sich an die irdischen Spielregeln zu halten. Allein schon so ein Gespräch zu führen war mir unverständlich. Ich war sauer und hatte Mühe, mich nicht weiter in eine Diskussion hineinzusteigern.

Viel Zeit nahm er sich nicht für sein Schäfchen und das Gespräch war wirklich nur oberflächlichstes Blabla. Da hat man tiefsinnigere Gespräche in der Straßenbahn. Die erstbeste Gelegenheit, und zwar das Eintreffen der Eltern meines Zimmernachbarn, nutzte er und verschwand. Ich werde wohl nie erfahren, ob es an meinen Sprüchen lag, die ihn störten, oder an dem Mundschutz, den er zu tragen hatte. Der wirkte so schon zerknautscht und mit sich selbst unzufrieden.

Wo wir schon mal bei Geistlichen sind, möchte ich folgende Episode nicht vorenthalten. Ich musste so schmunzeln.

Es trug sich im Krankenhaus am Rande der Stadt zu, während meiner ambulanten Chemophase. Ich musste im Flur warten und war gezwungen, aus dem angrenzenden Raum ein Gespräch mitzuhören. Ehrlich gesagt war es kein Gespräch, es war ein lautstarker Monolog einer Patientin, die irgendwen zutextete. Sie hatte ein sehr großes Mitteilungsbedürfnis und war anscheinend froh, jemanden gefunden zu haben, der ihr zuhörte.

Nach einer kurzen Einführung in ihre Krebshistorie erzählte sie, sie wäre bei einem Pastor gewesen und klagte ihm ihr Leid.

„Warum hat mich Gott so gestraft?", fragte sie ihn.

Worauf er ihr antwortete: „Gott packt jemandem nur so viel auf die Schultern, wie er tragen kann."

Jo, dachte ich mir, das war ja mal eine klare Ansage des Pastors und bekam mein Schmunzeln nicht mehr aus dem Gesicht.

Wie viel hätte dann Gott meiner Mutter oder meinem Vater zusätzlich auf ihre Schultern packen können? Och ... so ein Schüppchen obendrauf hätten die beiden auch noch gepackt. Mit Sicherheit. Ich kenne meine Eltern. Sie waren schließlich Kämpfer, aber es reichte schon mit ihrer Last.

Wenn Gott es so gewollt hätte, warum hat er es nicht getan? Oder waren ihre Schultern doch schon voll? Wie steht es mit meinen? Was kommt denn auf meine noch obendrauf?

Die Dame hätte nach der Antwort des Pastors diesem Geistlichen am liebsten vor sein Schienbein getreten. Sie regte sich sehr darüber auf, wie er so etwas zu ihr sagen konnte. Das Einzige, was er bei ihr erreicht hatte, war, dass sie nach dieser Aussage noch mehr an der Existenz Gottes zweifelte. Wäre auch nicht die Erste, die nach einer Krebsdiagnose Gott infrage stellt.

Essenz dieses Gespräches? Thema verfehlt, Sechs, setzen.

Leider bekam ich aus dem Gott-Bodenpersonal- und Gott-Patientin-Gespräch nicht mehr mit, denn ich wurde aufgerufen.

Sollten Sie zufällig diese Zeilen lesen, melden Sie sich bitte bei mir. Ich bin doch allzu neugierig, Sie kennenzulernen, und möchte diese Geschichte einmal vollständig hören und wissen, ob Sie dem Geistlichen doch vors Schienbein getreten haben.

Gibt es wirklich Geistliche, die so denken? Gibt es da eine Symbolik, die ich nicht verstehe? Klar habe ich das vorher schon öfter gehört, aber nie so richtig realisiert. Wie gesagt, ich bin ja katholisch erzogen worden. Aber einer Krebskranken so etwas direkt ins Gesicht zu sagen? Ich finde, da gehört sehr viel Mut dazu, um nicht wirklich vors Schienbein getreten zu werden.

Das ist nicht das, was man in dem Moment hören möchte. Andererseits hätte der Pastor auch schlecht sagen können:

„Pech gehabt, das kann passieren." Selbst wenn es die bittere Wahrheit ist, so was sagt man nicht.

Allerdings – ich kann den Pastor schon verstehen. Was soll er denn antworten? Da steht eine krebskranke Frau vor ihm und will Antworten. Antworten, die auf Gott oder eine höhere Macht bezogen sind. Und das am besten in drei klaren, verständnisvollen Sätzen – vier wären vielleicht schon zu viel –, die einen dann bis zum Ende des Lebens zufriedenstellen. Das ist nur schwer möglich.

Allerdings, wie blind muss diese Frau bislang durch die Welt gegangen sein? Nie mal nach links und rechts geguckt, um zu begreifen, dass Krankheiten und auch der Tod ein Teil des Lebens sind?

Dieter Nuhr prägte einen sehr aufschlussreichen Gedanken: „Ein Flugzeug voller Atheisten, welches im Begriff ist abzustürzen, gibt es nicht."

Ich finde, er hat recht. Jeder glaubt an irgendetwas, irgendwann, irgendwie und *irgendviel.*

Jedoch sind in meinen fünfzig Jahren nie so richtig zufriedenstellende Antworten zu der Frage „Warum habe gerade ich Krebs bekommen?", was den Glauben und Religionen betrifft, zu mir durchgedrungen.

Jeder hat seine eigene Meinung und Sichtweise zum Glauben. Manche weichen stark voneinander ab und manche ähneln sich. Deshalb haben wir ja leider diese Glaubenskriege. Aber keiner birgt so wirklich die Lösung, warum ich Krebs bekommen habe. Verschließen werde ich mich diesem Thema nicht und halte nach wie vor meine Augen und Ohren auf.

Unabhängig von dem vorher Beschriebenen und unabhängig von den Ursachen, wie Gene, Umwelteinflüsse, Ernährung und Lebensstil, gibt es in meinen Augen auf die Frage des „Warum?" nur eine Antwort. Sie ist zwar nicht schön und die Antwort mag mancher durchaus nicht hören oder lesen wollen, aber es ist, wie es ist.

Die Antwort ist genauso einfach wie folgende, vielleicht allzu derbe Frage: „Warum kann der Hund sich die Eier lecken?" – „Weil er es kann."

„Warum bekommt der Mensch Krankheiten und Krebs?" – „Weil die Natur es kann."

Weil die Natur, ohne großartig über fair und unfair, Arm oder Reich, Jung oder Alt nachzudenken, es so eingerichtet hat, besser gesagt, es sich so entwickelt hat.

Über die Natur schimpft – ironischerweise – niemand. Außer mir vielleicht. Um es weiter – schmerzhaft realistisch – zu betrachten, ist der Mensch doch gar nicht dazu geschaffen, so alt zu werden. Auch wenn das Leben mit dreiundachtzig durchaus Spaß machen kann, sagt man.

Und hätte der Herr Fleming das Antibiotikum beziehungsweise das Penicillin nicht durch einen dummen Zufall entdeckt, dann wäre so mancher schon viel früher von uns gegangen.

Ich auf jeden Fall. Hätte ich zur Zeit der alten Ägypter gelebt, so weit brauche ich gedanklich gar nicht zurückgehen, Mittelalter reicht schon, wäre ich bestimmt schon an meinen Zahnfleischentzündungen verstorben.

Dem Herrn Fleming sei Dank!

Sicher ist die Antwort bei Weitem nicht befriedigend. Und ganz schlimm finde ich diese Betrachtungsweise bei Kindern und Jugendlichen, die noch nichts vom Leben hatten und traurigerweise auch vielleicht nicht viel haben werden. Da steht man wirklich, ob Geistlicher oder Ottonormalerklärer, ohnmächtig davor, dass es nur so schmerzt.

Fängt man dann an, über die Natur zu schimpfen, weil sie so etwas ermöglicht hat? Ich weiß es nicht.

Ich für meinen Teil bin froh und dankbar, dass es irgendwann mal jemanden wie Herrn Fleming gab, dass es Menschen gab und gibt, die Medizin beziehungsweise Chemotherapie erfunden haben, und hoffe, dass diese weiter verbessert werden.

Nicht nur für mich, sondern für alle Betroffenen, um gut und länger leben zu können. Denn das Leben kann schön sein. Vielleicht ist das ja mein Glaube. Der Glaube an das Gute der Menschheit.

9
Die offizielle Verkündung

Der große Aufklärungstag nahte und ich war nervös. Mein Freund begleitete mich zur offiziellen Verkündung meiner Diagnose und den anstehenden Therapievorschlägen.

Meine Hämatologin war „frisch gestärkt" aus ihrem Urlaub zurück.

Im Laufe der gesamten Therapie habe ich festgestellt, den ganzen Tag von Krebsschicksalen umgeben zu sein, ist für die Pflegenden und Ärzte eine große psychische Herausforderung. Diagnoseverkündungen setzen zusätzlich einen obendrauf. Es ist wirklich kein einfacher Job, jemandem mitzuteilen, dass der Betroffene eine Krankheit hat. Es ist kräftezehrend. Jedem, der beruflich mit Krebskranken zu tun hat, gebührt Dank und Respekt.

Na, und nun war ich dran, diese Nachricht ausführlich mitgeteilt zu bekommen. Und glaubt mir – die Infos, die man erfährt, sind so umfangreich, dass es selbst zwei Zuhörern schwerfällt, alles beim ersten Mal richtig aufzunehmen und zu verstehen. Es ist wie ein neues Schulfach, obwohl man seit Jahren aus der Schule ist. So viele Vokabeln, die man zu lernen hat, ob man will oder nicht. Das Ganze emotional zu verpacken ist wirklich nicht so einfach. Aber an die neuen Vokabeln gewöhnt man sich mit der Zeit.

Die Ärztin nahm sich Zeit und war auch sehr bemüht, trotz der vielen neuen Fremdwörter, mich über die Krankheit, den Stand der Krankheit und die anstehende Chemotherapie aufzuklären. Auf meine Frage, was denn geschehe, wenn ich die Chemo nicht über mich ergehen lasse, schaute sie mich einen Wimpernschlag verständnislos an, warum ich diese Frage wohl stellte. Sie erklärte mir, dass sich meine Ritter weiter ineinander verhaken werden und mir weiter die Knochen von innen heraus demolieren. Es würde mittelfristig zu Knochenbrüchen kommen.

Und das wollte ich natürlich nicht. Ich fragte nach Alternativen. Ich erfuhr von ihr und von den Ärzten, die ich später kennenlernte, dass es so gut wie keine bekannten und erprobten Alternativen mit Erfolgswahrscheinlichkeit gab. Vielleicht einen Quacksalber in den Bergen von Paraguay oder einen Heilpraktiker in Hinterobereschenbach. Ich könne auch in die andere Dimension steigen und meinem Lebensregisseur ordentlich den Kopf waschen, er möge bitte das Drehbuch für mein Leben umschreiben. Auf solche Versuche und Unwahrscheinliches hatte ich keine Lust. Und auch nicht auf irgendwelche Studien. Nachher gerate ich zu meinem Übel in die Placebo-Gruppe und meine Heilung dauert dann noch länger. Nein, nein, nein!

Eine klassische und konservative Behandlung, die bitte zum Erfolg führt. Also doch Chemotherapie, die folgendermaßen aussah. Kurz erklärt. Ein Chemoblock ambulant. Heißt – zwei Monate, zweimal die Woche für einen Vormittag ins Krankenhaus mit Pausen. Dann für eine Woche stationär ins Krankenhaus zur eigenen Stammzellenentnahme. Gefolgt von einer Pause und Kontrolle der Blutwerte. Anschließend das Highlight. Für drei Wochen ins Krankenhaus für eine Hochdosis-Chemotherapie und Rückgabe der eigenen Stammzellen.

Ich verstand es nicht oder anders gesagt: Ich war wie vor den Kopf gestoßen. Georg muss ins Krankenhaus für drei Wochen. Das geht gar nicht. Autsch.

Danach ging es los mit der Liste der Nebenwirkungen. Es ist irgendwie, als würde man das Ausstellungsverzeichnis eines Foltermuseums lesen, wie zum Beispiel das Hamburger Foltermuseum oder das London Dungeon, oder eine Liste von brisanten Qualen, die sie dort ausstellen. Welches Quälchen hätten Sie denn gerne? Ein bisschen Eiserne Jungfrau? Och, so ein Weilchen Streckbank würde Ihnen auch nicht schaden. Bei meinem Defekt im achten Wirbel bräuchten die bestimmt nicht lange ziehen.

Es folgt die Horrorliste:

Schwindel, Übelkeit, Erbrechen – da habe ich von Anfang an gesagt, dass ich das nicht buchen will.

Schleimhautschäden – weiß ich, was das für Auswirkungen haben kann? Und wenn ja – auf welche Schleimhäute?

Durchfall – nicht so schön, kennt man. Allerdings nicht gut, wenn einem das Poloch wund wird. Und wie viel Durchfall denn und wie lange? Geht ja eigentlich nur, bis das Verdauungssystem leer ist. Da könnte man durchkommen.

Aber das Nächste ist etwas, was einem wieder Angst macht. Blutverlust, Infektionen, Sepsis – lassen wir erst mal unkommentiert im Raum stehen. Ich sagte ja schon, es ist eine Masse an Informationen. Wusste gar nicht, dass das Foltermuseum so viel zu bieten hat.

Organschäden – na ja. Sie muss es erwähnen. Will ich jetzt gar nicht ausführlicher drüber Bescheid wissen.

Nervenschäden, Taubheitsgefühl beziehungsweise Kribbeln in Händen und Füßen – hört sich ja erst einmal nicht so schlimm an. Wie gesagt, man kann es erst beurteilen, wenn man es hat. Manchem tut so eine Streckbank ja gut, wenn der Rücken mal schön auseinandergezogen wird. Er sollte halt nur nicht überspannt werden.

Mir ist nicht bekannt, dass meine Mutter je etwas mit ihren Füßen hatte. Ein Taubheitsgefühl an ihren Händen war mir bekannt. Es hielt aber nicht lange an. Also erst einmal nicht so schwarzsehen.

Dass dieses Kribbeln, auch Polyneuropathie (PNP) genannt, mir über Wochen unbehagliche Stunden bereiten wird, hätte ich in dieser halben Stunde des Aufklärungsgespräches nie gedacht. Dazu am Ende mehr.

Und nun werden wir das Highlight des Foltermuseums erleben. Das, was man ja eigentlich kennt und irgendwie drauf brennt, es endlich zu sehen, und am Ende ein bisschen enttäuscht ist. Haarausfall – wie konnte es anders sein. Wann? Wie? Wie lange? Der Bart auch? Und schon kam eine übliche, aber nicht übel zu nehmende Antwort, an die ich mich im Laufe der gesamten Therapie und bei den Gesprächen mit den Ärzten gewöhnen musste. „Das ist bei jedem anders."

Die Hämatologin tröstete mich. „Gegen alle diese Nebenwirkungen gibt es mittlerweile sehr gute Medizin, um sie in den Griff zu bekommen und zu ertragen. Jedoch nicht gegen den Haarausfall."

Ich muss gestehen, dass ich dagegen ankämpfte, dies alles gefühlsmäßig nicht an mich herankommen zu lassen, und versuchte, alles mit einer gewaltigen Portion schwarzem Humor zu betrachten.

Ich wusste, dass viele Chemopatienten eine veränderte Haarfarbe oder gar Locken nach ihrem Haarverlust bekamen. Ich ulkte damit herum, ob ich vielleicht dann doch dunkelbraunes Haar bekäme, was ich immer schon mal haben wollte. Vielleicht schließt sich meine Glatze. Aber wie ich meinen Körper so kenne, spielt er mir eh einen Streich und wird meine Haare wieder in Grau herstellen.

Auf die Frage, wann wir mit der Therapie beginnen wollen, antwortete sie und hatte zu meinem Glück bei ihrer Aussage ein entspanntes Gesicht: „Es ist nicht so, dass wir noch ein halbes Jahr warten sollen, es sollte zeitnah geschehen."

Die Worte „dringend" und „sofort" kamen nicht über ihre Lippen und das nahm mir in meinem Gefühlsdurcheinander schon sehr die Spannung heraus.

Ich zückte meinen Kalender. Jedes Mal, wenn ich mit einem Kalender vor einem Arzt oder einer Ärztin saß, huschte ein gewisses erstauntes Zweifeln übers Gesicht.

Meine Schlussfolgerung nach der ganzen Therapie war: Man kann eine Krankheit nicht in Tage oder Wochen pressen. Das geht einfach nicht. Man kann zwar einen Plan A, B oder C entwickeln, die durchaus auch aufgehen können. Aber irgendwie ergibt sich dann doch Plan D. Denn zu viele Faktoren beeinflussen den Ablauf. Was sich nachher auch gezeigt hat, mir in diesem Moment jedoch überhaupt nicht klar war.

Denn wie gesagt: „Das ist bei jedem anders."

Wir bestimmten einen Termin Anfang November.

Nach dem Gespräch kam die Kopfkirmes so richtig schön in Fahrt. In diesem Moment war es eher eine Kopfachterbahn. Ohne Loopings. So eine richtig schöne Berg- und Talfahrt. Zu den emotionalen Verwirrungen kamen nun Existenzängste hinzu. Drei Wochen Krankenhaus. Was geschieht in der Zeit mit meiner Firma?

In diesem Moment wollte ich meine Ängste und innere Traurigkeit nicht aufkommen lassen. Eine Zeit lang gelingt mir das schon mal. Ich kenne mich jedoch gut genug, irgendwann kommen die Gefühle raus, aber nicht jetzt. Das soeben Erfahrene ist so, wie es ist. Es ist nicht schön, aber ich werde mich dem stellen.

„Eigentlich warte ich nur auf den Zeitpunkt,
dass jemand ‚Cut!' schreit
und mein Leben doch eine Hollywood-Komödie ist." (5)

Das mit den Haaren fand ich amüsant. Habe ja auch nicht so viel zu verlieren, ist ja nicht mehr viel da. So versuchte ich, mich damit über Wasser zu halten, dass ich vielleicht genug Zeit haben werde, meinen dritten Fantasy-Roman weiterzuschreiben. Ployyderia 3 ist im Kopf schon fertig. Und wenn ich keine Lust auf Hoya und Akorus habe, dann wären immer noch die ungeschriebenen Bücher Brumens, Isabel oder Passepartout da.

Jetzt, wo ich das hier niederschreibe, stelle ich wirklich fest, wie wichtig mir dieser Gedanke war. Denn ich war darauf vorbereitet, meine Gedanken zu meinen Büchern festzuhalten, sobald es die Zeit erlaubt.

Leider wurde nichts daraus. Zum einen hat mir keiner so richtig gesagt, wie anstrengend das Ganze werden wird. Zum anderen war es von Vorteil, nicht sofort alles zu wissen.

Niemandem zum Vorwurf, mich nicht darauf hingewiesen zu haben, wie äußerst kräftezehrend eine Chemo sein kann, auch wenn ich es in ihren Gesichtern gelesen habe und es mir hätte denken können.

Charlotte hatte sich doch allzu sehr in meinem Kopf festgesetzt.

10
Charlotte

Ja! Charlotte! Die neuen Informationen, was mit meinem Körper los ist und was demnächst auf ihn zukommen wird, tauschte ich natürlich mit meiner Familie und Freunden aus. Und muss auch hier mal erwähnen, dass alle klasse reagiert haben. DANKE. Keiner ist aus der Reihe gefallen und alle hatten ähnlich viel Sorge und Angst um mich wie ich selbst.

Natürlich kamen die klassischen Sätze, die jeder sagt, um mich und sich selbst zu beruhigen. Ich will sie nicht auflisten.

Jedoch bekam ich in einem Gespräch mit einem guten britischen Freund einen sehr schönen Denkanstoß: Ich solle der ganzen Geschichte einen anderen Namen geben! He ...?

Ja! Wenn ich nicht von Chemotherapie spreche, sondern es anders tituliere, nimmt es den Druck aus der Sache. Vor allem aus der Sprache. Denn „Chemo" oder „Chemotherapie" ist bei jedem – irgendwie – negativ belastet.

Aber welchen Namen? Pia? Otto? Rembrand?

Ich weiß von meinen Romanen, wie schwierig es ist, geeignete Namen für die Protagonisten zu finden, mit denen man nicht gleich irgendetwas anderes assoziiert. Kann schlecht den Bösen „Franz" nennen. Es erscheint sofort „Sissi" auf dem Schirm. Also einen Namen finden, der schon irgendwie – ich sag mal – schrecklich, unbekannt und anstrengend ist, aber am Ende etwas Gutes erreichen soll.

Ich war auf einer Ausstellung einer Freundin in Maastricht. Ich stand zum Kaffeeholen in der Schlange und ärgerte mich über die träge Servicekraft. Ganz plötzlich, und ohne dass ich in dem Moment darüber nachgedacht hatte, fuhr es wie ein Blitz in mein Hirn. „Charlotte!"

Und ja – als Erstes kommt die Rechtfertigung –, es tut mir schrecklich leid für jede Frau namens Charlotte. Der Name musste es nun sein und für das Synonym der Chemo herhalten. Ich kenne keine Charlotte. Habe auch keine Verbindung mit diesem Namen zu Film oder Fernsehen. Ich fand ihn gut.

Es kam sofort ein Bildnis hoch. Langes, helles Gewand wie eine griechische Göttin. Ihre Haare, dunkelblond, aus einer Mischung der Schlangen auf Medusas Kopf und fest gebundenen Haarzöpfen, streng nach hinten gebunden. An jedem Finger hatte sie Nadeln und Spritzen und spitz gefeilte Fingernägel. In einer Hand hielt sie einen Speer, auf den sie gerade einen Krebs durch seinen Panzer aufgespießt hatte. Das Markanteste an ihr war ihr Gesichtsausdruck. Schmale, feurige, aber auch schadenfrohe Augen. Nicht beängstigend, dennoch sehr diabolisch. Ihre schmalen Lippen beherbergten ein verschmitztes, süffisantes Lächeln mit nur einer klaren Aussage: „Ich werde dir zwar Schmerzen und Unwohlsein zufügen, aber am Ende wird alles gut."

So war Charlotte kreiert und es war gut. Denn es stellte sich in der Tat heraus, dass der Gebrauch des Namens und eine kurze Erklärung dazu die Spannung aus dem Gespräch nahm. Weiterhin war es schön, ein freundliches Lächeln oder ein nettes Grinsen im Gesicht meines Gegenübers zu sehen. Schon kam einem die ganze Sache nicht mehr so schlimm vor, wie sich in den folgenden Wochen bewahrheiten sollte.

Mit dem Wort Krebs habe ich irgendwie keine Probleme. Andere nennen ihn ihren „Untermieter", andere den „Knubbel" oder „Das Ding". Alles ist bei einer Namensänderung richtig. Hauptsache man fühlt sich dabei sicherer.

An dieser Stelle möchte ich hinzufügen, dass in der deutschen Sprache das Wort Krebs für eine Krankheit und für ein Tier steht. In der englischen, französischen, niederländischen und spanischen Sprache ist es nicht so. Das Wort „Cancer" hat im Englischen und in den genannten Sprachen nur eine Bedeutung.

Sieht man einen deutschen Krebspatienten in einer Kunsttherapie ein Bild malen, beinhaltet es meist einen Krebs in verschiedensten Formen und häufig rot.

Fragt man einen ausländischen Kunsttherapeuten, ob seine Patienten Krebse malen, guckt der einen nur verwirrt an und eine Erklärung wird fällig. Auf die Frage, wie sich Krebspatienten im Gemalten ausdrücken, sind es häufig schwarze Löcher oder Abgründe.

Schon kurios, wie in den unterschiedlichen Sprachen durch die Verarbeitung und Realisierung aus der Erziehung und das Erleben des Sprachgebrauches die Krankheit ausgedrückt wird.

Angeblich, nur so als Nebeninfo und ohne Gewähr, ich lasse mich auch gerne eines Besseren belehren, soll es in den Niederlanden keinen „Ekelherpes" geben. Ich fragte viele Niederländer, ob sie das kennen. Keiner der Befragten hatte je etwas davon gehört. Na, wenn man nicht weiß, dass man einen Ekelherpes bekommen kann, wenn man sich vor etwas ekelt, dann bekommt man ihn auch nicht?! Ich sag ja. Die Psyche des Menschen ist manchmal nicht zu erklären.

11
Der Hafen oder auch Port genannt

Meine Hämatologin riet mir freundlich, aber auch mit ein bisschen Nachdruck, mir einen Port einbauen zu lassen.

Klar kann ich einbauen sagen – warum nicht? „Implantieren" hört sich schrecklich an. Ich benannte es während dieser ganzen Prozedur „meinen USB-Anschluss". Witzigerweise wusste jeder sofort, was ich damit meinte, selbst die, die nicht wussten, was ein Port ist.

Ein Port ist ein haselnussgroßer Zugang aus Titan, mit einem Gummipfropf in der Mitte. In diesen können die Zuleitungsnadeln für die Infusionen hineingestochen werden. Er hat einen Schlauch, der in eine Ader, die zum Herzen führt, gelegt wird. Damit Charlotte sofort und gleichmäßig im Körper herum gepumpt werden kann. Er wird unterhalb eines Schlüsselbeins unter die Haut gelegt.

Ich entschied mich für diese Art des Zugangs und vereinbarte einen Termin in dem dritten Krankenhaus am Rande der Stadt, bei einem Operateur meines Vertrauens, den ich kannte. Er hatte meine Mutter dreimal operiert. Bei ihm fühlte ich mich gut aufgehoben.

Ich wies des Öfteren darauf hin, dass ich den Port unter dem rechten Schlüsselbein gelegt haben wollte. Es sind beide Seiten möglich, aber die MTA's und Operateure sind es anscheinend gewohnt, den Port immer links zu legen. Fragt mich nicht, warum.

Diese Entscheidung verwunderte alle Beteiligten. Ich zitierte jedes Mal meine Mutter, die ihren Port auf der linken Seite hatte und sich jedes Mal beim Autofahren ärgerte, weil der Sicherheitsgurt genau darüber lief, was sie sehr irritierte und unangenehm empfand.

Eigentlich sollten die Berater bei der Infoveranstaltung zur Portverlegung durchaus den Patienten fragen, wie aktiv sie mit dem Auto fahren werden. Denn ich habe als Beifahrer wirklich festgestellt, zu dem ich während des Besuchs von Charlotte immer öfter wurde, dass meine Mutter wirklich recht hatte. Man fummelt immer am Gurt herum, sobald er auf den Port drückt.

Ich habe selbstverständlich diesen Eingriff mit Vollnarkose gebucht. Ich mag mir den OP-Raum nicht ansehen und nicht mitbekommen, wie mich wer aufschneidet.

Allerdings sollte man den niederländischen Pfleger, der mein Bett zum OP schob, nicht auf fließendem Niederländisch fragen, warum er in Deutschland arbeitet, wo er doch in den Niederlanden mehr Geld verdienen könnte. Und schon gar nicht, wenn man von der Beruhigungstablette schon schwummrig ist. Dann kann es passieren, dass man zugetextet wird, wenn man auf die Übergabe zum OP wartet.

Der Liebe wegen zum einen und in Deutschland könne man preiswerter wohnen, war in einem Satz zusammengefasst seine Antwort. Unaufgefordert bekam ich einen Vergleichsvortrag über den Unterschied der Krankenhäuser der beiden Länder. Was ich allerdings schon wusste, da ich achtzehn Jahre mit einem niederländischen Krankenpfleger zusammen war.

Die maskierte MTA in der Übergabeschleuse rettete mich aus seinem Redefluss und ich musste mich auf ein … und ja, ich war begeistert … auf ein beheiztes Fließband legen. Ich wurde dann auf einen beheizten OP-Tisch gerollt und in einen Nebenraum geschoben. Alles anscheinend hochmodern und ich muss auch sagen, es fühlte sich unter diesen sehr ungewöhnlichen Umständen gut an.

Vielleicht wirkte das Beruhigungsmittel bereits. Rosa Wölkchen sah ich zwar nicht und Angst hatte ich auch keine mehr.

„Sie wollen den Port rechts?", fragte sie verwundert und ich gab ihr meine übliche Antwort. Vielleicht hätte ich mir doch mit einem Marker ein großes X auf die Stelle malen sollen mit der Überschrift „Bitte hier den Port setzen".

Dann ging alles so schnell und routiniert. Es war schon bewundernswert. Ein Anästhesist begrüßte mich freundlich und textete mich weiter zu, allerdings mit anderen Themen. Als ob es mir nicht auffiele, dass er mich von dem ganzen Geschehen ablenken wollte. Ich ging darauf ein und ließ mich von ihm auf andere Gedanken bringen.

Ich habe festgestellt, dass es wirklich sinnvoller ist, sich auf solche Gespräche einzulassen, statt seinen trübsinnigen oder auch angsterfüllten Hirngespinsten nachzugehen. Selbst solch nettes Blabla bewirkt durchaus, dass man nicht tiefer in den Negativ-Denksumpf versinkt. Modder bis zum Bauchnabel reicht schon, dieser muss nicht bis zu den Brustwarzen gehen, geschweige denn bis zum Hals.

Ich weiß gar nicht mehr, worum es in diesem Gespräch ging, denn es ging alles ruck, zuck. Schwupp hatte er meine Hand punktiert und mich an einen Tropf angeschlossen. Ohne dass ich Zeit hatte, meinen Kopf anzuheben, um mich neugierig umzusehen, wurde ich schon in den OP geschoben.

Ruhiges Treiben erwartete mich in dem Raum. Der Anästhesist, der mit mir am Vortag das Betäubungsinterview geführt hat, begrüßte mich. Er stammte bestimmt aus den wilden Sechzigern und kannte sich mit Sicherheit nicht ohne Grund mit Betäubungsmitteln gut aus. Und dann geschah das, was ich schon häufiger gesehen hatte. Ihr kennt doch Filme oder Arztserien, wo jemand auf dem OP-Tisch liegt? Kameraperspektive vom Patienten aus gesehen und plötzlich wird einem diese durchsichtige Plastik-Atemmaske mit blauem Schaumstoffrand auf den Mund gedrückt und kurz danach ist man weg.

Ja, da kann ein Haken dran. „Auch schon erlebt."

Der Rest des Aufenthaltes im Krankenhaus am Rande der Stadt war unspektakulär.

Die Wunde verheilte sehr schnell. Zurückbehalten habe ich eine fünf Zentimeter lange Narbe und einen Knubbel unter meinem rechten Schlüsselbein. Ich besitze nun ebenfalls einen Implantationsausweis für mein Implantat, wie es so schön heißt. Diesen soll ich immer schön brav mit mir führen und darauf achten, dass nur mit für den Port geeigneten Nadeln hineingestochen wird.

Spannend wird es eines Tages am Flughafen, wenn mich die Sicherheit durchleuchtet und dieses Teil piepen wird. Können die beim Ganzkörperscan am Flughafen nicht schon feststellen, ob der Port noch funktioniert und richtig sitzt? Wäre ja mal was. Zur Sicherheitskontrolle am Flughafen kommt ein Gesundheitscheck dazu. Für nur 36,95 EUR mit ausgedrucktem Ergebnis an Kasse 4 und direkter Übermittlung der Daten an die Krankenkasse. Wir sprechen uns in fünfzig Jahren wieder …

Nun kam ich mir mehr und mehr wie ein Borg vor. Das sind die Menschen, die in Science-Fiction-Filmen elektrische Körperteile eingebaut bekamen.

USB-Anschluss für Charlotte und zur Blutabnahme. Brille auf der Nase und künstliche Zähne. So weit war ich also schon.

Am Vatertag unternahmen wir einen Ausflug ins Museum des Neandertals. Da war ein Schaukasten mit allem, was wir schon künstlich eingebaut bekommen können. Erschreckend und faszinierend zugleich.

Ich entschied mich als Nächstes für ein Hörgerät. Aber wer weiß schon, was als Nächstes dran ist. Herzschrittmacher?

Künstliches Knie? Eigentlich will ich es gar nicht wissen. Zum Glück gibt es so etwas. Irgendwie hängt man ja doch am Leben.

Wo ich schon mal beim Port bin und meiner Entscheidung für diesen, kann ich mal kurz erörtern, warum ein Port und kein ZVK.

Ein ZVK ist ein Zentraler Venenkatheter und wird für Charlotte meist am Hals gelegt. Ich denke, das ist die übliche Stelle. Von einem anderen Zugang habe ich bislang noch nichts gehört. Irgendwie muss das Gift ja in den Körper. Der ZVK führt auch Schläuche, die zum Herzen gehen.

Meine Hämatologin riet mir von einem Zugang in der Armbeuge ab. Ist dort einmal die Vene durchstochen oder verletzt, kann die Chemo danebengehen. Es könnte zu erheblichen körperlichen Schäden kommen. Nein! Das wollte ich nicht. Und Schläuche aus dem Hals hängen zu haben, ich weiß nicht …

Allein den Gedanken fand ich ganz schrecklich. Wie sich später bestätigte. Ich habe es bei meinem Zimmernachbarn Jürgen, mit dem ich drei Wochen das Zimmer teilte, zweimal erlebt, wie er einen ZVK gelegt bekam.

So hart gesotten Jürgen war, er ließ das alles nur mit örtlicher Betäubung über sich ergehen. Es war schon eine ungewöhnliche, aber auch notwendige Prozedur. Er und ich bekamen alles mit und das wollte ich mir selbst nicht antun. So etwas mit meiner Spritzenphobie anzusehen, reichte mir schon.

Ich will hier wirklich nicht schwarzmalen. Es ist zu verkraften und ein guter Arzt ist nach zwanzig Minuten fertig und der Patient spürt kaum etwas. Es ist halt nichts für die Augen. Und sobald der ZVK liegt, kann er seine Aufgabe erfüllen. Ein Port hingegen sollte erst verheilen.

Allerdings ist es unangenehm, wenn eine tollpatschige Krankenschwester plumperweise an dem Schlauch zieht, weil sie sich darin verheddert – fragt mich nicht wie, war mir auch ein Rätsel – und mit ihrer Ungeschicktheit Jürgens ZVK beinahe herausriss. Zu seinem Glück schrie ich rechtzeitig und laut genug, sonst hätte es blutig im Bett meines Zimmernachbarn werden können. Aber es war noch mal gut gegangen. Beim Port zieht so ein Malheur halt nur die Nadel heraus.

Ports sind auch nicht ohne. Sie können sich entzünden und dürfen dann so lange nicht verwendet werden, bis die Entzündung abgeklungen ist. Wenn es ganz heftig ist, muss der sogar raus.

Ein Zugang im Arm oder gar ein ZVK wäre dann die Folge. Ebenfalls kann der Schlauch des Ports in der Vene abknicken oder das Ende des Schlauches an die Venenwand kommen. Dann ist es nicht möglich, über den Port Blut abzunehmen. Es folgt wieder die Blutabnehmpikserei über die Arme – schrecklich!

Grundsätzlich ist ein Port nicht zu verachten.

Bei der ambulanten Chemo wunderte ich mich über eine Patientin, die keinen Port wollte, weil sie keine Narben auf ihrem Körper zurückbehalten wollte. Bei einem ZVK-Zugang ist am Ende der Prozedur auf der Haut anscheinend nicht mehr viel zu sehen. Ist ein Argument, auch wenn's nicht meins ist.

12
Das Ende einer Ära

Das Schlimmste hingegen war die Tatsache – und ja, es darf gelacht werden –, nach Einbau und Verheilung des Ports endete die Ära meiner weißen Latzhose.

Jepp! Dreiunddreißig Jahre herumlaufen wie John-Boy Walton, Peter Lustig oder für die ganz Modernen – wie die Minions. Im Gegensatz zu den Aufgezählten war meine allerdings malerweiß und nicht blau. Diese Zeit war nun abgelaufen. Schweren Herzens.

Der rechte Träger verlief genau über dem Port. Und eine Latzhose kann ganz schön gewichtig sein. So mit Schlüsseln, Bandmaß, Portemonnaie ... halt alles, was so ein richtiger Handwerker täglich braucht. Der Inhalt zieht die Hose an den Trägern nach unten und drückt auf den Port. Nicht angenehm.

„Dann steig auf eine normale Bundhose um", hörte ich von jenen, denen ich mein Leid klagte. Das lässt sich leicht daher sagen ... alle keine Ahnung.

Ich legte mir eine Bundhose zu und befüllte sie mit den gleichen Utensilien, sprich dem gleichen Gewicht wie die Latzhose. Und siehe da, das nächste Problem zeigte sich. Das, worüber ich mich dreiunddreißig Jahre lustig gemacht habe, und durchaus – ich gebe es zu – auch mal einen Cent hinein schmeißen wollte, erlebte ich nun am eigenen Leib. Das Handwerker-Dekolleté oder Handwerker-Brötchen genannt, tauchte plötzlich in meinem Leben auf, ob ich wollte oder nicht. Sobald ich kniete, kamen auch bei mir die Oberseiten meiner Pobacken zum Vorschein. Ging ja gar nicht. Nicht, dass ich Probleme hätte, meine Pobacken zu zeigen. Aber ständig die Hose hochziehen und oder das T-Shirt wieder in die Hose stecken – nervte. Von dem Zeitverlust gar nicht zu reden. Hosenträger wären auch nicht gegangen. Da beißt sich ja die Ratte in den Schwanz und ich hätte gleich bei der Latzhose bleiben können.

Außerdem ist dieses freie Stück Haut auf dem Rücken ja auch gar nicht gut für die Nierchen, geschweige denn der Blase. Da kann man sich ja was wegholen. Erst recht, da ich durch meine Krankheit wesentlich empfindlicher gegen Erkältungskrankheiten geworden bin.

Diesem Problem habe ich ganz schnell einen Riegel vorgeschoben und mir extra lange T-Shirts und Hemden gekauft. Und es funktioniert. Nun kann zwar keiner mehr die Oberseite meines schönen Popos sehen, aber meine Nierchen bleiben warm und bekommen keinen Durchzug.

Irgendwie findet man immer eine Lösung.

„Wir haben alle zwei Leben:
Das zweite beginnt, wenn wir realisieren,
dass wir nur ein Leben haben." (6)

13
Chemo? Was ist das?

Wie funktioniert eine Chemo überhaupt? Oder anders gefragt – was geschieht in und mit meinem Körper?

Diese Frage ist nicht so einfach zu beantworten. Nicht ohne Grund müssen Ärzte oder Pharmakologen für dieses Wissen jahrelang studieren. Denn dieses Thema ist sehr umfangreich. Außerdem will man ja nicht unbedingt nach der Krebsdiagnose, oder auch interessierte Begleitpersonen, von heute auf morgen Medizin oder Pharmazie studieren, um dieses gewaltige Wissen zu erlernen.

Wie bei so vielem im Leben möchte man eigentlich nur eine einfache Antwort, die man irgendwie versteht, ohne allzu sehr in die Tiefe zu gehen. Ferner will ja keiner die ganzen Fachbegriffe aus einem medizinischen Fachbuch heraussuchen.

Hinzu kommt, dass die ganze Sache mit dem Blut nicht so richtig greifbar ist. Mit ausgedruckten Kurvendiagrammen, Zahlen und zusammengewürfelten Abkürzungen, geschweige denn DNA-Bildchen kann man ja als Laie nicht viel anfangen. Ich zumindest nicht.

Ein optischer Beweis wie zum Beispiel ein Knubbel auf einem Röntgenbild fehlt. Würde sich das Blut verschieden färben, wäre es einfacher. Eine Leukämie wäre grün, eine bösartige dunkelgrün. Mein Multiples Myelom hätte mein Blut orange gefärbt. Es würde die Sache des Verstehens, welche Krankheit man nun hat, wesentlich vereinfachen. Doch dem ist nicht so.

Ich habe die Funktionsweise einer Chemo ein wenig recherchiert und folgendermaßen in meine Sprache übersetzt. Ich bin recht zufrieden damit. Und die „Testpersonen", denen ich es so erklärt habe, bekamen einen Eindruck davon, was in einem Körper geschieht. Sie konnten meine Darstellung durchaus nachvollziehen.

Unser Körper besteht, wie wir alle wissen, aus Zellen. Die verschiedenen Arten der Zellen wachsen unterschiedlich schnell. Muskelzellen gedeihen in einer anderen Zeit als die Zellen des Herzens. Knochen wachsen wieder in einer anderen Geschwindigkeit als die Haut. Das kennen wir alle. Ein klassischer Knochenbruch braucht seine Zeit, bis er zusammengewachsen ist, und die Haut erneuert sich auch in einem bestimmten Zyklus. Wie oft standen wir schon am Freitagmorgen vorm Spiegel und sahen den über Nacht gewachsenen Pickel. Wie schnell so ein unansehnliches Teil wachsen kann. Jeder weiß sofort, wie lange man entstellt ist und wann man ihn quetschen kann. Selbstverständlich kommt der immer am Freitag vor einem Wochenende, wo man etwas Besonderes vorhat. Es dauert halt ein paar Tage, bis er verschwunden ist und sich die Haut vollständig regeneriert hat.

Schleimhäute, das sind die „Oberflächen" in Mund und Nase und im Verdauungstrakt, die sich schneller regenerieren müssen, weil sie ja mehr Belastungen ausgesetzt sind, im Vergleich zur Haut am Oberschenkel.

Es gibt also schnell und langsam wachsende Zellen.

Und da setzt die Chemo an. Der Patient bekommt die auf den Krebs abgestimmte Chemotherapie. Diese findet durch die Adern den Weg zu den Zellen und klopft da an. Charlotte fragt dann freundlich nach, ob es sich um eine schnell oder langsam wachsende Zelle handelt. Sobald diese auch nur den Eindruck macht, dass sie zu der schnell wachsenden Spezies gehört, bekommt diese einen Aufkleber von Charlotte: „Du gehörst hier nicht hin, mach dich vom Acker." Dadurch erfahren die Ritter im Körper, dass sie diese Zelle gefälligst zu vernichten haben.

Leider hat dieses System, selbst wenn es durchaus zum Erfolg führen kann, einen üblen Nachteil. Charlotte kann nicht unterscheiden, ob es eine schlechte oder notwendige Zelle ist. Weil sie, wie gesagt, nur nachfragt, ob sie schnell wachsend ist oder nicht. Sie fragt nicht, ob diese Zelle notwendig oder überflüssig ist. Deshalb können auch gute Zellen einen Aufkleber bekommen und fallen den Rittern zum Opfer. Oder anders ausgedrückt: Die Chemo vernichtet ebenfalls viele gute schnell wachsende Zellen und die sind meist in den notwendigen Schleimhäuten.

Da diese durch Charlotte empfindlich gestört sind, wird der Körper anfälliger für Krankheiten, mit denen er im gesunden Zustand keine Probleme hat. Es entstehen dadurch die berüchtigten Nebenwirkungen.

Und wie es so schön in unserem Leben ist – Ausnahmen gibt es natürlich auch. Wie könnte es anders sein. Da gibt es Tumore, die dümpeln in ihrem Wachstum so vor sich hin. Da kann Charlotte noch so viel nachfragen, wie schnell sie wachsen wollen. Sie bekommt keine zufriedenstellende Antwort, kann also demzufolge keinen Aufkleber aufkleben. Und so schlimm es ist, diese Tumore muss man leider wachsen lassen. Sie müssen regelmäßig kontrolliert werden, bis sie den Status des Schnellwachstums erreichen, und erst dann kann eine Chemo greifen.

Wenn man Glück hat – und nun kommt ein kurioses niederrheinisches Wort –, hat man „nur Schnibbelkrebs" (schnibbeln = schneiden).

Meine Mutter hatte meist „nur" Schnibbelkrebs. Der Tumor wurde weggeschnitten. Sie brauchte nicht für jeden Krebs, den sie bekam, eine Chemo. Der psychische Stress war schlimmer als die OP.

Nun machen auch diese schrecklichen Worte gutartiger und bösartiger Tumor einen gewissen Sinn. Die gutartigen wachsen langsam und können, wenn sie gut zu erreichen sind, weggeschnitten werden. Es bleibt zu hoffen, dass er nicht wiederkommt. Die bösartigen, die haben den Drang, sich zu vermehren, und ein sehr starkes Verlangen, sich überall im Körper festzusetzen. Zu vergleichen mit einem streunenden Hund, der sein Revier markiert. Den kann Charlotte packen, markieren und von den Rittern vernichten lassen. Bei ganz schlimmen Tumoren wird es allerdings schwierig für sie und es sind viele Therapiesitzungen notwendig. Wenn diese nicht wirken, wird eine Fremdstammzellentransplantation angedacht.

Was mich bei der ganzen Geschichte ein wenig erschreckte, aber auch verwunderte, dass meine Nachfrage, ob meine Chemo ebenso gegen Lungenkrebs helfen würde, verneint wurde. Sicher mache ich mir Sorgen um meine Lunge, allein schon wegen der Lacke von früher oder der Raucherei. Zwar wurde meine Lunge mehrfach geröntgt und mein Körper hat bislang keine erkennbaren Tumore gebildet, aber sie könnten durchaus schon auf der zellularen Ebene vorhanden sein.

„Nein! Die Chemo für das Multiple Myelom hilft nur gegen das Multiple Myelom und nicht mehr", hörte ich von meinem behandelnden Arzt.

Schade eigentlich und irgendwie auch ernüchternd.

Es hätte ja sein können, dass durch eine Chemotherapie der gesamte Körper von zu erwartenden aufkeimenden Krebszellen befreit worden wäre. Aber so weit sind wir wohl noch nicht.

Jeder bekommt eine gezielt auf seine Krankheit eingestellte Chemotherapie mit den zu erwartenden Nebenwirkungen, mit denen jeder individuell zu kämpfen hat.

Die einzige Schlussfolgerung, die man daraus ziehen kann, ist: Jeder Körper verhält sich anders und es ist immer alles möglich. Bei einer Chemo kann man nicht viel pauschalisieren oder sich mit anderen vergleichen. Der eine verpackt sie besser, der andere schlechter. Je nach körperlicher und psychischer Konstitution.

„Krankheit lässt den Wert der Gesundheit erkennen." (7)
Heraklit

14
Geschichten aus dem Wartezimmer

„Geduld ist das Vertrauen,
dass alles dann passiert,
wenn die Zeit dafür reif ist." (8)

Mich begleitete das Gefühl, dass ich gut vorbereitet war. Hätte ich dieses Buch vorher in den Händen gehabt, wäre ich vielleicht besser organisiert gewesen und meine Ängste gemindert.

Ich war zwar nicht gelassen, aber durchaus gefestigt, dem Besuch von Charlotte entgegenzutreten.

In dem Monat zwischen Diagnose und Therapie ereignete sich so vieles und ich habe für mich viele nützliche Informationen sammeln können. Meine Kopfkirmes fuhr zu einem langsam fahrenden Karussell herunter. So eins mit den Pferden an der Stange, das nur langsam im Kreis fährt.

Irgendwie ging mir auch der Herr Jenke von Wilmsdorff nicht aus dem Kopf. Der mit dem Jenke-Experiment auf RTL. Der Herr von Wilmsdorff hatte sich bewusst in absurde Situationen gebracht und darüber berichtet. Wie zum Beispiel Alkoholmissbrauch, übermäßigen Stress oder Schlafentzug.

Zwar hatte ich nicht vor, über meine anstehende Chemotherapie vor laufender Kamera zu berichten. Aber ich fühlte mich so, als ob ich wie der Jenke eine skurrile Situation zu bewältigen habe.

Ich fuhr selbst mit dem Wagen ins Krankenhaus am Rande der Stadt. Trotzdem organisierte ich, dass mich jemand abholen kommt, sollte es mir irgendwie schlecht werden und ich nicht mehr in der Lage sein, selbst zurückzufahren.

Wie verabredet, rief ich morgens um acht Uhr an, um meinen Termin um elf Uhr zu bestätigen. Erst später erfuhr ich, warum ich immer morgens vor der Therapie anrufen musste. Da das Herstellen einer Chemoflüssigkeit ein aufwendiges und kostenintensives Verfahren ist, wurde diese Flüssigkeit erst hergestellt, wenn das Krankenhaus von mir grünes Licht bekam, dass ich wirklich kommen würde.

Ich war sehr nervös, meldete mich jedoch brav an und durfte im Wartezimmer Platz nehmen. Ob es an diesem Tag war oder an einem anderen, spielt jetzt eigentlich keine Rolle. Ich sprach anfangs davon, mir eine Krankenhausuhr zuzulegen. Weit gefehlt. Die kann man sich nicht besorgen, die kommt zu einem wie von selbst. Plötzlich und unerwartet ist sie da. Das Markante an ihr ist, man kann sie überall im Leben anwenden. Man muss sie nur sehen und erkennen. Wie kommt sie denn? Ganz einfach.

Man sitzt mit anderen Patienten, auch mit ihren Angehörigen im Wartebereich, die sich ohne Ende und lautstark darüber aufregen, wie lange sie warten müssen. Bei diesen Aufregern und Aufregerinnen gibt es übrigens keine Geschlechtertrennung. Frauen und Männer beherrschen das gleichermaßen lang und laut. Menschen, die nicht begreifen, oder auch nicht begreifen wollen, dass die Uhren im Krankenhaus anders ticken als in der normalen Welt. Soll nicht heißen, dass ich es gut finde. Aber es ist nun mal so, wie es ist.

Ich bin mit meinen Recherchen noch nicht so ganz fertig. Aber die Wartezeitformel könnte lauten: Datum des Tages multipliziert mit dem Wochentag hoch drei, minus ein Viertel der aktuellen Mondphase geteilt durch die Anzahl der Krümel des Brötchens, welches man am Morgen aß, aber nur die – die auf das Frühstücksbrettchen gefallen sind. Benutzt man am Morgen einen Frühstücksteller, hat die ganze Formel keinen Sinn mehr. Oder anders ausgedrückt, die Formel heißt GEDULD.

Die Krankenhausuhr namens Geduld bekommt man, wenn man in einem Wartezimmer sitzt und sich andere aufregen, und zwar so, dass man sich selbst über die sich Aufregenden ärgert, weil die einem – Entschuldigung – gehörig auf den Sack gehen wegen ihrer Ungeduld.

Es sind jene, die nur allein ein Leiden haben und es ihrer Umwelt lautstark mitteilen müssen, wie arm sie dran sind und dass sie die Einzigen sind, die leiden und warten. Oder auch solche, die ihren Angehörigen im Wartezimmer wiederholt erklären, wie schlecht es ihnen geht, und jene, die diese Information just an diesem Tag zum ersten Mal hören, als wäre es etwas Neues, das aber unter Garantie täglich ein Dutzend Mal mitgeteilt bekommen. Klar leiden sie, jedoch bitte etwas leiser, denn ich leide ebenfalls. Ich muss nicht deren Termine wegen eines Ölwechsels am Drittwagen um dreizehn Uhr, vier Dörfer weiter, hören. Hallo? Hackt es noch? Die Gattin hat Krebs und der Gatte versucht sich abzulenken. Alles verständlich, alles nachvollziehbar, aber dann leg die Termine gefälligst nicht so knapp. Eine Krankheit, viel schlimmer – ein Krebsleiden, ist nun mal zeitaufwendig, vorausgesetzt, man möchte angemessen betreut und geheilt werden.

Jene, die am lautesten schreien, sind die, die den Ärzten die meiste Zeit klauen, weil sie einfach nichts verstehen, nicht zuhören und sich nichts merken können. Ja, ist doch wahr! Keiner von den Nörglern hat einen Schreibblock mit, um sich Notizen zu machen, und fragt stattdessen lieber viermal nach. Und wenn der Arzt oder die MTA etwas viermal erklären muss, dauert es einfach länger. Dadurch verändert sich wieder die Formel für die Wartezeit und es kommt bei der

Wartezeitformel die Sternzeichenkonstellation am Horizont des vierten Wartenden hinzu.

Wartezimmer sind sowieso sehr faszinierend. Man trifft dort auf Menschen, die man im normalen Leben nie getroffen hätte. Sie stehen höchstens im Supermarkt für einen langen Moment vor einem und kramen nach ihrem Kleingeld, um den Zahlbetrag passend herauszugeben. Sie sitzen in der Kirche eine Dreiviertelstunde neben einem und rascheln mit dem Gesangbuch, dass es nervt und man ihnen am liebsten auf die Finger schlagen möchte. Aber sich privat mit ihnen zu umgeben – weit gefehlt. Und ich habe auch kein Problem damit, wenn jemand das über mich sagt.

Nun sitzt man in einem Raum und hat eine Gemeinsamkeit. Krebs. Oder einen Angehörigen, der Krebs hat. Es ist eine andere Welt. Die Stimmung in einem Wartezimmer ist einzigartig und mit nichts anderem zu vergleichen.

Im Kino, in Erwartung des Films, ist die Atmosphäre eher entspannt. Man knabbert sein Popcorn und hofft, dass sich keine unruhigen Jugendlichen oder allzu große Zuschauer vor einen setzen.

Wartezimmer Flugzeugkabine, in dem man eigentlich nur wartet, bis man an seinem Zielort ist. Der Fliegende versucht die Zeit irgendwie mehr oder weniger sinnvoll herumzubekommen und sich abzulenken. Dort wird allerdings gerne geplaudert und gelacht.

In einem Wartezimmer wird gefälligst nicht gelacht. Schon gar nicht beim Zahnarzt. Dann wird man schräg angeguckt. Obwohl es vielleicht ganz sinnvoll wäre, sich für einen Moment mit etwas anderem zu beschäftigen als mit seinen Zahnschmerzen. Ablenkung von der aktuellen misslichen Situation schadet doch nicht. Aber irgendwie haut das in den Wartezimmern bei den Ärzten nicht hin.

Also bleibt es dabei, trübsinnig dreinzuschauen und Leute zu beobachten. Am besten sind die, die sich sofort, nachdem sie ihre Jacke auf die Garderobe gehängt haben, auf die Zeitschriften stürzen und sich mindestens 1,85 Minuten eine passende aussuchen, die sie vielleicht lesen wollen.

Platzwahl ist klar. Immer einen leeren Stuhl zum Nächsten. Und da gebe ich zu, bin ich auch nicht besser.

Erstes Kriterium für mich ist, nicht im Durchzug zu sitzen, und das zweite ist ein Stuhl mit Armlehnen. Wenn der so steht, dass ich alles mitbekomme, dann ist das schon mal fein. Klar bin ich neugierig. Habe ich das hier irgendwann mal bestritten?

Ist das Wartezimmer allerdings so voll, dass der Platzsuchende gezwungen ist, sich zwischen zwei Wartende zu setzen, schaut man – manche mehr, manche weniger – vorsichtig nach rechts und links, wen man am besten zutexten kann. Wer es allerdings wagt, einen von diesen mitteilungsfreudigen Mitleidenden in die Augen zu sehen, hat schon verloren. Man bekommt die gesamte Leidensgeschichte auf die Ohren, ob man will oder nicht.

Ist man selbst zu neugierig oder hat vielleicht an dem Tag persönlich ein großes Mitteilungsbedürfnis, muss man erst ein wenig ihr Vertrauen gewinnen, indem man eine belanglose Frage stellt. Aber dann schnappt auch schon die Falle zu und man bekommt eine Geschichte erzählt. Einige sind interessant und andere nicht. Na ja, und das ist allerdings das Risiko, wenn man den Mund nicht halten kann.

Einmal saßen mir Ingrid und Klaus gegenüber. Vielleicht kennt ihr dieses Rentnerehepaar von Stefan Raab, TV Total, die nichts anderes zu tun hatten, als sich gegenseitig anzugiften, ähnlich wie Statler und Waldorf aus der Muppet Show. Dass es so etwas im realen Leben gibt, hätte ich mir mit meiner gesunden Naivität nie vorstellen können und schon gar nicht im Wartezimmer der Onkologie. Er saß wirklich da mit seiner Tageszeitung und giftete sie an, als sie ihn fragte, ob er den Rasensprenger und den Herd ausgeschaltet hat. Es war herrlich, ihnen zuzuhören.

Sie hingegen schaute viel zu häufig auf ihre allzu lose Armbanduhr, hob unentwegt ihren Arm und schüttelte sie wieder so weit an ihrem Unterarm zurück, bis die Uhr ein wenig Halt bekam. „Wir warten hier schon fast eine halbe Stunde", sagte sie in einem verächtlichen Tonfall.

Er hingegen schlug die Seite seiner Tageszeitung um. Ohne auf sie einzugehen, stellte er fest, dass zwei Dörfer weiter wieder neue Windkrafträder aufgebaut werden sollen. „Die Dinger verschandeln die ganze Umgebung."

„Wie lange wir wohl noch warten müssen? Wenn ich mir das Wartezimmer so ansehe, kommen wir nicht rechtzeitig zu Tante Annie."

„Kann passieren. Du musstest auch unbedingt heute mit ihr einen Termin ausmachen. Du weißt doch, dass es in diesem Schuppen hier immer länger dauert. Das mit deiner Tante hätte auch warten können", antwortete er, ohne sie anzusehen. „Die haben einem Weinbauern in der Pfalz die Trauben gestohlen. Fünfzehntausend Euro Schaden."

„Tante Annie kann nur heute. Das habe ich dir schon gesagt. Du wolltest doch das Rezept von der Eierschecke haben, was sie von ihrer Cousine aus dem Osten hat. Der Kuchen hat dir auf Jakobs Kommunion so gut geschmeckt. Morgen muss sie zum Hautarzt. Sie hat doch diese schlimme Allergie gegen Weichspüler. Sieht schrecklich aus. Hat sie mir letzte Woche gezeigt. Beide Oberschenkel voller Pusteln. In der Pfalz waren wir auch lange nicht mehr", erwiderte sie, schaute auf ihre Uhr und schüttelte sie wieder an ihrem Arm hoch.

Im Laufe ihres Gespräches wurde er ihr gegenüber sogar schon beleidigend und gemein, dass ich am liebsten etwas gesagt hätte. Aber das würde ja eh nichts bringen.

Als die beiden das Wartezimmer verließen, verdrehte jeder der Wartenden die Augen und alle schauten sich gegenseitig kopfschüttelnd an. Was es nicht alles gibt. Schon spannend, dass alle diesen Dialog mitverfolgten, nicht nur ich. Es war ja nicht zu überhören.

„Leider" habe ich nicht herausfinden können, wer von den beiden krank war. Hätte mich schon interessiert. Ich werde wohl nie erfahren, wie ihr Mittag bei Tante Annie war, ob sie jemals für ihn die Eierschecke gebacken hat und ob die beiden zum Urlaub in der Pfalz waren. Allerdings las ich später in einer Internetzeitung, dass Diebe einem Weinbauern wirklich nachts die Reben vom Baum geklaut hatten und anscheinend selbst daraus Wein keltern werden. Sachen gibt's.

15
Ambulante Chemotherapie

Ich wurde aufgerufen und die MTA, die mich abholte, stellte sich freundlich und selbstbewusst als Schwester Melanie vor. Sie begleitete mich in einen Raum und bat mich, auf dem letzten freien Stuhl Platz zu nehmen. Fünf Patientinnen saßen bereits.

Und ja, ich gebe zu, ich hatte in diesem Moment recht ironische Gedanken, trotz meiner Nervosität. Zum Glück aber auch, denn sie lenkten mich von dem auf mich Zukommenden ab.

Diese schwarzen Friseurstühle sind ja bekannt, so mit Kopflehne und Fußstützen. Das waren also die Sitzmöglichkeiten, auf denen Charlotte verabreicht wurde. Und das mir. Spritzen drohten mir, und das nicht im Liegen. Und dann mit Publikum, oh je ... Ich hielt mich vorerst bedeckt, denn ich war doch eher mit meinen eigenen Gedanken beschäftigt, denn es wirkte wirklich so, als wäre ich beim Friseur in die Frauenabteilung geraten. Es fehlten nur noch die Kopfwaschbecken und die Trockenhauben an ihren Schwenkarmen. Die fünf Damen hingen bereits am Tropf. Vier davon beobachteten das Geschehen zwischen Melanie und mir. Eine war in ihre Zeitschrift vertieft.

Die Damen, alle in der Altersgruppe meiner Mutter, als sie hier in Therapie war, also Anfang siebzig, plus/minus zehn Jahre. Eine mit einem Tuch um den Kopf, andere mit Mutters Standardperücke. Schmerzte schon irgendwie, als ich es sah. Aber diesen Gedanken wollte ich nicht hochkommen lassen und vertiefen. Dazu war ich dann doch für meine Charlotten-Premiere viel zu nervös.

Ihre Gesichter waren abwartend bis traurig, ihrem Schicksal ergeben. Aber durchaus auch neugierig, was Melanie mit dem „jungen" Neuling vorhatte.

„Sie haben einen Port, habe ich gelesen?"

Ich bejahte. „Wollen Sie den Ausweis sehen, damit Sie wissen, welche Nadel Sie nehmen dürfen?"

Ich erntete einen etwas fassungslosen Blick. „Sie sind zum ersten Mal hier?"

Hmm... Das sollte sie eigentlich aus ihren Unterlagen herauslesen können, dachte ich.

„Heißt das, Sie sind noch nie angestochen worden?", fragte sie mich und wusste sofort, dass sie sich in ihrer Wortwahl vergriffen hatte.

Doch das Eis war nun gebrochen, das konnte sie an meinem breiten Grinsen von Ohr zu Ohr erkennen. Die Damen um mich herum lächelten süffisant. Bis auf die Zeitschrift Lesende.

„Na ja", antwortete ich. „Ich hätte in Ihrer Frage durchaus ein anderes Verb benutzt, aber wenn Sie mich schon so fragen. Ja, ich bin ,so' noch nicht angestochen worden. Das ist Premiere."

Und schon kam die Retourkutsche und ich weiß bis heute nicht, ob Melanie mich nur auf den Arm nehmen wollte. Es ergab sich nie, sie später danach zu fragen.

„Na ja", antwortete sie, ohne auch nur einen Gesichtsmuskel zu bewegen. „Wenn Sie noch nie angestochen worden sind, muss ich wohl jemand anderes holen."

Mein Entsetzen stand mir anscheinend ins Gesicht geschrieben. „Dann holen Sie bitte jemand anderes, wenn es notwendig ist. Und sorgen Sie bitte dafür, dass derjenige die richtigen Nadeln für den Port verwendet."

Ohne weiter auf meine Worte einzugehen, bekam ich nur einen Ohrwatscher: „Herr Hollas, wir machen das hier nicht zum ersten Mal." Stimmt wohl. Gut gekontert.

Aber ich war dann einen Tacken besser. „Ja, wenn Sie schon wissen, dass es für mich das erste Mal ist", was natürlich wieder zu lachenden Augen führte, immer diese Hinterge-danken ... ts, ts ... „Dann sind Sie auch gefordert, mir meine Ängste zu nehmen."

„Sie haben Angst?", fragte sie tonlos, ohne mich anzusehen.

„Klar! Sie wollen mich gleich anstechen. Ich habe eine heftige Abneigung gegen Spritzen. Geht gar nicht."

Und schon bekam ich wieder die üblichen Sprüche um die Ohren. Von wegen „Indianer kennt keinen Schmerz" und „Sie wollen doch ein ganzer Mann sein". Herrlich ist auch, wenn dann kommt: „Sie sollten mal ein Kind bekommen. Dann wissen Sie, was Schmerzen sind."

Würg ... Dieses Totschlagargument habe ich nie verstanden und hasse es. Wenn, kommt es sowieso nur von Frauen, die nicht die hellsten Kerzen im Kronleuchter sind. Sorry, das so sagen zu müssen, aber es ist so.

Und ich antwortete mit meinen üblichen Geschichten, dass mir das Gepikse als Kind verdorben wurde und dass meine Chefin aus dem Altenheim – so ein hässliches Schrapnell, bei der mir aufgezwungenen Blutspende richtig böse über diese Phobie abgelästert hat. Ab da war es vorbei mit Stechen.

Ich frage mich, warum man sich als Mann für seine Abnei-gung gegen Nadeln immer rechtfertigen muss. Und ich bin bei Weitem nicht der Einzige. Kann man es nicht einfach sagen und mein Gegenüber akzeptiert es, ohne Erklärung?

Da die Zeit irgendwie vergehen muss, und das geht gut mit viel Plaudern, verfiel ich dann in einen Redeschwall und er-klärte, dass ich beim Zahnarzt keine Angst vor Spritzen habe und die mir so gar nichts ausmachen. Schon hat man die Zuhörenden abgelenkt und die Zahnarztgeschichten kom-men zu Tage.

Sollte allerdings die Lästerei über die Nadelphobie kein Ende nehmen, als ob es das einzige Gesprächsthema sei, fühle ich

mich leider gezwungen, zu meinem Totschlagargument aus-
zuholen.

„Ich kann ja gleich mal eine Maus freilassen und zusehen,
wie Sie dann reagieren" endet meist mit einem bösen Blick,
schüttelnden Köpfen und angewiderten Gesichtern. Es ist
schon interessant, wenn die, die blöde Sprüche verteilen, in
ihre Schranken gewiesen werden. Aber dann ist das fiese
Nadelgespräch meist auch zu Ende.

„Machen Sie bitte Ihren Oberkörper frei, damit ich an Ihren
Port komme", forderte Melanie mich auf. „Ich schlage vor,
Sie ziehen Ihr T-Shirt aus und Ihr Hemd wieder an."

Ich tat, wozu sie mich aufforderte, und glaubt mir, bis auf
die Zeitschriften Lesende haben alle anwesenden Damen
zugesehen, wie ich mich obenrum nackig machte und mir
wieder das Hemd überzog. Ich öffnete die Knopfleiste und
legte meine Schulter frei. Als sie mit der Portnadel auf mich
zukam, bekam ich einen Schweißausbruch vom Feinsten.
Ich war klatschnass.

„Sie haben ja wirklich Angst!", stellte Melanie erschrocken
fest und zum ersten Mal nagte etwas an ihrer Selbstsicher-
heit.

„Ich sagte doch, dass ich Angst habe", bestätigte ich und
wischte mir mit meinem T-Shirt den Schweiß von der Stirn.
„Ich schwindle Sie nicht an."

Ein bisschen Panik war aus ihren Augen herauszulesen.
„Nicht dass Sie mir hier zusammenklappen."

„Vielleicht machen wir das doch besser im Liegen", und ich
hoffte insgeheim, diese Prozedur in einer horizontalen Lage
über mich ergehen zu lassen.

„Herr Hollas! Wir beide bekommen unser erstes Mal auch
im Sitzen hin", sagte sie, ohne eine Miene zu verziehen, kam
mit der Portnadel näher und stach zu. Es schmerzte. Das

Gefühl war wie ein Wespenstich, das nur kurz anhielt, verglichen zu dem Wespenstich, dessen Schmerz ja eine Zeit lang bleibt.

Ob die anwesenden Damen nach diesem Wortwechsel immer noch lächelten, kann ich nicht sagen. Ich war in einem Tunnel. Ich bekam für einen kurzen Moment nicht mehr mit, was um mich herum geschah. Ich achtete nur auf Melanies Hantierungen.

Sie holte aus ihrem Wägelchen einen klaren Beutel, nahm ihn in die Hand und las vor. „Georg Hollas? Zweiter Dritter siebenundsechzig?"

„Ja, der bin ich", antwortete ich. „Ist das das Zeug?", fragte ich und sie nickte bestätigend und hing den Beutel an den Tropfständer.

Ich sah mir diesen Beutel an und begrüßte sie. „Hallo Charlotte. Du wirst mir Gutes tun. Willkommen in meinem Leben." Natürlich erntete ich fragende Blicke, die nach meiner Erklärung mit einem Lächeln endeten. Und ja! Das war etwas, was mir guttat. Bei alldem Unschönen, von dem ich umgeben war, erntete ich, aber auch die anderen, ein Lächeln, und das fühlte sich gut an.

Melanie verband den Beutel über einen durchsichtigen Schlauch mit meinem Port. Charlotte lief in meinen Körper hinein. Nun gab es keinen Weg zurück. Da musste ich jetzt durch und hoffte das Beste. Das Hollas-Experiment begann.

„Was macht Ihr Kreislauf, Herr Hollas?", fragte sie und sah mich erwartungsvoll an. „Kann ich Sie mit ruhigem Gewissen allein lassen?", und schaute mich nach einer positiven Antwort suchend an.

Ich bestätigte, dass es mir gut geht.

„Meine Damen, nun sind Sie gefordert", bat sie die Frauen um mich herum. „Passen Sie mir gut auf den Herrn Hollas auf.

Wenn er zusammenbricht, schreien Sie bitte ganz laut nach mir." Bestätigendes Raunen ging durch den Raum, Melanie solle sich keine Sorgen machen, ich wäre hier in guten Händen. Irgendwie schon schön, dass so die Mütterlichkeit bei den Damen ans Tageslicht kam, auch wenn es so mancher erheblich schlechter ging als mir. Sie kümmerten sich. Bis auf die Zeitschriften Lesende.

So harrte ich der Dinge, die nun auf mich zukamen. Ab dem Moment begann es. Warten auf die Nebenwirkungen. Das Einzige, was nach wenigen Minuten geschah, dass meine Füße wirklich etwas wärmer wurden und ein kleines bisschen zu kribbeln begannen. War das schon dieses Kribbeln? Diese Polyneuropathie (PNP) aus dem Nebenwirkungen-Horror-Verzeichnis?, fragte ich mich. Dieses Gefühl in den Füßen hielt zum Glück nicht den ganzen Tag an. Wenn es so bleiben würde, ließe es sich aushalten, dachte ich. Weit gefehlt.

Ansonsten hatte ich meine erste zweistündige Sitzung gut überstanden. Ich lief zum Wagen, harrte einen Moment aus, atmete ein paarmal tief durch und fuhr ohne Probleme nach Hause.

In dieser Woche bekam ich eine Chemo-Spritze in den Bauch und in der darauf folgenden Woche zwei. Dann hatte ich eine Woche Pause. Diese Bauchspritzen verfärbten mein Bäuchlein in ein violett-rotes Kügelchen. Ungleichmäßig marmoriert, als sei es ein wertvoller Carrara-Marmor. Es war wie ein sich stetig änderndes zart behaartes Kunstwerk. Es ist aber alles wieder abgeheilt.

Ich durfte Magenschutzmittel nehmen, etwas gegen eventuell aufkommende Übelkeit, sowie einen Blasenschutz, und unumgänglich – Cortison. Das ist die neue Feierdroge. Cortison. Wenn man wach bleiben will und nicht schlafen möchte, dann mal einige Milligramm davon und rein damit. So wach war ich lange nicht mehr. Eine nette, letztendlich jedoch nervige Nebenwirkung. Anfangs konnte ich recht gut damit umgehen. Lange Fernsehen gucken, bisschen Internet und ein paar Seiten an meinem Roman geschrieben. Wenn es gut ging, konnte ich in der Nacht vielleicht drei Stunden schlafen. Selbst meine heiß geliebte Schokolade, die bei mir sehr gut als Schlafmittel wirkt, funktionierte nicht. Dennoch war ich am nächsten Tag fit. Zum Wochenende hin ging es radikal bergab. Habe die Samstage und Sonntage nur geschlafen.

Am Ende des Chemoblocks wurde ich neben meiner Müdigkeit und dem irgendwie nicht enden wollenden Frösteln für zwei Tage richtig pampig und frech. Nicht schön, wenn man seine Mitmenschen ankeift und im gleichen Moment merkt, dass es nicht richtig ist, aber nicht mehr zu ändern. Die Beispiele spare ich mir hier. Eigentlich hätte ich mich für die Zeit zu Hause verkrümeln sollen, das geht leider nicht immer. Mein Umfeld und vor allem mein Dirk hatten sehr viel Verständnis für mich. Danke dafür.

Nach diesen zwei Tagen fiel ich in ein richtig schönes Traurigkeitsloch und war so nahe ans Wasser gebaut, dass mich bald jede Bemerkung zum Weinen brachte. Und glaubt mir, traurig sein kann ganz schön anstrengend sein, vor allem, wenn man es nicht möchte. Diese Traurigkeit hielt nur einen Tag an und alles „normalisierte" sich wieder, wenn man es so benennen kann. Aber ich merkte schon im zweiten Chemoblock, wie Charlotte an meinen Kräften zehrte.

Zu dieser psychischen Verfassung kommentierte später mein behandelnder Arzt: „Sie können nicht alles auf die Chemo schieben." Was jedoch für mich keine zufriedenstellende Antwort war. Denn es war ja immer dasselbe Strickmuster. Bei der dritten ambulanten Chemophase beobachtete ich mich selbst und achtete darauf, in welche Gefühlsverfassung ich kam. Beim dritten Mal verlief es wie zuvor. Da ich schon einschätzen konnte, was geschehen könnte, war ich gewappnet und stellte mich auf starke Gefühlsschwankungen ein, die sich nach wenigen Tagen auch wieder einpendelten.

Eine andere schlimme Nebenwirkung während der ambulanten Chemo kam dazu – mir war nur noch kalt. Ich hatte das Gefühl, dass mein Körper es irgendwie nicht mehr schaffte, mir ein wohlig warmes Gefühl zu bescheren.

Bislang war es so: Ich wickelte meine kalten Füße in eine Kuscheldecke, und nach einer halben Stunde waren sie wieder aufgetaut. Doch das war irgendwie vorbei.

Die Hausarbeit übernahm mein Mann, sodass ich mich mit einer dicken Kuscheldecke aufs Sofa verziehen konnte. An manchen Tagen dauerte es nahezu eine Stunde, bis ich warme Füße hatte. Das Einzige, was schneller half als eine Decke, war ein warmes Wannenbad, wenn mir das Kaltsein zu lange dauerte. Besonders schlimm war es nach dem Abendessen, wenn das Blut eh schon mit der Verdauung beschäftigt war und in den Armen und Beinen „fehlte".

Es war ein warmer Spätherbst. Alle liefen nur mit Sweatshirt herum, ich mit einem dicken Pulli und Winterjacke. Ich brauchte mindestens eine Dreiviertelstunde, um halbwegs wieder aufzutauen.

Einmal, und das konnte sich keiner erklären, warum, hatte ich über sechsunddreißig Stunden einen Schluckauf. Ich konnte zwar schlafen, aber kaum war ich wach, ging es weiter. Ein Hickepick vom Feinsten. Zum Glück nicht mit Aufstoßen. Ich hickste so vor mich hin. Anfangs war es ja ganz lustig, denn üblicherweise ist er nach einer viertel, halben Stunde wieder vorbei. Man darf gerne darüber schmunzeln.

Nach einer Stunde fing es an, nervig zu werden. Und man macht sich schon seine Gedanken. Ich denke, es hatte was mit den Magenschutztabletten zu tun, die ich nehmen sollte, jedoch nicht unbedingt nehmen wollte.

Ich hatte immer schon einen stabilen Magen. Warum soll ich plötzlich Magenschutztabletten nehmen? So schlimm kann das Ganze doch nicht sein! Zumal, vor was sollen die denn schützen? Vor dem, was in den Magen hineingeht? Das ist doch das, was ich esse. Nichts Außergewöhnliches. Dafür Tabletten? Oder vor dem, was von innen heraus, durch Charlotte, die Magenwände angreifen könnte? Es ist die zweite Variante. Genau wie mit dem Blasenschutz, in Tabletten- oder Tropfform. Es sollten halt Magen, Darm und Blase vor Charlotte geschützt werden.

Nun, nachdem ich diese Erkenntnis gewonnen hatte, blieb der Schluckauf aus. Die Psyche des Menschen ist, auch wenn ich mich wiederhole, schon sehr verwirrend.

Das Highlight während des ambulanten Chemoblocks war, ich musste in der Woche vor Weihnachten und zwischen den Feiertagen ins Krankenhaus, um mir meine Portionen abzuholen.

So war ich ein paar Tage vor Weihnachten richtig schön pampig und am Tag vor Heiligabend energiegeladen durch das Cortison. Ich stand vier Stunden am Heiligen Abend in der Küche und habe voller Freude gekocht.

Klassisch, wie es in unserer Familie seit Jahren war, und um die Tradition meiner Mutter aufrechtzuerhalten.

Rindfleischsuppe als Vorspeise, Rheinischen Rindfleischsauerbraten mit Rosenkohl und Semmelknödel zum Hauptgericht und eine Diplomatencreme als Nachtisch.

Das war dann auch leider die Zeit, wo mir nichts schmeckte und Charlotte mir meine Geschmacksnerven für mindestens drei Wochen ruinierte und das Cortison so richtig an meinen Kräften zehrte. Ich bekam so ein schönes aufgequollenes Cortisongesicht.

Den ersten Feiertag verbrachte ich bei meinem Bruder unter einer orangefarbenen Kuscheldecke auf dessen Sofa und stand nur zum Essen auf. Auto fahren war an den Tagen undenkbar. Neujahr verbrachten wir bei meinem Exfreund in den Niederlanden und ich unter einer grau karierten Kuscheldecke. Es war ein Weihnachten und ein Jahreswechsel, an denen ich in jedem Heim eine Kuscheldecke zum Aufwärmen bekam. Es war ein gutes Gefühl.

Wie gesagt: Zwischen den Feiertagen bat mich Charlotte um einen Besuch im Krankenhaus am Rande der Stadt. Die Station war weihnachtlich dekoriert und es herrschte eine andere Stimmung als sonst, feierlicher. Irgendwie grüßten alle freundlicher. Hier und da hörte ich von Patienten, wie und wo sie Weihnachten verbracht hatten. Die MTA bat mich, in dem Raum mit den schwarzen Friseurstühlen Platz zu nehmen. Es war der gleiche Stuhl wie beim ersten Mal. Es hatte durchaus einen gewissen positiven Gewöhnungseffekt, aber irgendwie auch erschreckend. Zwei der fünf Damen kannte ich bereits. Wir nickten uns freundlich zu und wünschten frohe Weihnachten. Kaum saß ich, wurde ich auch schon wieder angestochen und angeschlaucht, diesmal aber ohne Schweißausbruch. Voraussichtlich zwei bis drei Stunden sitzen und Geduld haben, bis Charlotte in meinen Körper getröpfelt war. Das übliche Schweigen, wenn jemand Neues den Raum betrat, war schnell verflogen und einige der Damen tauschten sich wieder über ihre Krankheiten aus. Ich holte meinen Laptop heraus und versuchte an meinem Fantasy-Roman weiterzuschreiben. Es gelang mir nicht. Ich konnte mich nicht konzentrieren. Schlafen ging auch nicht, dazu war der Stuhl zu ungemütlich. Also lauschte ich den Erzählungen von Krebskrankheiten der Nachbarn, Cousinen und der Freundin einer Freundin. Ab und zu sah mich eine der Damen erwartungsvoll an, ob ich mich nicht an dem Gespräch beteiligen wollte.

Plötzlich und unvermittelt quoll es aus mir heraus, ohne dass ich vorher viel darüber nachgedacht hatte. „Meine Damen! Was halten Sie davon, wenn wir mal nicht über Krankheiten sprechen. Erzählen Sie doch mal, wie Sie Ihre Vorgärten gestaltet haben."

Da die Damen im Umkreis des Krankenhauses am Rande der Stadt wohnten, ging ich davon aus, dass jede in einem Häuschen, zumindest in einer Doppelhaushälfte, wohnte. Bis auf eine, wohnhaft in einer Mietwohnung, war es auch so. Die Stimmung kippte blitzartig und die Damen verfielen in eine muntere Plauderei. Anscheinend traf ich, wenn auch unbewusst, das richtige Thema, wo alle mitreden konnten. Eine Frau hatte ihren Vorgarten schon vor Jahren pflegeleicht in einen Steingarten umgewandelt, eine andere verbrachte Stunden in ihrem Garten als Hobby und Entspannung, egal in welchem gesundheitlichen Zustand sie war, sie brauchte ihren Garten. Meine direkte Sitznachbarin regte sich über ihren Nachbarn auf, der seinen Garten so gar nicht pflegte, auch kein Unkraut jätete, und sie nur damit beschäftigt sei, seine herüberfliegenden Unkrautsamen sozusagen im Keim zu ersticken.

Wie viel man doch über Menschen erfahren kann, wenn man sie nach ihren Vorgärten fragt, stellte ich fest.

Bei einer der Frauen war der Tropf durchgelaufen. Sie wurde abgeschlaucht, wünschte allen einen schönen Jahresübergang und ging.

Ich hörte aber noch, wie sie auf dem Flur zu ihrer Begleitung sagte: „... da war heute ein netter junger Mann. Wir haben uns endlich mal nicht die ganze Zeit über Krankheiten unterhalten. Die Zeit ist viel schneller vergangen als sonst."

Unabsichtliche Zielsetzung erreicht. Eine Patientin von trüben Gedanken abgelenkt. Auch wenn es nur für eine kurze Weile war. Und das „Junger Mann" tat mir auch gut zu hören.

16
Cortisongesicht und Gerede

Nach der Diagnose, reiflichen Überlegungen und Gesprächen mit meinen Vertrauten hatte ich mich dazu entschieden, den Kreis der Wissenden über meine Krebserkrankung klein zu halten. Wohlweislich. Zum einen wusste ich von meiner Mutter, dass es nervig – na, vielleicht ist nervig das falsche Wort, anstrengend passt glaube ich besser – sein konnte, wenn alle naselang das Telefon klingelte und jemand aus dem Umfeld wissen wollte, wie es ihr geht. Zum anderen, den aktuellen Zustand jedes Mal von vorne erklären zu müssen. Nein, das wollte ich nicht.

Mir war durchaus bewusst, dass man, wenn mir eines Tages die Haare ausfallen und ich mit Glatze und ohne Bart herumlaufen würde, mir also ansieht, dass etwas mit meinem Körper nicht stimmt. Solange es nicht geschehen war – hielt ich einfach den Mund, auch wenn es mir manchmal schwerfiel.

Wie schon erwähnt, bekam ich nach der zweiten ambulanten Chemophase ein richtig aufgequollenes Cortisongesicht. Vom Feinsten. Allerdings noch mit Bart und Haaren. Ich sah so richtig schön aufgeschwemmt auf. Wunderte mich selbst darüber, wo man überall im Gesicht dicker werden kann und Wasser einlagert. Mehr als verrückte Grimassen vor dem Spiegel zu ziehen blieb mir nicht übrig. Ich hatte keinen richtigen Vergleich zu einer bekannten Persönlichkeit. Mein Versuch, einen Filmschauspieler ausfindig zu machen, misslang. Später fiel mir ein – es gibt eine Szene in dem Film „Total Recall" mit Arnold Schwarzenegger von 1990, in der er als Frau verkleidet auf dem Mars ankommt und ihm/ihr die Perücke wegflog. So sah ich in etwa aus.

In dieser Zeit fragte mich nur ein recht gut geschultes Auge, ob ich Cortison nehmen würde, und ich bejahte. Eine Erklärung gab ich bei dieser Begegnung nicht, darauf hatte ich in dem Moment weder Lust noch Zeit.

Hinzu kam für mich auch die Tatsache, dass die Krankheit nicht so einfach und in einem Satz zu erklären ist. Multiples Myelom ist recht unbekannt und kommt nicht so häufig vor. Von Leukämie hat jeder schon einmal gehört, von Knochenkrebs auch. Es ist aber keine typische Leukämie und kein typischer Knochenkrebs. Also bedarf es mehr als zwei Sätze, das Multiple Myelom zu erklären. Schon gar nicht zwischen Tür und Angel und schon gar nicht im Supermarkt in den Gängen.

Von meiner Krankheit wussten nur so zwei Dutzend, die mir sehr nahestehen, und im Laufe der Therapie kam ein Dutzend dazu. Das reichte schon. Nachvollziehbar und verständlich wollte jeder auf dem Laufenden gehalten werden und über den aktuellen Stand Bescheid wissen. Was im Zeitalter von Smartphones, SMS und WhatsApp einfach war, aber auch anstrengend. Denn sobald eine Nachricht raus war, kamen ja dann in unterschiedlichen Zeitabständen die Antworten. Selbstverständlich habe ich mich über jede Nachricht gefreut. Es war halt manchmal irritierend, wenn das Telefon summte. Was dann zur Folge hatte, dass ich den Ton ausschaltete. Was dann wiederum zur Folge hatte, dass ich manchmal vergaß, den Ton wieder einzuschalten, und dann sehr besorgte Textnachrichten bekam, warum ich mich nicht meldete.

Ein weiterer Grund, warum ich die Wissenden für mich überschaubar halten wollte, war die aufkommende Gerüchteküche in dem Dorf, in dem ich meine Firma habe, und die Vergangenheitsbewältigung der nicht so schönen Erlebnisse meiner Eltern. Nach dem Schlaganfall meines Vaters hörte ich später sogar, dass er bei manchen Kunden schon als tot galt. In der Sterbephase meiner Mutter riefen Kunden nicht an, weil sie etwas „gehört" hatten und nicht stören wollten. Durchaus nachvollziehbar, dass sich manche Menschen in dieser Situation unwohl fühlen.

Selbst nach dem Tod meiner Mutter ging das Gerücht um, ich hätte meine Firma an ein niederländisches Unternehmen verkauft, weil einmal ein niederländischer Wagen in der Auffahrt stand. Dass ich in der Zeit allerdings einen niederländischen Freund hatte, schien nicht die Runde gemacht zu haben. Auch merkwürdig.

In der Zeit der Diagnosefindung haben meine Angestellten das Haus einer Kundin renoviert. Sie erfuhr von meinen Sorgen und wollte auf dem Laufenden gehalten werden. Sie rief allerdings nicht an, textete auch nicht, als sie Monate später einen Wasserschaden hatte. Sie beauftragte einen anderen Maler und ärgerte sich sehr über seine laienhafte Ausführung. Sie klagte mir später ihr Leid. „Du warst doch krank. Das hattest du mir geschrieben", schallte es mir Monate später noch in meinen Ohren. Es war eine Sammel-SMS über meinen aktuellen Zustand während Charlottes Besuch, die ich an alle Vertrauten schickte.

„Das ist Monate her. Du wolltest doch auf dem Laufenden gehalten werden. Ich bin aber mittlerweile austherapiert. Das hatte ich dir doch geschrieben." Ich blickte in ein fragendes Gesicht und sah zuckende Schultern. „Meine Angestellten wollen auch beschäftigt werden. Anrufen und nachfragen schadet doch nichts. Ich reiße keinem den Kopf ab."

Manchmal habe ich das Gefühl, dass durch diese geschriebenen Kurznachrichten die Menschen immer mehr die Fähigkeit verlieren, ein vernünftiges Gespräch zu führen.

Eines Morgens stand ich vorm Bäcker. Ich hatte gerade meine Haare verloren. Mit Mütze, Schal und hochgestelltem Kragen konnte ich so einiges verbergen. Ich traf eine Bekannte und sie trällerte mir sofort entgegen, wer einen Schlaganfall hatte und wie traurig sie das macht. Viel konnte ich nicht dazu sagen, weil ich den Betroffenen nicht kannte und sich ein Dritter zu uns gesellte. Und schon gingen die Spekulationen los. Was? Wann? Wo? Wie? Welche Folgen?

Das hätte genauso gut ich sein können, über den die da sprechen. Nein, das wollte ich nicht. Solange ich so etwas vermeiden konnte, wollte ich es vermeiden und hielt mich bedeckt.

Ich will mich hier nicht freisprechen, dass ich nicht auch über andere Leute spreche. Auf gar keinen Fall. Ich mag sogar ganz gerne diesen „Informationsaustausch" über andere Menschen. Aber ich bin durchaus in der Lage, freundlich nachzufragen, was denn an den Gerüchten dran sei, die man so hört. Denn Gerüchten glaube ich nur selten. Wie war das noch mal mit der Stillen Post, wo dem Nächsten ein Satz ins Ohr geflüstert wird und am Ende etwas ganz anderes herauskommt? So ist das mit Erzählungen über andere Menschen.

Natürlich war mir bewusst, wenn ich eines Tages die Therapie hinter mir haben würde, dass sich Freunde und Bekannte, die mir zwar nahestehen, die ich aber nicht informieren wollte, durchaus beschweren würden, weil ich sie nicht informierte. Das Ganze hielt sich in Grenzen. Alles in allem war der Umgang mit der Zurückhaltung dieser Informationen bis auf eine Ausnahme recht gut gelungen.

Ich greife mal ein Erlebnis, welches erst am Ende der gesamten Therapie geschehen ist, vorweg.

Es gibt da eine ältere, mir nahestehende Dame, zweiundachtzig, ich nenne sie mal Lieselotte.

Da ich Lieselotte und ihre Denk- und Verhaltensweise bei Krankheiten gut kenne, war mir sofort klar: Nein! Lieselotte muss und wird von der ganzen Sache nichts mitbekommen. Zum einen wollte ich sie nicht noch mit weiteren Sorgen belasten und zum anderen wusste ich, dass sie in Tränen ausbrechen würde, wenn sie davon erführe. Das wäre mir in dieser Zeit definitiv zu anstrengend gewesen.

Da ich mich im Herbst nur wenig bei ihr gemeldet hatte und Weihnachten mit großen Schritten nahte, war es an der Zeit, seit Langem wieder mal bei ihr anzurufen, also überwand ich meinen inneren Schweinehund. Zwar fragte ich mich, warum ich mich immer bei ihr melden muss, aber man kennt ja seine alten Leutchen. Sie sind, wie sie sind. Etwas eigensinnig und wollen auf die eine oder andere Art hofiert werden.

Schon trällerte es mir durchs Telefon entgegen: „Ich hätte mich nicht mehr bei dir gemeldet, bis es schwarz geschneit hätte."

Ich fand diesen Vergleich total witzig. Auch wenn mir diese Symbolik und die Ernsthaftigkeit dieses Ausspruches durchaus bewusst war. Man kann ja wirklich lange warten, bis es schwarz schneit. Und die Zeiten von schwarzem Ruhrpott-Schnee sind lange vorbei.

Also versuchte ich ihr mit Ausreden klarzumachen, warum sie so lange auf einen Anruf von mir warten musste. Allerdings mit dem Nachsatz, sie hätte sich ja auch mal melden können. Ich gelobte Besserung mit der Aussicht, sich im Frühjahr mal wieder zu treffen.

Kaum war das Gespräch zu Ende, schaute ich ins Internet, ob es Schneekugeln mit schwarzem Schnee gäbe. Leider nicht. Es hatte mir schon in den Fingern gejuckt, ihr eine Schneekugel mit schwarzem Schnee zu schenken. Es gibt zwar diese Sets zum Selbstmachen, aber das war mir zu zeitaufwendig. Und es scheiterte am Ende an der Frage, welches kitschige Figürchen die Schwarzschneekugel beinhalten sollte.

Erst als ich alles hinter mir hatte und wieder selbst Auto fahren konnte, besuchte ich sie. Ohne Haare auf dem Kopf, geschweige denn im Gesicht.

„Wie siehst du denn aus?", empfing sie mich, ohne „guten Tag" zu sagen. Nach dem üblichen Geplänkel, einem ihrerseits nicht enden wollenden Marathon zwischen Küche und Wohnzimmer, einer kaum enden wollenden Diskussion, warum ich keinen Zucker in meinen Milchkaffee wollte – dass ich immer erklären muss, warum ich keinen Zucker im Kaffe mag, frage ich mich –, forderte ich sie auf, sich endlich hinzusetzen.

Ich versuchte ihr meine Krankheit zu erklären. Was in Anbetracht der langen Therapiedauer kein so einfaches Unterfangen war.

„Da habe ich nichts von gewusst!", sagte sie mit einem recht vorwurfsvollen Ton, ohne auf die Krankheit einzugehen.

„Solltest du auch nicht", erklärte ich ihr.

„Warum denn nicht?", fragte sie. „Ich hätte dich doch im Krankenhaus besucht."

Mit Sicherheit hätte sie es getan. So gut kenne ich sie.

„Das wollte ich nicht", antwortete ich ihr. Das brachte sie ein wenig aus dem Häuschen. Durchaus nachvollziehbar, aber da musste sie nun durch. „Nein! Ich wollte es nicht. Ich wollte nicht, dass du dir Sorgen machst und an meinem Krankenbett stehst und weinst. Die Kraft, das zu ertragen, hätte ich nicht gehabt."

„Ja, das gibt es doch nicht. Du kannst mir doch nicht verbieten, mir Sorgen zu machen. Ich hätte dich mit meiner Tochter besuchen können."

„Nein! Verstehe mich doch. Bei einer Chemo ist man sehr kraftlos, da kann man bestimmte Situationen nicht ertragen. Ich kenne dich gut genug. Es wäre doch so gekommen", beschwichtigte ich sie.

„Ja, aber du kannst mir nicht verbieten zu weinen, das ist doch normal, dass man dann weint", antwortete sie und wollte mich nicht verstehen.

„Lieselotte, versteh mich bitte. Es ist sehr belastend und emotional sehr anstrengend, wenn jemand vor einem steht und weint. In so einer Situation hat man genug mit sich zu kämpfen und selbst genug mit sich zu tun. Da ist es schwierig, jemand anderes in seinem Schmerz aufzufangen, geschweige denn zu trösten."

Es sickerte langsam zu ihr durch und es kam die nächste zu erwartende Frage. „Wer wusste denn davon?"

„Kaum einer."

„Aber dein Bruder wusste davon?"

„Ja, das wusste er, ich bat ihn, niemandem davon zu erzählen, nur seiner Frau und meinen Neffen", erklärte ich ihr.

„Ja, aber er hätte mich doch mal anrufen können", hakte sie nach.

„Nein, das wollte ich nicht, sagte ich dir doch schon. Dann hättest du mich sicherlich angerufen."

„Ja, hätte ich bestimmt."

„Na, da haben wir es doch wieder, dann hättest du am Telefon geweint. Das wollte ich nicht. Es reicht, dass du es jetzt erfährst."

„Ja, aber ... alle wussten es, nur ich nicht, und jetzt?", fragte sie und ich konnte sehen, wie es in ihrem Kopf arbeitete.

„Und jetzt? Ganz einfach. Jetzt habe ich alles hinter mir und du darfst mir alles Gute wünschen, dass ich keinen Rückfall bekomme."

„Selbstverständlich wünsche ich dir das, ohne Frage", waren ihre Worte. „Aber dass ich nichts davon wusste, das ist nicht schön."

An einem der darauf folgenden Treffen, sechs Wochen später, musste ich den Spruch „Da hast du mich ganz schön ins offene Messer laufen lassen" über mich ergehen lassen. Nicht so schön, die eigene Verletztheit über den mangelnden Informationsfluss mehr in den Vordergrund zu stellen als eine schwere Krankheit des Gegenübers.

Da versucht man, einen Menschen Sich-vor-dem-Sorgen-Machen zu schützen, weil er eh schon genug Sorgen mit sich selbst hat, und bekommt einen auf den Deckel. Wenn man seine Mitmenschen kennt und weiß, wie sie ticken – trifft einen das nicht so überraschend und unvorbereitet.

Ich antwortete ihr nur gelassen: „Egal wann und wie ich es dir mitgeteilt hätte, es wäre auf jeden Fall eine Nachricht gewesen, die nicht schön gewesen wäre. Mir war es wichtiger, meine Ruhe in dieser Zeit zu haben, das musst du langsam mal verstehen."

Es ist schon ein großer Unterschied zwischen den Aussagen: „Ich gehe morgen ins Krankenhaus und bekomme eine Chemotherapie" oder: „Ich war vor einer Woche im Krankenhaus und habe eine Chemotherapie hinter mir". Auch eine Erkenntnis, die ich gelernt habe.

Das ist eine vollständig andere Gefühlsweise, darüber zu berichten. Worauf auf Letzteres die Frage folgt, ob ich sie gut verkraftet habe und dann antworten konnte: „Ja, und jetzt bitte die Daumen drücken, dass ich mich gut erhole und keinen Rückfall bekomme."

17
Was sagt man und was sagt man nicht

Es gibt keine Standardsprüche oder Verhaltensregeln über das, was man sagen kann und was man hören möchte, nachdem man von einer Krebsdiagnose unterrichtet wurde. Jeder ist anders und hat seine eigenen Vorstellungen davon, was er hören möchte und was nicht. Aber eines ist Fakt: Bei der Nachricht über eine Krebsdiagnose eines Menschen, den man mag, ist man definitiv erst einmal erschrocken bis geschockt. Und jeder hat irgendwie das Bedürfnis, irgendetwas zu sagen. Jeder versucht tröstende und aufbauende Worte zu finden.

Mit „Gute Besserung" liegt man zwar nicht verkehrt, aber wir sprechen hier nicht über eine Grippe, die nach zwei Wochen vorbei ist. Eine Krebstherapie zieht sich schon über Monate, wo dem Betroffenen schon ein „Gute Besserung" guttun kann. Jedoch ist die Besserung sehr weit weg, denn es geht erst einmal gesundheitlich bergab.

Mit „Ich wünsche dir viel Kraft" ist schon sehr viel gesagt. Und wem der Satz nicht reicht, kann gerne hinzufügen: „Ich wünsche dir viel Kraft für deine Therapie oder für die anstehenden Wochen."

„Ich drücke dir die Daumen, dass du alles gut verkraftest" ist auch eine schöne Aussage, die guttut.

Dieses „Ach, das schaffst du schon", freundlich gesagt, ist zwar nicht verkehrt, hört sich jedoch irgendwie so dahingesagt an. Es ist nicht falsch und auch personenabhängig, es klingt, als ob man nur von einem Drei-Meter-Brett ins Wasser springen muss. Dem ist freilich nicht so. Denn man hat das Gefühl, von einer hohen Klippe ins unruhige Meer gestoßen zu werden.

Manchmal ist es ratsamer, jemanden einfach nur in den Arm zu nehmen und festzuhalten. Schweigend. Oder sich neben ihn zu setzen und nur die Hand zu halten. Schweigend. Gemeinsam aus dem Fenster zu starren und in den Himmel zu schauen. Auch wenn es bei unserem Wetter nicht immer sehr erquickend ist. Die gemeinsame Schweigezeit geht jedoch mal vorbei und schon beginnt wieder das Bedürfnis, etwas sagen zu wollen.

Irgendwie ist es einfacher zu beschreiben, was man nicht sagen soll. Was in meinen Augen grundverkehrt ist, sind diese nicht enden wollenden Parallelgeschichten von Menschen, die man gar nicht kennt. Egal ob sie erfolgreich waren oder nicht. Ein absolutes No-Go sind Geschichten, wo eine Chemotherapie nicht erfolgreich war oder der Krebs zu spät entdeckt worden ist und keine Heilung in Sicht war.

„So was erzählt doch keiner", werdet ihr nun sagen. Weit gefehlt. Es gibt durchaus Menschen, die um des Erzählens willen und aus Mangel an Empathie einem solche Geschichten gnadenlos erzählen. Nicht nur mir, sondern auch meinem Bettnachbarn. Da liegt man da, bekommt zwangsweise ein Gespräch mit und erfährt, dass der Cousin des Nachbarn an Nierenkrebs verstorben ist.

Voll daneben sind solche Sätze wie: „Die haben den aufgemacht und der steckte voller Krebs ..."

Das braucht man während der Therapie nicht zu hören – wirklich nicht. Ähnlich wie die niemals endende Aufreihung von Krebsgeschichten. Eine Story nach der anderen, und wie gesagt von Menschen, zu denen man keinen Bezug hat. Das geht gar nicht. Vielleicht eine Parallelgeschichte von jemandem, der seine Therapie erfolgreich hinter sich gebracht hat, um den Betroffenen klarzumachen, dass es nicht unbedingt Neuland ist, worüber man gerade spricht. Das reicht dann meist aus.

Warum soll ich solche Schicksale auf die Ohren bekommen, wo meines noch davor steht, eines zu werden. Was bringt mir das? Nichts.

„Sag Bescheid, wenn ich etwas für dich tun kann" ist ein gerne gesagter Satz, mit dem man eigentlich nicht viel falsch macht. Dennoch sollte man sich vorher Gedanken darüber machen und es wirklich so meinen und mit allem rechnen, was da so kommen könnte.

Als ich es einmal von einer Bekannten hörte, einer netten, der aber fünfundzwanzig Stunden am Tag nicht ausreichen, um ihr Tagewerk zu erledigen, und die mal wieder turnusmäßig eingenordet werden musste, weil sie klagenderweise ihren Terminkalender überquellen ließ, konnte ich es nicht lassen, es juckte mir so in den Fingern, dass ich antwortete: „Mein Bad und meine Fenster müssten mal dringend geputzt werden."

Das Gesicht war unbeschreiblich, weil sie mit dieser Antwort nie gerechnet hatte. Ich beruhigte sie sofort wieder, stellte ihr aber die Frage, was sie denn damit meint, was sie denn für mich tun könne und wolle? Ich schaute in ein fragendes Gesicht. „Dann sag doch so etwas nicht, sondern schränke es einfach ein", erklärte ich ihr. „Sag einfach, wenn du eine Schulter zum Ausheulen brauchst, dann ruf mich an. Dann weiß ich, was du für mich tun kannst." Die Info war angekommen.

Man sollte nur das sagen, was man wirklich halten kann und bereit ist zu geben beziehungsweise zu machen, es wirklich sprachlich eingrenzen, damit keine unterschiedlichen Erwartungen entstehen.

Denn wenn einem der Körper schon ausgeknockt wird, läuft alles andere ja nicht weg, bleibt liegen und will ja auch irgendwie gemacht werden. Wie zum Beispiel Wäsche waschen, Bad reinigen, Lebensmittel kaufen, oder wenn es nur der Gang zur

Bank, Post oder Apotheke ist. Die Fahrdienste zu den Krankenhäusern sind ebenfalls nicht zu unterschätzen.

Damit nicht alle auf einmal plötzlich Wäsche waschen wollen, ist es sinnvoll, sich untereinander abzusprechen. WhatsApp- oder Messenger-Gruppen eignen sich hierfür recht gut. Irgendwie dann doch ein Vorteil von Textnachrichten. Darüber kann man gut die Krankenhausbesuche organisieren, damit nicht alle gleichzeitig am Sonntagnachmittag um fünfzehn Uhr am Krankenbett stehen.

„To-do"-Tage einzurichten ist auch eine schöne Sache. Für den Kranken einen Kuchen backen, zum Essen einladen, einen Kinobesuch vielleicht. Gesellschaftsspiele, muss ja nicht gerade Schach oder stundenlanges Monopoly sein. Mühle oder Dame ist schön kurzweilig. Einen Spaziergang in einem Park, im Wald oder an einem Gewässer. Eine Ausstellung besuchen, Minigolf spielen oder sich einfach nur auf eine Terrasse setzen und in die Wolken gucken. Kleinigkeiten, die, der Kraft des Kranken entsprechend, ein wenig Abwechslung in den Krankenalltag bringen. Und wie gesagt, untereinander absprechen, damit nicht plötzlich drei Kuchen Sonntag um fünfzehn Uhr am Krankenbett stehen.

18
Wenn nichts mehr schmeckt

„Es gibt niemanden,
der nicht ißt und trinkt,
aber nur wenige,
die den Geschmack zu schätzen wissen." (9)
Konfuzius

Nach einer Chemo bekommt dieser Satz gleich eine ganz andere Bedeutung.

Ich weiß wirklich nicht, was schlimmer ist. Der Verlust der Haare oder der Verlust des Geschmackssinnes. Das ist ja, wie schon gesagt, alles Ansichtssache. Obwohl man es ja auch so gar nicht vergleichen kann. Denn die Geschmacklosigkeit hält so zehn bis vierzehn Tage an. Bis man seine Haare wieder hat, dauert Wochen.

Man steht nicht auf und nichts schmeckt mehr. Es passiert in nur wenigen Tagen, bis einem so gut wie gar nichts mehr schmeckt, aber der Hunger nach wie vor vorhanden ist. Selbst die überaus geliebte heiße Tasse Kaffee schmeckt nicht mehr und es macht auch keinen Spaß mehr, Kaffee zu trinken. Das Schlimmste war – und das erging mir so in der Klinik – keinen Geschmack und keinen Hunger mehr zu haben. Da sitzt man vor dem Essen und es starrt einen nur an. Man denkt: Geh weg. Geht ja gar nicht.

Ein anderes No-Go in der Klinik war der Frühstücksbuffetraum mit dem Duft von aufgebackenen Brötchen und Croissants, vermischt mit den in der Nase kneifenden Desinfektionsmitteln. Es ist der Moment, wo die Nase nicht mehr weiß, wohin und was sie riechen soll. Leider entschied sie sich fürs Übel-werden-Wollen, sodass ich schnell flüchten musste. Weit weg von dieser Geruchsmischung. Ich aß dann lieber auf dem Zimmer, aber es ging dort nicht viel besser.

Es soll auch solche Fälle geben, wo einem alles metallisch schmeckt, aber dieser Kelch ging zum Glück an mir vorüber. Es soll angeblich „nur" fünf bis sieben Tage andauern und dann abklingen.

Das betraf nicht nur das Essen, das nicht mehr schmeckte, sondern auch Getränke mit Kohlensäure, die wollten nicht mehr über die Zunge. Nicht wegen der Kohlensäure und des anschließenden eventuellen Rülpsens. Es war nicht ekelig, es wollte irgendwie nicht mehr in meinen Körper. Ich konnte es in keinerlei Weise beeinflussen.

Ich esse eigentlich gar zu gerne. Auf so einen weißen Beutel Flüssigkeit, die einem intravenös in den Körper getröpfelt wird, falls man gar nichts mehr essen möchte oder kann, hatte ich keine Lust.

Es sieht schon merkwürdig aus, wenn neben Charlotte an dem Tropfständer so ein Beutel hängt. Es erinnerte mich an eine überdimensionale Milchtüte aus den Achtzigern, vor der Einführung der Tetrapaks. Man weiß zwar, dass dieser einen ernährt, für den Betroffenen ist es trotzdem nicht schön. Man kann sogar Aufstoßen von dem Zeug bekommen. Schon alles manchmal sehr merkwürdig.

Also was tun? Man muss ja etwas essen. Ich bin kein Feinschmecker und mag die klassische niederrheinische Küche. Trüffel habe ich nie gegessen. Dafür war ich zu geizig und es hat mich bislang keiner zum Trüffelessen eingeladen. Kaviar? Ploppt zwar ganz nett auf der Zunge, aber der Hype danach ist mir rätselhaft. Da esse ich den Nachwuchs der Fische. Die tun mir immer leid. Ich gebe zu – es widerspricht sich irgendwie mit dem Eieressen von überglücklichen Hühnern. Austern finde ich viel zu salzig und glibberig und bei Sushi ist mir zu viel Reis im Spiel.

Bier und Wein habe ich nie gelernt zu trinken, denn ich war in der Phase der Alkoholgetränke-Finderei in meiner Jugend immer der Fahrer. Und ich finde, den Prozess des Biertrinkens, aber auch des Weines – den muss man lernen. So lange trinken, bis es einem schmeckt. Es kann mir keiner erzählen, dass ihm die erste Flasche Bier oder das erste Glas Wein in seiner Jugend richtig gut geschmeckt hat, als ob er nie etwas anderes zuvor getrunken hatte. Beim Kaffee ist es ähnlich. Warum Zuckern oder Milchen die meisten ihren Kaffee, weil ihnen doch der eigentliche pure bittere Kaffee nicht schmeckt. Und ich fange nun nicht aus experimentellen Gründen an, Wein mit Cola zu mischen ... igitt. Bei Tee verhält es sich ähnlich. Kam nie zu mir, kommt auch so schnell nicht zu mir. Das habe ich während des Besuchs von Charlotte wieder bemerkt.

Bin eben eher der Süßmensch, wie man auch sieht. Wie gesagt, ich bin ja ein bisschen buddharesk. So ein Täfelchen Schokolade oder so ein Tütchen Chips, Erdnüsschen und Gummibärchen sind schon was Leckeres. Säfte, Softdrinks, Milch und Kakao. Wasser eher nicht, nur im Sommer und kalt.

Tiefkühlessen – kenne ich gut. Die mit den vielen leckeren E's und den „nicht" vorhandenen Geschmacksverstärkern. Das hängt mir schon seit Langem zum Hals raus. Da habe ich in meiner Twen-Zeit viel zu viel davon gegessen. Genauso wie Currywurst, Pommes Mayo oder einen Döner.

In den letzten fünfzehn bis zwanzig Jahren habe ich immer mehr und mehr selbst gekocht. Am liebsten Eintopfgerichte. Nicht Eintöpfe, so wie Erbsensuppe, sondern abgewandelte asiatische Kost, wo man Gemüse mit Fleisch und Nudeln oder Reis in einen Topf schmeißt. Selbstverständlich in der richtigen Reihenfolge. Diese Speisen kann man dann immer schön einfrieren, wenn man zu viel davon gekocht hat.

Seit dem Tod meiner Mutter versuche ich ihre Gerichte nachzukochen, die sie eigens für mich in einem von ihr handgeschriebenen Kochbuch festhielt. Bis auf den Rindergulasch ist mir alles gut gelungen. Vor allem ihr Hühnerfrikassee. Ich ärgere mich oft genug, dass ich mir von ihr nicht mehr Kochen habe beibringen lassen, denn sie konnte viel und hatte sehr schmackhafte hausmännische Rezepte in ihrem Repertoire. (Warum heißt es eigentlich hausmännisch, wo doch meist die Hausfrauen kochen?) Ich merke schon. Ich schweife wieder ab.

Also – ich ernähre mich durchschnittlich, wollte ich nur sagen.

Ich habe keine Ahnung, warum man seinen Geschmackssinn, während Charlotte da ist, verlieren kann. Niemand hat mir eine zufriedenstellende Antwort darauf geben können. Das Internet stillte meinen Wissensdurst auch nicht.

Es ist so, wie es ist. Eine übliche und bekannte Nebenwirkung. Damit muss man leider zurechtkommen.

Was nützt einem das Hintergrundwissen, wenn man wüsste, dass Zelle Bitter verärgert ist über Zelle Salzig, wegen Grundstücksstreitigkeiten auf der Zunge, wegen eines orangefarbenen Bretterzauns, der doch rot werden sollte. Dazu fünfzehn Zentimeter höher als angedacht. Und Zelle Süß ungefragt bei Vollmond weiße Einhornsticker mit einem rosa Horn aufklebt. Davon schmeckt es einem auch nicht besser.

Aber so viel habe ich dann doch herausgefunden.

Wie wir ja alle wissen, verfügt die Zunge über vier, andere sagen fünf Geschmacksrezeptoren. Süß, sauer, bitter, salzig und angeblich für herzhaft-würzig. Alle diese Sinne sind, nach meiner Erfahrung und den Gesprächen mit anderen, nicht gleichzeitig verschwunden, sondern wechseln sich ab. Klar gibt es Phasen, wo gar nichts mehr geht, und es kommen auch nicht alle auf einmal wieder. Das geht leider nicht, dass man an einem Dienstag um neunzehn Uhr nichts mehr schmeckt und an einem Donnerstag um neun Uhr ist alles wieder da – weit gefehlt. So schleichend es geht, genauso schleichend kommt es wieder.

Mir geht es nun um diese Übergangsphasen. Frühling und Herbst. Wo man eine Übergangsjacke braucht – ich finde den Begriff Übergangsjacke so toll.

Genauso ist es mit dem Geschmack bei Charlottes Besuch. Mein Getränk, was ich immer trinken konnte, war Milch. Am besten kalt. Und in jedem Krankenhaus gibt es einen Kühlschrank, in den man seine Getränke hineinstellen darf.

Zu Hause experimentierte ich dann mal wieder mit Tees. Irgendwelche ausgefallenen, die ich noch nie getrunken habe und nie trinken würde. Da ich ja nicht wusste, welche mir in dieser Zeit schmecken könnten und was meine Zunge dazu sagt, habe ich sie einfach einmal ausprobiert. Warm und kalt. Nun quellen die fast vollen Teekartons aus meinem Lebensmittelschrank, aber die Versuche waren es wert. Ein Früchtetee und ein Pfirsich-Mango-Tee waren die Gewinner. Die gingen zwar auch nicht immer, dennoch gelang es den beiden doch ab und zu, meine Zunge zu beglücken. Ich war abgelenkt, kurzweilig beschäftigt und blieb in der ganzen Zeit neugierig, für mich neue Geschmäcke zu entdecken.

Selbst Schokolade und meine Lieblingskugeln in der goldenen Alufolie wurden von mir ohne eine Gefühlsregung gnadenlos liegen gelassen. Schokolade, die in meinem Umfeld weiß anläuft, würde es nie geben. Weihnachtsmänner und Osterhasen, so schön sie auch in ihrer Alukleidung dastanden, wurden über ihre zügige Enthauptung vorgewarnt und alsbald darauf geköpft und meist in der Nacht verspeist. Je nach meiner Stimmungslage gelang es mir, diesen Schokoladenfiguren sogar im Dunkeln den Garaus zu machen. Aber kaum hatte Charlotte in meinem Mundraum zugeschlagen, bestand meine Freude nur noch darin, die nett gestaltete Verpackung anzusehen, und ihr Scharfrichter wurde für später bestellt.

Während der Geschmacksknappheit ging es ein Weilchen gut mit Salzstangen und gesalzenen Erdnüssen. In der Zeit schienen meine Salzrezeptoren auf der Zunge noch nicht ganz versagt zu haben. Leckeres Brot und Brötchen mit Schinken oder Käse zum Frühstück wurden zum No-Go.

Da ich ja herausgefunden hatte, das zu essen, was ich lange nicht mehr gegessen hatte, und auch nicht wusste, wie es mir zurzeit schmeckt, wurde dann am Samstagmorgen Reibekuchen mit Apfelkompott und Zuckerrübenkraut auf den Tisch gezaubert. An dem darauf folgenden Sonntag waren es Amerikanische Pancakes und Ahornsirup.

Und siehe da! Es schmeckte nicht.

Na ja, so pauschalisieren kann ich es auch nicht. Ich vermute, die Neugierde war größer als die Tatsache und Frage, ob es schmeckt. Schon bei den ersten Bissen und dem Überlegen, ob es nun mundet oder nicht, war der halbe Reibekuchen in meinem Magen. Bei der Überlegung, ob dieser mit Apfelkompott besser wäre, war die zweite Hälfte schon drin. Zielsetzung war erreicht: Etwas gegessen.

Genauso verhielt es sich mit dem Abendessen. Bei uns wird meist warm und frisch gekocht. Asiatisch musste herhalten. Meist mit Huhn oder Schweinefleisch in diesen oben schon erwähnten Eintopfgerichten. Witzig war, dass das Fleisch meist bei meinem Freund landete, denn es gab auch eine

Phase, in der Fleisch für mich so gar nicht schmackhaft war. Nudeln mit Soße und Gemüse nährten mich dann doch.

Nur einmal war das asiatische Essen gescheitert. Im Küchenschrank fand ich eine mit zwei Paprikasymbolen gekennzeichnete scharfe Gewürzmischung aus den Niederlanden. Die Niederländer sind, was die asiatische Küche betrifft, in ihren klassischen Supermärkten etwas besser sortiert. Sie haben eine wesentlich größere Auswahl. Was freute ich mich. Mal wieder so richtig schön scharf essen. Aber allein schon der Geruch ging voll daneben, denn in der Charlottenbesuchszeit ist man auch sehr geruchsempfindlich. Zu meinem Glück hatten wir genug Nudeln gekocht, die ich dann mit Zucker aß, nachdem ich feststellte, dass mir das Gekochte nicht schmeckte.

Frustrierend war es Weihnachten. Am Heiligabend strotzte ich vor Energie durch das viele Cortison. Mit der Folge, dass ich die anderen Weihnachtstage fast nur geschlafen habe.

Einen richtig schönen und eingelegten Sauerbraten hatte ich beim Metzger meines Vertrauens geholt. Angebraten, drei Stunden auf der Platte stehen und vor sich her köcheln lassen und die Soße anschließend mit Wein und Sahne abgeschmeckt. Gut, ich gebe zu, die Knödel waren aus dem Kochbeutel und der Rotkohl aus dem Glas, was zusätzlich etwas verfeinert wurde. Zum Nachtisch eine Herrencreme und als Vorspeise eine Rindfleischsuppe. Es duftete nach Weihnachten.

Meine Geschmacksknospen hatten ein paar Tage vor Weihnachten zu streiken begonnen. Ich konnte zwar ein wenig schmecken, sicherheitshalber übernahm mein Freund das Abschmecken, sonst hätte ich die Sauerbratensoße versalzen. Leider war es für mich am Heiligen Abend nicht die kulinarische Erfüllung. Und was war das alles lecker. Da ich, wie es nun mal so ist, zu viel gekocht hatte, fror ich die Reste ein. Als ich wieder schmecken konnte, gab es ein verschobenes Weihnachtsessen im Februar.

Kochen ist sowieso eine gute Weise, um herauszufinden, wie viel Kraft man hat. Zeit hat man ja. Den ganzen Tag nur liegen geht nicht, irgendwie musste ich auch mal hochkommen und mich ein bisschen bewegen. Spazierengehen ging in der Zeit nur maximal für eine halbe Stunde mit Unterbrechungen. Danach war ich fix und fertig.

Wenn man dann Glück hat, dass jemand für einen eingekauft hat, weil das schon sehr anstrengend ist, kann man ja ausprobieren, wie es mit dem Kochen so klappt. Nach dem Zwiebelschneiden und Paprikareinigen kann man sich ja eine Weile ausruhen. Jeder findet schon selbst heraus, ob man genug Kraft hat, das Fleisch anzubraten. Aber wenn es nicht mehr geht – Topf von der Platte, Herd aus, hinsetzen und nach einer halben Stunde weitermachen.

Aber auch die Gedanken-Achterbahnfahrt zum Thema Geschmacklosigkeit macht keinen Halt. Da befindet man sich plötzlich in dem Tal, dass der Gaumengenuss nie wieder kommt oder nach Charlottes Besuch schadhaft geworden ist. Die Gefahr, sich in einem fiesen Strudel zu verfangen, ist groß. Den Negativ-Denksog meine ich.

Ich hatte mir für einen kurzen Zeitraum irgendwie eingebildet, dass mir bestimmte Gerichte nach der Chemo nicht mehr schmecken könnten. Wie zum Beispiel meine Lieblingspizza, Spinat, Krabben, selbst Currywurst mit Pommes und Mayo habe ich eine lange Zeit nicht gegessen, weil ich in der Tat befürchtete, sie würden mir nicht mehr schmecken. Ich war nicht allein mit diesen Gedanken. Viele der Betroffenen dachten so.

Da ich durch meine Goldteleskope an den Zähnen recht kälteempfindlich bin, vermeide ich es, seitdem ich meine Dritten habe, Eis zu essen. Ich war aber auch nie der große Eis-Fan.

Als ich in der Klinik war, musste ich während des Einträpfelns der Hochdosis-Chemo Wassereis essen. Ja, das klassische Stangenwassereis in dieser durchsichtigen Folie mit den scharfen Kanten, an denen man sich regelmäßig schneidet, wenn man versucht, das Eis mit den Zähnen aufzureißen. Die MTA's kannten anscheinend diese Problematik und legten eine Schere dazu. Klar sah das für die zwei Stunden ein wenig dekadent aus, die ganze Zeit an einer Stange lutschend. Die meisten machen diese Art von Selfies mit Bananen, aber nicht wenn man am Tropf hängt. Für den Zweck der Mundkühlung war die Geschmacksrichtung egal. Der Sinn war, den Mundraum zu kühlen, damit er weniger durchblutet wird, weil sich ja durch die Kälte die Adern zusammenziehen, sprich weniger Chemoflüssigkeit durch die Schleimhäute fließt. Es endete allerdings letztendlich mit einem leichten Pilz im Mund, hätte auch schlimmer kommen können. Diese zwei Stunden waren der Schlüsselmoment für mich, wieder mehr Eis zu essen. Es gab ja mal einen Detektiv mit dem gleichen Namen wie eine Eissorte am Stiel. Das ging irgendwie immer über die Zunge, auch wenn meine Geschmacksknospen lahmgelegt waren. Ich denke, es war der Sinn, den das kühle Eis ansprach und in meinem Gehirn etwas Gutes auslöste. Seitdem esse ich wieder mehr Eis.

19
Ich will nichts mehr riechen

Mit der Geruchsempfindlichkeit verhielt es sich nicht viel anders. Jedoch nicht so lange und extrem wie der Verlust des Geschmacksempfindens.

Bei mir als Maler hat sich im Laufe meines Schaffensdaseins ein recht – ich sag mal – merkwürdiges Geruchsempfinden entwickelt. Es macht mir nichts aus, wenn die Lacke nach Lösemittel riechen, und beim Verarbeiten roch ich eh nur wenig davon. Allerdings gab es auch Lacke, die ich nicht vertragen habe und mir übel wurde. Diese habe ich dann, wenn es möglich war, nicht mehr verwendet oder ein anderes Produkt gekauft. Meine Nasenschleimhäute wurden über die Jahre auf jedwede Art von Lösemittel sensibilisiert.

Kam ich nach Hause und trabte meine dreiundachtzig Stufen hoch, konnte ich genau riechen, in welcher Wohnung ein neuer Mieter mit einem billigen Baumarktlack etwas in seiner Wohnung anpinselte. Da in diesen Lacken nur sehr preiswerte, nicht gerade gut riechende Lösemittel verwendet wurden, wurde mir beinahe übel.

Künstliche Duftwässerchen, wie Parfüms, Deos oder Aftershaves, die ja auch Lösemittel und Duftstoffe enthalten, die sich ungefragt an meinen Riechrezeptoren in der Nase vorbeischleichen, sind so gar nichts für mich, und wenn dann nur zu besonderen Anlässen in einer sehr geringen Dosierung. Hinzu kommt, dass ich mich morgens nicht mit einem Duftwässerchen voll nebeln brauche. Mein Nachbar aus dem dritten Stock, der nur kurz vor mir seine Wohnung verlässt, parfümiert sich so stark, dass ich nur durch seine Parfümnebelschwade laufen brauche. Das reicht für den ganzen Tag. Sollte ich ihn allerdings verpassen, weil es mir mal gelungen war, meine Wohnung pünktlich zu verlassen, brauche ich nur bis zum Bäcker gehen. Dort wartet schon eine gute Freundin, die einen starken Drang hat, mich zu umarmen und sich, wie mein Nachbar, im Parfüm gebadet hat. Eine Umarmung reicht für den ganzen Tag. Mit einem Nachteil. Es riecht süßlich und kribbelt in der Nase.

Das mit dem Umarmen zur Begrüßung ist ja auch so eine Sache. Ab den, ich glaube, Neunzigern wurde es immer mehr, oder ich sag mal – mir bewusster, dass dies zu einer gesellschaftlichen Gepflogenheit wurde. In dieser Zeit traf ich auf drei sehr nette Mädels und alle frisch aus dem Bad. Es wurde geherzt und sich umarmt. Folglich hatte ich drei Frauenparfüms an meinen Klamotten hängen. Ich nahm den ganzen Abend den süßlichen Geruch des Frauenparfüms wahr, in der Nase und in meinem Wagen, dass mir beinahe übel wurde. Selbst am nächsten Tag roch ich es noch in meiner Kleidung. Hinzu kam dann der Zigarettenqualm aus der Kneipe, in der wir waren.

Das konnte so nicht bleiben. Ich zog meine Konsequenzen und bei einem nächsten Treffen umarmte ich nur eines der Mädels, mit der Erklärung, dass ich nur nach einem Duftwasser riechen wollte. Fataler Fehler. Damals war mir die Denkweise der Frauen völlig fremd. Eine, doch recht eigensinnige, beschwerte sich. Ich solle besser sie umarmen, weil sie das teuerste Parfüm der drei trug. Ja, das war ein Fettnapf, in den ich mit einem Köpper hineingesprungen war. Ich hatte meine Lektion gelernt. Meine Mädels allerdings auch und hielten sich bei den nächsten Treffen mit ihren Duftwässerchen zurück. Geht doch.

Diese Geschichten sind leider den Menschen, die neu in mein Leben treten, nicht bekannt und ihre zu starken künstlichen Gerüche auf den Körpern führen nach wie vor zum Rümpfen meiner Nase.

So wie Jürgens Besuch an einem Sonntagmittag. Seine Groß-
cousine kam mit seinem Vater zu Besuch. Eine sehr freund-
liche, gut gekleidete Dame, Ende siebzig. Die Wasserwelle vom
Donnerstag saß perfekt. Mit Sicherheit trug sie zur Nacht ein
Haarnetz. Ich roch sie schon, als sie das Krankenzimmer betrat.
Ich erwähnte schon den Frühstücksbuffetraum mit dem
Duft von aufgebackenen Brötchen und Croissants, der sich
mit in die Nase kneifenden Desinfektionsmitteln vermischte.
Der Geruch der Brötchen wurde in dem Moment mit einem
Eau de Toilette aus den Siebzigern ausgetauscht. Sofort visu-
alisierte ich einen Glasflakon mit so einem dünnen Gummi-
schlauch, an dessen Ende sich ein Gummiball befindet, den
man zusammendrücken muss, um sich einzusprühen. Gibt
es die wirklich noch zu kaufen?

Die gute Dame besaß bestimmt einen Schminktisch aus den
Sechzigern, mit einem dreigeteilten Spiegel, dessen Seiten
man nach innen klappen kann, um sich von allen Seiten zu
betrachten. Ich hätte darauf wetten können, dass unter der
Glasscheibe dieses Schminktisches weiße selbst geklöppelte
Deckchen liegen, wie es damals üblich war.

Warum ich das kenne? Meine Mutter und meine Oma hatten auch diese unzähligen Häkeldeckchen in der ganzen
Wohnung drapiert.

Ich musste mich irgendwie gedanklich – ich gebe es zu – ein
bisschen lustig darüber machen, damit ich mit dieser Ge-
ruchssituation umgehen konnte. In eine Cafeteria flüchten
konnte ich nicht, denn in der Zeit durfte ich nicht unter
Menschen, die Gefahr einer Infektion beziehungsweise Erkältung war zu groß. Der Frühstücksraum ging auch nicht,
denn da wäre ich ja vom Regen in die Traufe gekommen –
ich meine, was so die Gerüche betraf. Also Kissen vor die
Nase und ausharren.

Als die beiden weg waren und Jürgens Frau zu Besuch war, fragte ich dezent nach der Parfümsituation der Dame und dem Flakon mit dem Pumpball. Nadja wusste sofort, was ich meinte. Sie bejahte und schmunzelte.

„Die riecht schon, solange ich denken kann so. Oldschool halt", kommentierte Jürgen und rümpfte seine Nase.

„Man weiß doch nie, was man den alten Leutchen zum Geburtstag schenken kann. Wie wäre es denn mal mit einem moderneren Duftwasser?", schlug ich vor. Beide sahen sich an und fanden die Idee gut. Zweifelten jedoch an dem Erfolg der Umsetzung. Der Schuss könnte ja auch nach hinten losgehen und mit einem beleidigten Gesicht enden.

Was daraus geworden ist, habe ich leider nicht mehr erfahren.

20
Eine Woche Klinik

Ende Januar war es so weit. Nächster Charlottenbesuch. Diesmal stationär für eine Woche in die Klinik. Bislang war ich immer nur der Besucher in Krankenhäusern und hatte mir nie Gedanken darüber gemacht, was man so in den Koffer packt. Meinen großen Hartschalenkoffer mitzunehmen, erschien mir doch allzu übertrieben. Also blieb es bei einer Sporttasche. Ja, selbst als Sportmuffel besitze ich eine. Meine In-den-Urlaub-Mitnehm-Liste erwies sich als gar nicht zweckmäßig. Kurze Hose, Fotoapparat und Sonnencreme wären wirklich überflüssig gewesen.

Was zieht man nur an?, fragte ich mich und war durchaus sehr unsicher, wie sich so der Tagesablauf in der Klinik mit all seinen Tücken gestalten würde. Gibt es eine Kleiderordnung? Pyjama? Nachthemd? Nackt?

Nackt? Ich glaube, das wird nicht so gerne gesehen. Das schickt sich irgendwie nicht. Ich habe auch noch nie von jemandem gehört, der wirklich im Krankenhaus nackt geschlafen hat.

Und ja! Ich trage Nachthemden und oute mich hier nun als bekennender Nachthemdenträger. Nein! Ich schlafe nicht nackt, vor allem nicht im Krankenhaus. Ich strampele mich nachts frei und werde wach, weil mir kalt ist. Will ich keinem antun. Und dies alles vermeide ich mit einem Nachthemd. Es gibt richtig schöne für Männer. Sogar von sehr bekannten Herstellern. Meine sind immer mit Langarm, weil mir zu schnell die Arme kalt werden. Und lang genug, damit mir die Nierchen nicht auskühlen. Braucht man nur hochzuziehen, wenn man zur Toilette geht. Dann hat man auch nichts Lästiges wie eine Unterhose zwischen den Knien, wenn man des Nachts zur Toilette muss. Jawohl! Ich bin ein überzeugter Sitzpinkler, denn ich darf meine Toilette selbst putzen!

Bei einem Pyjama, selbst aus zarter Seide, würde mich die Knopfleiste auf der Brust stören und der Bund einer Jogginghose drückt meist nur in der Hüfte ein und kann für kurze Momente sogar ein Taubheitsgefühl in der Hüfte auslösen. Alles schon ausgetestet und Stiftung Georg-Test hat das Nachthemd aus T-Shirt-Stoff mit Note Eins ausgezeichnet.

Als Letztes fehlt eine Schlafmütze mit einem Plömmel dran und die stark tropfende weiße Kerze auf einer Messingschale mit Henkel in meiner Hand. Wandelnd auf dem First eines Daches, gefolgt von einer Katze mit Buckel und im Hintergrund scheint der Vollmond. Dann ist das Bild perfekt. Und weil ich dazu ja ein bisschen buddharesk bin, ist das so was von knuffig.

So ein Glanz-Jogginganzug aus Polyester geht gar nicht. Und jene, die diese Zeilen lesen, könnten wissen, warum. Also entschied ich mich für Baumwolljogginghosen und Langarm-Shirts.

Diese Krankenhaus-hinten-offenen-Engelshemden – da sind wir uns ja alle einig – sind ein absolutes No-Go, solange man es vermeiden kann.

Mein Köfferchen mit den nötigen Toilettenutensilien war gepackt. Bücher, Schreibblock und Laptop im Rucksack verstaut. Dirk hatte sich erneut einen Tag freigenommen, um mich zu begleiten. Das war gut, denn es war viel mit Wartezeiten verbunden, die ich dann nicht allein verbringen musste, bis ich in meinem Bett lag. Nach der Ankunft in der Klinik habe ich mich sofort an der Rezeption angemeldet. Sollte mich anschließend auf der Station bei einer Schwester melden. Ich wurde erwartet und in einen fensterlosen Untersuchungsraum zum weiteren Warten geführt.

Ich hatte die Krankenhausuhr zum Glück eingepackt. So einige Blicke fielen auf sie. Zwei blonde junge Damen betraten den Raum. (Da ist nichts zwischen den Zeilen zu lesen! Sie waren nun mal blond.) Die Ältere, Mitte dreißig, mit glatten langen Haaren, begann sofort, mich bestimmend und freundlich zuzutexten, verließ aber bald den Raum. Die Jüngere, auch langhaarig, jedoch gelockt, nahm meine Anamnese auf.

Ich finde dieses Wort schrecklich. Habe auch Mühe, es mir zu merken. Es ist irgendwie eine Mischung aus Mayonnaise mit Ameisen. Und da muss ich mal den Verfasser dieser Fragebögen kritisieren. Manche Felder sind definitiv zu groß und viele zu klein. Vor allem die für die Historie der Eltern und Verwandten.

Der Ausfüller dieses Feldes, und es waren im Laufe des Jahres so einige, ist jedes Mal erstaunt, wenn ich sage: „Dafür müssen Sie ein Extrablatt nehmen." Und noch erstaunter, wenn ich ihre Krankengeschichte aufzähle. Eine offensichtliche Schlussfolgerung hat nie irgendjemand daraus gezogen, geschweige denn mir mitgeteilt.

Die langhaarige Blonde betrat wieder den Raum, erklärte mir und der Jüngeren etwas und ging wieder. Diese, in leichte Hektik verfallend, lauschte meinen Worten und stenografierte weiter. Zum dritten Mal schwebte die Langhaarige herein und mischte sich in das Gespräch ein.

„Wollen Sie sich nicht erst einmal vorstellen und mir Ihre Aufgabe hier erklären?", fragte ich sie mit einem breiten Grinsen von Ohr zu Ohr.

„Habe ich das nicht?", fragte sie, nicht schnippisch, aber mit einem Hilfe suchenden Blick zu ihrer stenografierenden Kollegin. Diese schüttelte nur mit ihrem Kopf.

„Würde ich Sie sonst dazu auffordern?", fragte ich sie nach wie vor sehr nett lächelnd. Dirk wäre am liebsten im Erdboden versunken, als ich sie auf ihren Mangel hinwies.

„Wieso?", entgegnete ich, als wir mal wieder allein in dem Raum saßen. „Ich hab doch recht? Schwebt hier auf ihren hohen Hacken (Schuhen) dreimal rein, weist ihre Gehilfin schneidig zurecht und stellt sich nicht bei mir vor. Finde ich nicht so gut, zeugt nicht von gutem Benehmen und ist kein schöner Start für eine Woche Klinik."

Ja, ich gebe zu, dass ich, vor allem wenn es um Freundlichkeit geht, manchmal recht provokativ sein kann und mein Umfeld gerne auf sein Fehlverhalten hinweise. Natürlich freundlich und nett! Man darf mich auch gerne Provokatorius nennen. Denn wenn ich das Gefühl habe, unfreundlich oder ungerecht behandelt zu werden, möchte ich das bitte sagen können. Zwar sprudelt es ab und zu mit einem gewissen Zynismus oder kneifender Ironie aus mir heraus, aber wenn sich schon jemand flegelhaft verhält, muss man das auch abkönnen. Und das alles mit einem netten Lächeln von Ohr zu Ohr und meinen treuen blauen Augen verbunden, hat man mich bislang meist richtig verstanden.

Manchmal bin ich mit meinem losen Mundwerk auch schon auf die Nase gefallen, dafür um eine Erfahrung reicher, und wusste nach einem Fehlversuch immer besser, wann es ratsam ist, den Mund zu halten. In diesem Fall war ich erfolgreich. Sie war eingenordet, entschuldigte sich anständig und wurde für die Woche meine beste Freundin.

Mein am Fenster liegender Zimmernachbar, ein freundlicher Rentner aus Polen, sprach leider nur gebrochenes Deutsch und mein Polnisch ist mehr als eingerostet. Sozusagen weggerostet, also gar nicht vorhanden. Er hatte eine Leukämie und konnte mit seiner Krankheit so gar nichts anfangen und glaubte nicht, dass er Blutkrebs haben könnte. Er sei fünfundsechzig geworden und nie krank gewesen. Zwei Wochen Chemo lagen hinter ihm und zwei weitere Wochen vor ihm. Seine Interessen hielten sich sehr in Grenzen. Kein Buch, kein Fernsehen, keine Kreuzworträtsel, eigentlich so gar nichts. Er dümpelte den ganzen Tag so vor sich hin und machte nicht den Eindruck, dass Charlotte ihn gepackt hatte. Unsere Gespräche hielten sich auch sehr in Grenzen.

Es war in der Woche, in der auf RTL das Dschungelcamp lief. Und nun oute ich mich als überzeugter Dschungelcamp-Fan. Nicht wegen dieser fürchterlichen Esserei, das könnten die sich sparen. Ich finde sehr interessant, wie die Beteiligten nach ein paar Tagen aneinandergeraten und sich wegen irgendeines Kleinkrams angiften. Es machte die Krankenhauszeit erträglicher und ich freute mich auf den Abend. Sie waren zwar lang und häufig schlief ich auch während der Werbung ein.

Mein Zimmernachbar jedoch fing pünktlich zur Sendezeit an, mich über sein Unverständnis über seine Krankheit zuzutexten. Ich glaubte nicht, was ich hörte. Den ganzen Tag sagte er kein Wort, und ausgerechnet jetzt zum Dschungelcamp wollte er mit mir philosophieren. Ich nahm die Kopfhörer ab und ließ mich darauf ein, bat ihn allerdings, solche Gespräche besser am Tage zu führen.

Wie sich Wochen später herausstellte, sind Zimmernachbarn sehr wichtig für die Genesung und die eigene psychische Verfassung.

Die fünf Tage Klinik verliefen recht gut und Charlotte war gnädig mit mir. Der Pilz im Mund bildete sich schnell zurück und meine kribbelnden Füße hielten sich bis dahin noch in

Grenzen. Sinn dieser Chemo war es, mein Immunsystem herunterzufahren. Charlotte sollte die bösen Zellen vernichten, damit sich mein Immunsystem von selbst wieder aufbauen kann, ohne böse Zellen. Einfach formuliert.

Danach war mein Körper sehr geschwächt. Ich sollte Menschenmassen meiden, damit ich mir keine Erkältung oder gar einen Magen-Darm-Infekt einfange. Bei auftretendem Fieber hätte ich mich unverzüglich in der Klinik melden müssen. Also nur mit Mundschutz vor die Tür.

Am Ende der fünf Tage gab es dann eine nette Spritze in den Bauch, damit sich die Stammzellen lösen.

21
Stammzellenlösung

Die Stammzellen werden im Rückenmark produziert und stellen das Blut her. Diese werden durch die Medikamente in der Stammzellenlösungsspritze aus dem Rückenmark gelöst und in das Blut gespült. Haben sich genug gelöst, können sie dann aus dem Blut entnommen werden. Diesen Prozess nennt man Apherese. (Mit diesem Fremdwort müssen wir nun zurechtkommen. Blutwäsche hört sich so merkwürdig an, da finde ich Apherese doch angenehmer.)

Man kann es sich wie eine Dialyse vorstellen. Es wurden etwa vier Portionen Stammzellen entnommen. Eine Portion hat schätzungsweise einhundertfünfzig bis zweihundert Milliliter im gelösten Zustand. Eine wurde mir fünf Wochen nach der Entnahme wieder verabreicht. Die anderen drei lagern für die nächsten fünf Jahre in einem Gefrierschrank, für den Fall eines Rückfalls. Sollten diese Rückgaben zu keinem Erfolg führen, würden dann erst Stammzellen eines Spenders gesucht und transplantiert werden, wie es so schön heißt.

Tritt das ein, hat man richtig Pech gehabt. Denn Fremdstammzellen können, müssen aber nicht, zu sehr unangenehmen Folgen führen.

Wäre ich fünfzehn Jahre vorher erkrankt, hätte ich sofort fremde Stammzellen erhalten. Davon ist man abgekommen, da die Eigenstammzellentransplantation auch zu guten Erfolgen führt.

Meine Stammzellen haben sich richtig gelöst. Zwar wusste ich, dass es zu Knochenschmerzen kommen kann, aber dass es solche Knochenschmerzen überhaupt gibt, damit habe ich nicht gerechnet. Drei Tage später ging es los. Ich merkte durchaus meine Wirbelsäule und meinen Beckenknochen, in einem erträglichen Maß. Am späten Mittag war ich noch kurz bei meinem Freund. Nach dem Treppensteigen und einer halben Stunde auf seinem Sofa ging es los. Ein Hexenschuss vom Feinsten. Ich stand doch gar nicht im Durchzug oder habe ich mich irgendwie falsch bewegt? Die Schmerzen wurden immer schlimmer. Diesen Schuss verpasste mir nicht nur eine Hexe. Alle Hexen aus den Märchen der Gebrüder Grimm mussten sich versammelt haben, um mir in den Rücken zu schießen. Von dem Aufruf hatte ich gar nichts mitbekommen. Die Hexen kennen anscheinend kein Facebook und kommunizieren wohl nach wie vor mit Trommeln oder Rauchzeichen.

Wir mussten noch in den Supermarkt, es ließ sich nicht vermeiden, denn im Kühlschrank fehlte so einiges. Ich lief und hing nur noch gekrümmt vor Schmerzen über dem Einkaufswagen, sodass mein Kopf schon beinahe auf dem Kindersitz lag.

Es ist fast selbstredend, dass ich dort auf eine gute Bekannte traf, die sich über meine gebückte Haltung wunderte. Und schon kamen die Hexenschuss-Geschichten zutage. Allerdings auch die guten Besserungswünsche.

Wieder zu Hause war liegend die einzige Position, in der ich es halbwegs ohne Schmerzen aushalten konnte. Die Hexen hatten wirklich ganze Arbeit geleistet.

Zwei Tage später war es weg. Ganz plötzlich.

Am nächsten Tag musste ich wieder in die Klinik. Tomek, ein guter Freund, begleitete mich. Wieder piksen, wieder Blutabnahme. Die blauen Flecken in den Armbeugen waren schon fast abgeklungen und schon wieder ging eine Nadel hinein. Nur eine halbe Stunde später kam der Chefarzt auf mich zu und meinte, ich könne in ein anderes Gebäude zur Stammzellenentnahme gehen.

Ich wunderte mich, denn der Termin stand erst für drei Tage später fest. Na ja, was weg ist, ist weg, dachte ich.

„Ist es normal, dass man solche heftigen Rückenschmerzen hat, wenn sich die Stammzellen lösen?", wollte ich wissen.

„Hat man Sie nicht darauf hingewiesen?", fragte er mich und erklärte sofort: „Bei jedem sind die Knochenschmerzen anders. Manche haben es im Becken, andere in den Beinen. Sie müssen sich vorstellen, dass sich viele Menschen gleichzeitig durch eine Tür quetschen wollen. Das löst die Schmerzen aus."

Durch-die-Tür-quetsch-Probleme in meinem Körper, dachte ich und war irgendwie beruhigt, keinen Hexenschuss zu haben. Jedoch ging dann die innere Unruhe los wegen der bevorstehenden Blutwäsche.

In dem anderen Gebäude wurden wir freundlich empfangen und ich durfte mich in einem großen Raum voller technischer Geräte auf einen diesmal in Hellgrau gehaltenen Friseurstuhl setzen. Wesentlich gemütlicher als die anderen. Zwei Männer waren schon an Schläuchen angeschlossen. Der eine schaute an einem großen Fernseher einen Film mit Kopfhörern, der andere schlief.

Nach einem kurzen Gespräch mit dem behandelnden Arzt legte er sich sein Equipment zurecht und prüfte die Maschinen.

Natürlich erzählte ich von meiner Spritzenphobie und die üblichen Gespräche gingen wieder von vorne los. Eine MTA versuchte mich zu beruhigen, und mit ihrem Charme gelang es ihr auch ein wenig … Ich meinte ein wenig! Denn sie wusste genau, was auf mich zukommen wird.

Ich konnte nicht hinsehen. Und schon jagte er mir eine Nadel in die linke Armbeuge, die dicker war als ein Schaschlikspieß …

ach, was sage ich ... die war so dick wie ein Trinkstrohhalm ...
hmm... nee ... auch nicht ... fingerdick ... Na ja ... gibt Wurstfin-
ger und Klavierspielerfinger ... Also gut. ¼-Zoll-Kupferrohr ...
also wie so ein Wasserleitungsrohr ... Oder doch ½ Zoll ... Mit
anderen Worten eine Monsternadel ... Okay, okay ... so dick wie
ein Zahnstocher ... will ja nicht schwindeln.

Weder mein Kopf noch mein Körper wollten das. Doch ich
musste. Allerdings war die MTA beim rechten Arm gezwungen, ihn festzuhalten, weil der zurückzuckte.

Ja, und dann saß ich da, fast liegend. Regungslos, die Arme
möglichst stillhaltend. Wie war das noch mal mit der Streckbank? Obwohl ich nicht gestreckt, sondern nur gestochen
wurde. Schon merkwürdig, so angeschlaucht zu sein. Ich
habe wirklich zu viele Horrorfilme geguckt. Nach kurzer Zeit
wurde mir schon kalt. Die nette MTA schmiss mir eine Decke
drüber und knuffte sie rechts und links unter meinen Körper. Ich wurde darauf hingewiesen, was geschehen könnte
und dass ich so viel trinken solle wie möglich. Und das mit
meiner schwachen Blase. Sollte mir der Mund kribbeln oder
die Füße, müsse ich Bescheid sagen. Ich würde dann sofort
ein „Spezialgetränk" bekommen. Glaube, es war Kalzium,
weiß ich nicht mehr, schmeckte wie diese großen weißen
Brausetabletten aus dem blau-weißen Rohr. Ich bekam einen
weichen Ball in die Hand, den ich regelmäßig quetschen sollte,
vor allem wenn die Maschine Alarm schlägt. Denn dann
kommt das Ende der Mammut-Nadel an die Venenwand
und kann das Blut nicht mehr absaugen.

Auf die Frage, wie sie die Stammzellen entnehmen, habe ich
mich im Vorfeld immer ein wenig lustig gemacht. Das Blut
wird in einen anderen Raum geleitet und von elfjährigen
Heinzelmännchen mit spitz gefeilten Fingernägeln aussor-
tiert. Halt so wie bei Aschenputtel. Zwölf Jahre alt dürften

die nicht sein, weil sich die Elastizität ihrer Fingernägel veränderte.

„Leute, ich weiß es nicht", antwortete ich auf diese Frage, leicht genervt. Nun bin ich ein bisschen schlauer, aber nur ein bisschen. Es geht über die Fliehkraft. Mehr weiß ich nicht. Bin nur froh, dass es so was gibt.

Eine Professorin fragte mich, ob ich Lust hätte, mein Krankheitsbild mit Historie einigen Studenten zu erzählen. Ich bejahte und Tomek, der nach dem Spritzesetzen hereinkommen durfte, verdrehte grinsend seine Augen. „Georg und Publikum, genau das Richtige für ihn", stellte er lachend fest.

„Irgendwie muss die angedachte Zeit von fünf Stunden auch umgehen", entgegnete ich.

So tauchten plötzlich vier Medizinstudenten auf, die alle um meinen Liegestuhl Platz nahmen. Zwei Mädels und zwei Burschen. Dem einen war seine Ich-habe-da-nun-wirklich-keine-Lust-drauf-Einstellung, sicherlich bedingt durch einen Kater, durchaus anzusehen. Ich musste innerlich sehr schmunzeln. Die Professorin erklärte erst die Maschine, an der ich angeschlossen war, und bestätigte die Fliehkrafttheorie. Mich interessierte da doch eher, wer so etwas erfunden hat, aber die Frage ist nach wie vor unbeantwortet.

Ich erzählte den Nachpubertierenden recht ausführlich die Geschichte der Entdeckung meines Multiplen Myeloms.

Herrje, waren die schüchtern, als sie mich befragen durften. Anscheinend hatte ich es so ausführlich erklärt, dass keine Fragen offen blieben. Ein Mädel allerdings erkundigte sich nach meinem sozialen Umfeld und meiner finanziellen Versorgungsängste. Ich staunte, denn sie war die Einzige, die meine psychische Verfassung und den Hintergrund so richtig hinterfragte. Fand ich gut, und wie ich nun mal so bin, belobigte ich sie, was der Professorin nicht verborgen blieb. Sie schmunzelte und bedankte sich anschließend mehrfach, dass ich mir so viel Mühe gab.

Mein Begleiter musste lachen. Gebt Georg eine Bühne und schon legt er los. Er hat ja nicht so unrecht. Allerdings war auch so ruck, zuck eine Stunde um. Die darauf folgende Stunde des regungslosen Liegens und sanfte Pumpgeräusche hörend verbrachten wir dann in einem Fachgespräch über Malerarbeiten mit zwei MTA's.

Es ist schon Segen und Fluch, meine Mitmenschen darüber zu informieren, dass ich Maler von Beruf bin. Jeder, aber auch wirklich jeder, hat seine eigene Malergeschichte. Vom Selbstmachen bis die Malerarbeiten selbst machen wollen oder übers Fluchen, wie schlecht sie es selbst gemacht haben. Ein Klassiker derzeit sind Haarrisse in den Wänden, weil viele mittlerweile nur noch gestrichene Wände haben wollen. Und da ja irgendwie die Zeit vergehen sollte, habe ich sehr ausführliche Erklärungen gegeben.

Ich schlief eine Weile. Am Mittag bekam ich kurzzeitig eine Panikattacke, weil ich viel zu spät bemerkte, dass ich zur Toilette musste. Doch diese war verflogen, nachdem ich meine Blase entleeren konnte. War schon eine Anstrengung mit den Nadeln im Arm. Hände waschen mit ausgestreckten Armbeugen ist durchaus eine Herausforderung.

Und schon kam wieder eine Hochrechnung über die Anzahl der gesammelten Stammzellen. Halbzeit nach drei Stunden. Also weiter Geduld haben und auf die Krankenhausuhr schauen.

Der Mittag verlief ein wenig ruhiger und wir plauderten über Gott und die Welt.

Ich muss schon sagen, trotz dieser Tortur war es ein angenehmer Tag und das Personal tat alles, um die Zeit so behaglich wie möglich zu gestalten. Sollte eine der Anwesenden dies hier mal lesen, danke dafür! Insgesamt war ich sechseinhalb Stunden dort.

Der arme Kalle, den ich später in der Klinik kennenlernte, musste zwei mal fünf Stunden dahin. Eine Dame aus der Selbsthilfegruppe war zwei mal sieben Stunden dort und Andreas schaffte es sogar in vier. Selbst dabei gilt: „Alles kann und nichts muss."

Also bloß keine Ölwechseltermine an diesem Tag machen.

Ich war anschließend fix und fertig und froh, als ich auf meinem eigenen Sofa lag. Die folgenden zwei Tage habe ich fast nur geschlafen.

Ein Lob, aber auch Dank und Respekt an alle freiwilligen Stammzellenspender, die aktiv Stammzellen spenden! Jeder Stammzellenspender hat die gleiche Tortur durchzumachen wie ich an diesem Tag. Sie müssen sich sogar eine Woche vorher – jeden Tag, selbst die Stammzellenlösungsspritze in den Bauch geben. Sie haben ähnliche Knochenschmerzen, müssen sich zwei armdicke Nadeln in ihre Armbeugen setzen lassen und einige Stunden still sitzen.

Sie bekommen anschließend einen feuchtwarmen Händedruck und eine Tasse mit Medikamentenwerbung drauf. Der freiwillige Stammzellenspender investiert viel Zeit und auch Schmerzen und das Geld verdienen andere. Aber das ist ein anderes Thema, das ich hier nicht vertiefen möchte. Das Einzige, was diesen Spendern bleibt, ist die Gewissheit, irgendeinem Menschen auf dieser Welt geholfen zu haben. Er oder sie wird zeitnah nicht erfahren, wem. Erst nach Jahren dürfen sie einen Antrag stellen, um herauszufinden, wem sie geholfen haben. Dies gilt genauso für den Stammzellenempfänger.

Die Stammzellen der Dame, die in der Zeit meiner Entnahme zur Aufklärung dort war und deren Stammzellen eine Woche später entnommen wurden – gingen nach Amerika.

Jürgen, von dem ich später berichten werde, bekam seine Stammzellen von einem zwei Meter großen, muskulösen Kölner. Jürgen wird nie erfahren, wer sein Spender war, ist ihm aber unendlich dankbar.

22
Haarverlust

Nun hatte ich fünf Wochen Pause bis zur Hardcore-Chemo, sprich Intensivchemo mit angedrohten drei Wochen Klinikaufenthalt. Der Oberarzt wollte mich schon Rosenmontag in die Klinik stecken, doch da ich am Tag nach Aschermittwoch, also am Ascherdonnerstag, meinen Fünfzigsten hatte, einigten wir uns auf eine Woche später.

Eigentlich wäre eine große Geburtstagsfeier angesagt gewesen. In Anbetracht der ganzen Umstände wurde diese bis auf Weiteres vertagt, denn ich wusste ja auch nicht, wie ich mich an dem Tag fühlen werde.

Meine Stammzellen waren erfolgreich entnommen und mein Immunsystem erfolgreich im Keller angekommen. Nun war mein Körper gefordert, das alles wieder neu herzustellen. Und das braucht Kraft und sehr viel Schlaf. Meine Zunge hatte zwar in dieser Zeit die Hälfte meines Geschmacks wiederhergestellt, aber fit sein ist was ganz anderes. Also keine große Geburtstagsfeier.

Na ja, und krank sein will gelernt sein. Und das mir. So dümpelte ich die Tage vor mich hin und verbrachte, neben dem Schlafen, meinen Tag mit Kochexperimenten, wie schon erwähnt. Lesen oder Schreiben war nicht möglich. Entweder keine Kraft, oder wenn ich es wollte, konnte ich mich nicht konzentrieren.

Ich bemerkte durchaus, dass nicht nur kräftetechnisch mit meinem Körper etwas geschah, sondern auch haarmäßig. Nahezu unbemerkt lichteten sich meine zart behaarten Oberschenkel und Oberarme. Das fiel aber irgendwie nicht so richtig auf. Ich denke, sie wurden beim Duschen langsam weniger, denn in meiner Kleidung oder in der Bettwäsche bemerkte ich keine. Die auf meinen Unterarmen blieben während der gesamten Tortur so, wie sie immer schon waren.

Bis ich mich eines Abends nach dem Waschen und Abtrocknen des Gesichtes über das Handtuch voller Barthaare wunderte. Da war er, der Tag, an dem die Haare ausfielen.

Ich begann die Melodie von Dalida zu summen: Am Tag, als der Regen kam ... „Am Tag, als die Haaaare fielen ...“ Da ich es überhaupt nicht mit Reimen habe, blieb es auch nur bei dieser einen Textzeile. Die Melodie hielt wie ein schleimiger Ohrwurm an.

Es fing mit dem Bart an. Witzigerweise fielen mir ja die Haare nicht aus, stellte ich fest. Sie waren einfach nur lose in ihren Haarwurzeln. Da alles an meinem Kopf nicht länger war als sechs Millimeter, waren sie gar nicht schwer genug, um von selbst auszufallen. Sie verließen meinen Körper nun definitiv beim Duschen, denn im Duschbecken waren einige Haare zu sehen. Die Gravitation hatte keine Chance, die Haare zu Boden zu ziehen.

Am nächsten Morgen schaute ich auf ein Kissen voller Haare, die ich in der Nacht verloren hatte. Wo ich doch das Bettenbeziehen so schrecklich finde. Jetzt musste es sein. Mein Haarkranz sah aus wie ein schlecht gerupftes Huhn. Ich konnte mich gar nicht mehr im Spiegel ansehen und rasierte mir vollständig den Kopf und das Gesicht. Schon merkwürdig, sich selbst nach über zwanzig Jahren ohne Bart und mit voller Glatze gegenüberzustehen. Dazu das aufgequollene Cortisongesicht, das sich später nach der Intensivchemo noch verschärfte. Doch ich gewöhnte mich schnell an mein neues äußerliches Ich.

Diese Erfindung der langfristigen Haarerneuerung ist schon etwas sehr Kurioses. Man muss es wirklich nicht verstehen.

Das bisschen Haarverlust auf den Schenkeln, den Oberarmen und der Brust klammern wir mal aus. Diese reduzierten sich auf ein ansehnliches Mittel. Witzigerweise sind die grauen Brusthaare noch nicht nachgewachsen. Da, wo man seine Haare nicht möchte, wie Ohren, Achseln, Nacken, Nase und auch so ... da unten, da fallen sie nicht aus. Und wenn, dann nur verschwindend gering.

Meine Augenbrauen fielen zum Glück nur zur Hälfte aus. Meine schönen langen, elegant nach oben gebogenen schwarzen Wimpern reduzierten sich ebenfalls um die Hälfte. Die sind bislang leider noch nicht vollständig nachgewachsen.

Meine Leidensgenossen in der Klinik stellten allerdings fest – davon blieb ich jedoch verschont –, dass ihnen ihre Haare auf dem Rücken blieben. Ich will nicht damit sagen, dass ich etwas gegen Haare auf dem Rücken habe. Aber irgendwie gehören die da nicht hin. Vermutlich bin ich ein Opfer der gesellschaftlichen Zwänge, so zu denken. Diese gesamte Tatsache ist wirklich nicht so schön. Da denkt man, eine Weile davon verschont zu bleiben, die Haare in diesen oben genannten Bereichen mal nicht zu entfernen – egal wie. Und was ist? Nein! Pustekuchen, sie bleiben. Haarlos auf dem Kopf, und aus den Ohren wachsen sie nach wie vor. HALLOO! Was ist das für eine Erfindung? Wer hat sich denn so was ausgedacht? Wenn dann bitte richtig und an den richtigen Stellen.

Ich spreche jetzt nicht von Patienten, denen Charlotte mehrfach begegnet ist. Bei ihnen ist die Wahrscheinlichkeit höher, dass sie ihre Haare verlieren. Einige verloren schon nach einer Chemo gnadenlos alle Haare ihres Körpers. Anderen erging es nach mehreren Behandlungen wie mir. Es liegt also an der Chemie, die einem verabreicht wird und wie der Körper diese verkraftet. Und auch hier ist mal wieder angesagt: „Alles kann, nichts muss."

Und dann ging es, wie auch schon vorher, so richtig los mit den Spekulationen. Wann wachsen die Haare wieder nach? Wenn überhaupt! Wie werden sie nachwachsen?

Und zu diesem Thema hat jeder etwas anderes zu erzählen. Andere Haarfarbe. Bei manchen sollen sie sogar grünstichig gewesen sein. Damit hätte ich ja mal gar kein Problem. Ich hätte es sehr witzig gefunden, jedoch im Schrank keine passende Kleidung zu grünlichen Haaren gehabt, aber das kann man ja schnell ändern.

Meine Wunschfarbe war dunkelbraun, schwarz. Einfach so. Meine waren mir im Laufe meines Lebens zu schnell grau geworden. Dunkel fand ich immer schon gut.

Die Haare könnten lockig werden. Hmm... dann müsste ich sie mir erst lang wachsen lassen. Neuer Style? Weg vom kurz geschorenen Kopf? So eine natürliche Tonsur mit Locken an der Seite ist nicht mehr so zeitgemäß. Würde sich die Mitte wieder füllen, könnte ich es mir vielleicht noch mal überlegen. Aber der Illusion, dass die Glatze zuwächst, gebe ich mich nicht hin. Haarwurzel weg ist Haarwurzel weg. Dieser Realität muss man nun mal bitter in die Augen schauen.

Sollten sie aufgrund der Chemo plötzlich wiederkommen? Ich weiß nicht, ob es anders sein könnte. Ich habe bislang nichts darüber in Erfahrung gebracht. Es gibt wenig Berichte im Internet von Männern ohne Bart nach Charlottes Besuch. Ja! Sie sind wieder gewachsen. Das ist gut. Bei mir dauerte es circa zwei Monate, bis ich meine Sechs-Millimeter-Haarpracht wiederhatte. Aber sie waren so dünn. Richtig flauschig und weich. Auch der Bart. Allerdings waren sie wirklich so dünn, dass sie sich mit dem Kurzhaarrasierer schwierig schneiden ließen.

Laut der von mir gelesenen Berichte sollten die Haare mit der Zeit wieder dicker werden. Bei mir hatten sie selbst nach fünf Monaten nicht die für mich gewohnte Dicke erreicht. Mein Schnauzer ist dunkler geworden und meine Seiten auch. Die Schläfen sind nach wie vor in einem sehr attraktiven Silbergrau.

Wie gesagt, ich gewöhnte mich recht schnell an mein „neues" Gesicht. Da ich immer schon ein Hutgesicht hatte, probierte ich die Käppis, Hüte und Kopftücher aus meiner Sammlung. Es blieb bei Käppis.

Natürlich war es nun vorbei. Jeder, der mich sah und nur ein bisschen überlegte, konnte sehen, dass ich eine Chemotherapie machte. Ich war äußerlich nicht mehr der Georg, den alle kannten.

Mir fehlte nach wie vor die Lust, mich den Nichtwissenden zu erklären. Es war mir einfach zu anstrengend. Doch was sagen? Das Käppi verdeckte zwar meine Glatze, jedoch fehlten offensichtlich Bart und Schnauzer.

Einmal benutzte ich bei einer Nachfrage die Ausrede – ich hätte eine Wette verloren. Witzigerweise klappte es. Ein anderes Mal sagte ich, dass ich ein Umstyling brauchte, weil ich wissen wollte, wie ich nach all den Jahren ohne Bart aussehen würde. Ehrlich gesagt, gelüstete es mich zu sagen: „Ich stehe wieder auf der Bühne und mache Travestie und deshalb musste der Bart ab."

Ja, ich hatte mal so eine Phase, die ist aber schon mehr als fünfundzwanzig Jahre her, sozusagen in meiner Twen-Zeit. Ein Jahr, in dem ich mit Freunden auf runden Geburtstagen in Fummel und Perücke aufgetreten bin. Also war in dieser Zeit der Bart ab. Denn ein Travestiekünstler mit überschminktem Bart sieht schrecklich aus.

Ich entschied wohlweislich, dies nicht zu erzählen, denn dann hätte ich über meine gescheiterte Travestiekarriere und über meinen Krebs erzählen müssen. Obwohl dieser

Teil meines Lebens sicherlich lustiger und interessanter war, als es meine Blutkrankheit ist. Dies hätte dann doch den Rahmen gesprengt, zum Beispiel bei der Aufklärung der Kassiererin im Baumarkt, die man seit Jahren kennt und mit der man immer wieder in einen netten Small Talk verfällt.

Mein Verständnis für die Damen wuchs, wenn Charlotte ihnen die Haare raubt. Wie schon erwähnt bin ich nicht in ein Traurigkeitsloch gefallen, nein, ich habe mich mehr darüber amüsiert, als es mich runtergezogen hat. Und dabei unterscheiden sich Männer von Frauen.

Gut, ich habe mich mit keinem Männermodel unterhalten, vermutlich wird es bei diesem ähnlich schlimm sein. Ich denke, Männer fügen sich etwas schneller ihrem Schicksal der fehlenden Haarpracht. Bei Gesprächen mit meinen Damen in der ambulanten Chemo war der Haarverlust ein – nachvollziehbar – großes Thema. Manchmal sogar größer als die Krankheit selbst. Gute Sprüche sind da fehl am Platz. Von wegen „Die wachsen ja nach". Denn bei Frauen ist das ein langjähriger Prozess. Auch wenn man immer irgendwelche aufbauenden Worte mitteilen möchte. Es gibt nichts, was man da hören möchte, was man nicht selbst schon weiß. Andererseits ist der Haarverlust ein Mittel, eine Symbolik, sich nonverbal mitzuteilen, wie sehr man gelitten hat oder nach wie vor leidet. Ich habe selten gehört: „Mir ging es richtig dreckig in der Zeit" oder: „Ich habe die und die Nebenwirkungen gehabt".

Meist reduziert sich die Small-Talk-Konversation über Charlottes Besuch auf: „Ich habe soundso viel Wochen im Krankenhaus gelegen" und: „Mir fielen dann und dann die Haare aus". Das heißt für mich mittlerweile in der Übersetzung: „Ja, ich habe gelitten. Ja, mir ist auch schlecht geworden. Ja, ich bekam andere Nebenwirkungen, aber die waren alle nicht so schlimm wie der Haarverlust." Die Feinheiten, die erfährt man erst in einem längeren Gespräch. Selten im Wartezimmer, außer die Krankenhausuhr hat dramatisch zugeschlagen. Dann wird schon mal in die Details gegangen.

Ich muss immer schmunzeln, wenn es bei Germany's Next Topmodel einem der Mädchen an die Haare geht. Jahrelang gewachsenes wallendes Rapunzelhaar wird innerhalb von nur wenigen Minuten abgeschnitten. Es endet mit Tränen und Verzweiflung, allerdings vielleicht in einem vollständig, manchmal auch interessanten, neuen Style.

Aber das ist mit einer bevorstehenden Damenglatze nicht zu vergleichen. Komplett andere Gefühlswelt. Es ist wirklich keinem zu gönnen. Es ist definitiv eine andere emotionale Ebene. Und wer es nicht erlebt hat, kann es auch nicht nachvollziehen. Wenn es allerdings gelingt, das Ganze von der humorvollen Seite zu betrachten, ist das mit Sicherheit besser, als sich in das Loch des Verlustes fallen zu lassen. Es ist nicht einfach. Krank sein und dazu mit einer Chemoglatze ist schon heftig und man hat diese zwei hohen Berge Sorgen vor sich – die anderen mal außer Acht gelassen. Das Einzige, was ich dazu sagen kann, ist, Augen zu und durch, sich darauf freuen, wenn sie wieder nachwachsen.

Ich habe als Mann vielleicht gut reden, aber warum sich nicht einen Spaß mit Perücken machen? Nein, nicht die billigen aus dem Karnevalsladen, die jucken am Kopf. Müssen auch nicht die sündhaft teuren Echthaarperücken sein. Es gibt sogar gebrauchte im Internet zu kaufen, und ja ... die kann man waschen.

Wäre doch witzig, sich mit seiner besten Freundin eine neue Haarpracht auszusuchen. Frau geht doch auch mit der besten Freundin Klamotten kaufen. Warum nicht während oder vor Charlottes Besuch ein neuer Style?

Und wenn einer einem in die Quere kommt und meint, dumme Sprüche von sich zu geben, sagt man einfach: „Tina Turner hat nach dem Friseurunfall immer Perücken bei ihren Auftritten getragen, also kann ich das auch."

> *„Schlag der Krankheit ins Gesicht*
> *und sei ihr einen Schritt voraus!"* (10)

Und wenn es mit dem Haarverlust so weit ist, vielleicht schon vorher, zum Friseur und ab damit. Denn Tage oder Wochen herumzulaufen wie ein gerupftes Huhn ist für sich selbst ein unnötig lang gezogener Quälprozess und auch für die Mitleidenden nicht schön. Denn sie leiden mit. Zum einen müssen auch Familie, Freunde und Bekannte damit zurechtkommen, dass Betroffene zur Chemo müssen, also krank sind. Zum anderen müssen sie sich an dieses neue Gesicht gewöhnen. Und das ist bei Weitem nicht zu unterschätzen. Bei der Familie, die stets um einen herum ist, ist es meist ein fortschreitender Prozess, sie sehen die Veränderung täglich. So wie die Betroffenen im Spiegel.

Bei den Begleitern, die einen nur alle paar Tage sehen, ist es wie ein Schlag vor den Kopf. Ein jahrelang eingeprägtes Gesicht hat sich plötzlich verändert. Das kann einen schon erschrecken und auch Angst machen. Denn wie schon gesagt, die Glatze ist die Symbolik dafür, „dass es dem, den ich sehe, schlecht geht". Und das tut weh.

In meinem Fall ist es gelinde abgelaufen. Das mit der Glatze war nicht so schlimm. Aber als der Bart weg war, reagierten die wenigen, die involviert waren, erschrocken, doch sie hatten sich schnell daran gewöhnt. Allerdings war an ihren Ge-

sichtern deutlich abzulesen, wie erstaunt und mitleidend sie waren. Und das fand ich wiederum erschreckend. Mein Umfeld sollte nicht mitleiden. Klar kann man es keinem verbieten oder gar darum bitten, es zu unterlassen. Wer kann seine Gefühle schon so unterdrücken oder beeinflussen.
Da müssen alle Beteiligten durch, ob sie wollen oder nicht.

„Krankheiten, besonders langwierige,
sind Lehrjahre der Lebenskunst und der Gemütsbildung." (11)
Novalis

23
Ein Monat Klinik

Ja, dann wurde ich doch ganz plötzlich und natürlich auch völlig unerwartet fünfzig Jahre alt. Irgendwie schneller, als ich gucken konnte.

Ist echt ein Sch...gefühl. Da wird man ein halbes Jahrhundert, hat Krebs und muss vier Tage nach seinem Geburtstag für drei Wochen ins Krankenhaus.

Jedoch verhielt es sich ein wenig anders. Eigentlich wurde ich schon vier Jahre vorher fünfzig.

Mein Bruder ist fünf Jahre älter als ich. Er begann schon ab seinem einundfünfzigsten Lebensjahr, mich ein wenig schadenfroh, aber freundlich daran zu erinnern, dass ich auch unmittelbar runden werde. Da ich durch ihn diese Zahl recht früh zu hören bekam, fühlte ich mich irgendwie schon wesentlich früher älter. Außerdem wurde ich in diesen Jahren sehr häufig für Ende vierzig geschätzt. Das liegt wohl an meinen silbergrauen Haaren, an meinem breiten Scheitel und an meinen zarten Lachfalten um die Augen herum. Also fühlte ich mich irgendwie vier Jahre lang schon fünfzig. Und wenn dieses Gefühl für die kommenden vier bis vierzehn Jahre anhält, fände ich das nicht so schlimm.

Wie sagt man so schön: „Man ist so alt, wie man sich fühlt."

Da ist durchaus etwas Wahres dran, aber in Anbetracht der Umstände nicht so einfach zu verinnerlichen.

Den Tag meines Fünfzigsten feierten wir ein wenig im kleinen Kreis. Mit meiner Familie, engsten Freunden und wichtigsten Vertrauten. Eigentlich nur die, die von meiner Krankheit und meiner aktuellen und kahlköpfigen Verfassung wussten. Ich versuchte nicht zu viel über den Krebs und Charlotte nachzudenken. Auch wenn es mir schwerfiel und schier unmöglich war. Es kam, wie es kommen musste, dass ich inmitten meiner trauten Gesellschaft in Tränen ausbrach. Teils vor Glück, weil ich von vielen lieben Menschen umgeben war, die mitfühlten, teils vor Angst, vor den auf mich zukommenden Wochen.

Fotos machen ohne Haare und ohne Bart wollte ich nicht. Also wird es kein Fotoalbum von Georgs Fünfzigstem geben, auf das ich Jahre später voller Freude zurückblicken kann. Wobei das ja auch wieder alles Ansichtssache ist. Denn Jahre später könnte ich mir diese Fotos ansehen und sagen: „Jepp! Das hab ich dann auch erfolgreich bewältigt." Ich denke, die Erinnerung daran und diese Zeilen reichen.

Meine Freunde dekorierten meine Wohnung mit Fähnchen und ich hatte mir selbst eine Torte gebacken. In drei Anläufen, jedes Mal mit Pausen zwischen den einzelnen Arbeitsschritten. So wie es meine Kraft zuließ. Weiß ich, ob ich eine Torte mit einer Fünfzig drauf geschenkt bekomme? Zum Schluss hatten wir einen Tortenüberschuss und waren alle überzuckert. Es war ein schöner und außergewöhnlicher Tag.

An dem Montag danach war es so weit. Übung im Taschepacken hatte ich ja schon. Dirk begleitete mich wieder und das Aufnahmeritual war dasselbe wie im Januar.

Und schon wieder eine Anamnese. Dieses Prozedere habe ich bereits schon vor ein paar Wochen durchgemacht. Und wieder blickte ich in ein erstauntes und erschrockenes Gesicht, als ich die Historie meiner Eltern vortrug.

Muss das sein?, fragte ich mich. Ich wollte mich eigentlich nur irgendwie, irgendwo hinlegen und hatte wirklich keine Lust, meine Krankenhistorie erneut wiederzugeben.

Auch wenn ich in meinen Zeilen nicht politisieren wollte, und den Datenschützern bestimmt vor den Kopf schlage, ich hätte keine Probleme damit, wenn auf der Chipkarte meine Anamnese stünde. Zumal ja in den kommenden Monaten so einiges, wie zum Beispiel Röntgenaufnahmen, CT's und Medikationen, dazukommt. Das soll man alles behalten? Wo ich schon Schwierigkeiten habe, mir den unaussprechlichen Namen meines Blutdruckmedikamentes zu merken. Da lerne ich lieber spanische Vokabeln. *Hablo espanol.* Da habe ich, gefühlt, mehr davon.

Bei einer chronischen Krankheit, die es erfordert, regelmäßig ins Krankenhaus oder auch zu verschiedenen Ärzten zu müssen, kann es ganz schön mühselig sein, dies alles aufzuzählen. Außerdem vergisst man ja ab und zu etwas.

Diese Infos auf der Chipkarte könnten mit Kennwörtern geschützt sein. Das darf der Zahnarzt wissen und das der Hautarzt. Der Zahnarzt muss nicht unbedingt wissen, wann ich das letzte Mal eine CT meines Brustkorbes hatte. Aber von Medikamenten, die den Knochenbau, sprich den Kiefer und Schädel, beeinflussen können, sollte er schon erfahren, denn schließlich sitzen ja die Zähne darin. Diese Tabletten aus der Nach-Therapie, die ich für die kommenden Jahre nehmen werde, müsste ich einen Monat vorher absetzen, wenn eine Zahnbehandlung notwendig ist. Denke ich daran, wenn es so weit ist? Wenn ich mir vorstelle, wie ich mit Zahnschmerzen auf dem Stuhl sitze und nur noch im Kopf habe: Mach die so schnell wie möglich weg.

Was ist, wenn ich mal dement bin? Oder aus irgendeinem Grund – bewusstlos. Woher bekommen dann die Behandelnden die notwendigen Informationen, was sie alles mit meinem Körper anstellen dürfen und was nicht?

Da ist noch sehr viel Denkarbeit zu leisten, was den Inhalt der Chipkarte betrifft.

Nach der Aufnahme meiner Daten bat mich der Arzt, mich bei der Stationsleiterin zu melden, die ich schon vom Januar kannte. Kaum an der Tür angekommen, stand plötzlich ein groß gewachsener Mann mit gepacktem Koffer hinter mir und stellte sich ebenfalls vor. Sie sah uns nacheinander an und sagte, dass wir beide Zimmer 68 hätten. Zweibettzimmer, das Gleiche wie im Januar. Es fühlte sich an, als ob die Jugendherbergsmutter die Zimmer verteilte. Ohne auch nur mit der Wimper zu zucken, packte ich mein Bündel und lief zügig los. Ich wollte diesmal ans Fenster. Im Januar hatte ich das Bett im Raum. Und da der Mann hinter mir recht dominant wirkte, wollte ich ihm durch das Betreten des Zimmers schon klarmachen, dass ich als Erster wählen wollte. Ja, ich gebe zu, es war ein wenig egoistisch. Aber wenn Stubenarrest, dann bitte mit gewissen Vorteilen. Natürlich fragte ich meinen Leidensgenossen aus purer Freundlichkeit, ob das so in Ordnung ist. Er bejahte. Er hätte schon so oft im Krankenhaus gelegen und es sei ihm egal.

Wir stellen uns vor. Jürgen, nur ein halbes Jahr älter als ich, kam aus der Umgebung und arbeitete als Meister in einer Chemiefabrik. Der arme Jürgen hatte wirklich die doppelte A...karte gezogen. Lymphdrüsenkrebs und Leukämie. Er hatte den vollständigen Charlottenbesuch schon hinter sich, war in der Reha und bekam einen Rückfall. Einige Tumoroperationen im Hals lagen bereits hinter ihm und er fing nun wieder von vorne an. Er war einen halben Kopf größer als ich und ein bisschen bullig. Hmm... wie so ein Drei-Viertel-Wikinger.

Ohne lange zu zögern, wollte er, genau wie ich, unsere Interessengemeinsamkeiten herausfinden. Und schon platzte die Bombe. Er ist überzeugter Fußballfan. Und das mir. Oh je. Wo ich so gar nichts mit Fußball zu tun habe. Auf meine

Frage, was denn Fußball sei, reagierte er anfangs gar nicht. Was mich dann doch irgendwie irritierte. Ich wiederholte die Frage und bekam dann einen von Provokatorius provozierten verwunderten Blick zugeworfen. Ich liebe diese darauf folgenden Antworten und Gegenfragen. Ob ich es denn wirklich nicht wisse? Und schon begann die Philosophie über den Sinn von Fußball und Sport.

Nein, Fußball ist nicht meins! Nie gelernt. Weitere Details erspare ich mir hier. Dann outete er sich als überzeugter ... und ich muss ja bei der Wahrheit bleiben ... Schalke-Fan.

Weiß ich was darüber? Nein! Irgendwas mit Blau-Weiß und Gelsenkirchen. Das war es dann auch schon.

In der Zeit war Champions League und täglich Fußball im Fernsehen auf den privaten Kanälen. Ich konnte mich also der ganzen Sache nicht verwehren. Also fragte ich ihn, was er denn vorziehen würde. Ob ich nun Schalke-Fan werde – oder lieber die Opposition ergreifen solle? Und erntete einen fragenden Blick.

Na ja, was ist in einem verbalen Schlagabtausch reizvoller? Der, der mitfiebert, oder einer, der ordentlich abläster, wenn die gegnerische Mannschaft verloren hat. Wir einigten uns auf die Opposition. Machte mir auch mehr Spaß.

Nun hatte ich die Qual der Wahl. Gladbach? Dortmund? Auch wenn mein Neffe überzeugter Bayern-Fan ist, das wollte ich nicht, dazu bin ich doch viel zu sehr Nordrheinwestfale. Ich entschied mich für Dortmund. Gelb-Schwarz ist eine interessantere Farbzusammenstellung als Grün-Weiß-Schwarz. Und hätte ich ein gelb-schwarz quer gestreiftes Nachthemd, würde ich rumlaufen wie der kleine dicke Willi von der Biene Maja. Na, passt doch mal wieder alles zusammen.

Bezogen auf Fußball gab es ein Highlight in dieser Zeit. Jürgen gelang es tatsächlich, das Brett am Fußende seines Bettes herauszutreten, als Schalke verlor. Es war ein mörderischer Lärm und ich erstarrte kurzzeitig zu Stein. Welch Kräfte durch Fußball doch so freigesetzt werden können, stellte ich fest.

Zwei Dinge musste ich mit meinem Leidensgenossen klären. Er bezeichnete mich anfangs als „Kollege". Schlimm. Ich mag dieses Wort nicht. Zum einen habe ich einen Namen, der Georg lautet, zum anderen weckt es bei mir schlechte Vergangenheitserinnerungen. „Kollege, haste mal hier und Kollege haste mal da?" hörte ich viel zu häufig auf verschiedenen Baustellen. Und da ich ja ein gutes Herz habe, tat ich auch den Gefallen, um den man mich bat. Aber wehe, ich wollte mal etwas. Da haben sie den Kopf eingezogen und sich aus dem Staub gemacht.

Zudem ist es so ein Bequemlichkeitswort, wenn man sich nicht den Namen merken will oder keine Fantasie hat, sich etwas anderes einfallen zu lassen. Da lasse ich mich lieber als Maler betiteln. Klingt besser als Kollege.

In unserem Falle war ich lieber der Zimmernachbar, Leidensgenosse oder der in dem anderen Bett. Und nach einigen Fehlversuchen gelang es ihm auch und ich wurde als Georg tituliert, ist doch was.

Das Zweite war mir durchaus ein recht großes Bedürfnis, das ich mit Jürgen klarstellen wollte.

„Ähm... Jürgen", sprach ich ihn an. „Ich weiß nicht so recht, wie ich es sagen soll."

„Raus damit, mach klare Ansagen. Damit kann ich am besten umgehen", antwortete er und sah mich fragend an.

„Ehrlich gesagt habe ich keine große Lust, mir meine Fürze zu verkneifen, und habe auch keine Lust darauf, dass auf jeden Furz eine blöde Bemerkung folgt." Der aufmerksame

Leser merkt, dass ich hier aus Erfahrung spreche. Es ist nun mal nicht immer möglich, sie zurückzuhalten, und schon gar nicht, wenn man so richtig schön gemütlich auf dem Sofa liegt.

Er antwortete in meinem Sinne. „Wenn es dich nicht stört, dass ich auch mal einen ziehen lasse, ist das doch kein Problem. Wir sind schließlich beide krank und nicht in einem Fünf-Sterne-Hotel."

Damit war die Sache schon mal geklärt. Einfacher als gedacht.

Im Laufe meines Aufenthaltes wurde mir klar, dass wenig blähende Lebensmittel auf den Tisch kamen. Es gab also weder Zwiebelfleisch noch Kohlsuppe. Anscheinend wissen die Köche von dieser Problematik. Ich muss sagen, dass sich unsere Abgas-Ablassungen in Grenzen hielten.

Das Dritte, was ich mit Jürgen, allerdings erst im Laufe der kommenden Tage abklären musste, war seine Schnarcherei und deren Handhabung beim Auftreten in der Nacht. Auch wenn die klassische und mit recht zu erwartende Antwort kam: „Du schnarchst genauso!"

Womit er durchaus recht hat. Jedoch ist mein Schnarchen ein niedliches Rauschen, wie Blätter im Wald bei einer leichten Brise. Seins hingegen war ohrenbetäubend. So, dass mein Wald mit meiner leichten Brise ruck, zuck mit einer dicken Motorsäge abgeholzt wurde. Brennholz für die nächsten fünf Winter wurden nur in einer Nacht gefällt.

Mir tat schon mein Zäpfchen weh, so heftig war es. Jedoch schnarchte er nicht immer, nur wenn er irgendwie falsch in seinem Bett lag und die kuriosesten Schlafstellungen einnahm. Einmal wurde ich so wütend, weil er sich so gar nicht bewegte, nachdem ich ihn mehrfach auf sein Schnarchen hinwies. Ich stand auf und habe ihn in eine seiner Zehen gekniffen. Mit gewünschtem Erfolg. Er drehte sich und sein Schnarchen hörte auf. Zu meinem Glück konnte er sich am Morgen nicht mehr daran erinnern, als ich es ihm erzählte.

In einer anderen Nacht half allerdings diese Methode nicht. So schaltete ich das Licht an und sprach ihn an. Keine Reaktion. Erneut wackelte ich an seinen Füßen und nach einer Weile schaute er mich verwundert an, reagierte aber nicht.

„Du schnarchst! Leg dich bitte anders hin", forderte ich ihn freundlich auf, wozu ich mich durchaus zwingen musste. Er reagierte immer noch nicht. Da fing ich schon fast an, mir Sorgen zu machen, dass etwas mit ihm nicht stimmte. Doch dann zog er Ohrstöpsel aus seinen Ohren. Ich glaubte nicht, was ich da sah. Er hatte tatsächlich Ohrstöpsel, damit er sein eigenes Geschnarche nicht hörte. Er war einsichtig und legte sich anders hin, steckte seine Ohrstöpsel wieder in seine Ohren und schlief ruhig weiter.

Nachdem ich mich an meinem ersten Tag ein wenig häuslich niedergelassen hatte, kamen auch schon die Ärzte, mit denen ich meine Therapie besprach. Und schon wieder neue Gesichter. Zurück blieben vier junge Ärztinnen, die sich über meine Krankheit informierten. Ich fragte sie, wo denn die blonde Ärztin sei, die sich im Januar um mich kümmerte? Sie hatte die Station gewechselt, erfuhr ich und war ein wenig enttäuscht.

„Dann muss ich mir unter Ihnen eine neue Freundin suchen", stellte ich fest und sah die Damen nacheinander an. „Wer stellt sich zur Verfügung?", und setzte mein charmantestes Lächeln auf. Zwei der Ärztinnen würden morgen die Station verlassen und die dritte nach einer Woche, erfuhr ich. Blieb also eine übrig.

„Dann ist das nun Ihr Schicksal und ich hoffe, Sie werden mich erfolgreich durch die Therapie bringen", lächelte ich.

„Aber Sie wollen sich doch sicherlich erst einmal vorstellen und uns Ihre Funktion hier in der Klinik erklären. Macht sich immer besser, wenn man sich vorstellt. Das bricht schon mal das Eis bei den Patienten und fühlt sich besser an." Ich sah die Mädels auffordernd an. Ein wenig eingeschüchtert, als ob sie beim Äpfelklauen in Nachbars Garten erwischt wurden, stellten sie sich nacheinander vor.

(Macht das die Jugend heute überhaupt noch? Ich meine Obst aus anderen Gärten „stehlen"? Gibt es überhaupt noch Obstbäume in den Gärten? Sorry, ich weiche ab.)

Meine von mir auserwählte Ärztin hieß Christin. Sie fand meine Aufforderung zwar anfangs befremdlich, nach ausführlichem Nachdenken doch sehr konstruktiv, wie sie mir später erzählte. Nachdem ich ihr klarmachte, dass sie bei mir – und Jürgen schloss sich an – kein Blatt vor den Mund nehmen brauchte, hatten wir wirklich schöne Gespräche und wortreiche Diskussionen über Gott und die Welt und viel schwarzen Humor. Lästern ist etwas Schönes. Wobei es ja kein Lästern ist, wenn man Informationen über die Menschen in unserer Umgebung austauscht. Wir wissen bis heute nicht, wie alt der Chefarzt ist. Und dass Dr. P immer gut gekleidet ist, da waren wir drei uns einig.

Dann musste ich Christin auch schon an meine Schulter lassen zum Portnadelsetzen unter der Beobachtung der anderen Mädels. Und schon ging das Gespräch wieder los über meine Nadelphobie. Diesmal kürzte ich ab. „Ich werde gleich eine Maus holen und sehen, wie Sie dann reagieren!" So gelang es mir, von meiner Phobie abzulenken, und wir sprachen über anderes. Der nächste Klassiker – Spinnen. Na ja, besser als das leidliche Nadeln-in-die-Haut-Gespräch.

Nur eine Stunde später tauchte Christin wieder auf. Diesmal allein mit einem fahrbaren Tropfständer mit zwei Infusionen, an die sie mich gleich anstöpselte. Einmal eine üppige Portion Charlotte, die über die Gravitation in meinen Körper gelangte, und eine Infusionspumpe. Diese, und das erfuhr ich erst in diesem Moment, blieb für achtundvierzig Stunden angeschlossen, um meine Blase zu schützen. Nicht die Pumpe, sondern das Medikament, das durch diesen Apparat in meinen Körper gespritzt wurde. Dann war ich angeschlaucht, anders gesagt angekettet. Im Mittelalter schmiedete man eine Kette mit einer schweren Eisenkugel an den Fuß, damit man nicht flüchten konnte. Nun geschieht es über Schläuche, die in den Körper führen, und Eisenständer mit Rollen, die sich ständig verhaken.

Und so fühlte es sich auch an. Der Ständer war nun mein ständiger Begleiter für die kommenden zwei Tage. Weitere Wortspiele erspare ich mir hier. Denn der Witz über den Ständer war sehr schnell abgedroschen. Viel schlimmer war es, wenn eines seiner fünf Räder – und wie konnte es anders sein – in der Nacht streikte und nicht mehr rollen wollte. Wenn dazu auch noch der Jürgen schnarchte, war wirklich die Nacht gelaufen.

Aber man gewöhnt sich an alles, irgendwie. Zwar war mein Sextaner-Bläschen nun durch die Infusion geschützt, jedoch musste ich alle zwei Stunden zur Toilette. Gut schlafen im Krankenhaus kann schon eine Herausforderung sein.

24
Das Warten auf die Nebenwirkungen

Dann ging es los. Das Warten auf die Nebenwirkungen, die sich zum Glück nicht so schnell einstellten und sich im Rahmen hielten. Entweder habe ich da wirklich Glück gehabt, oder Charlotte war gnädig mit mir. Viel schlimmer ist dieses Sich-selbst-Beobachten und Schauen, was mit dem Körper passiert. Wenn überhaupt etwas passiert. Denn alles kann – nichts muss. Die ersten Tage waren glimpflich abgelaufen, bis auf die Nadelstiche.

Charlotte ist nicht wie eine Kopfschmerztablette, die sofort wirkt und die Kopfschmerzen weg sind. Sie ist nicht wie ein Nasenspray und die Nase ist vom Schleim befreit.

Nein, nein! Charlotte stellt da wesentlich höhere Ansprüche. Sie wirkt erst nach Tagen.

Und wie hatte ich mich gefreut, nun Zeit zu haben, um einen meiner Fantasy-Romane weiterzuschreiben. Doch weit gefehlt. Neben dem unruhigen und kurzweiligen Schlaf, bedingt durch das Cortison, begann Charlotte an meiner Motivation und an meiner Energie zu knabbern. Zwar war ich geistig in einer zufriedenstellenden Verfassung, mein Körper brauchte trotzdem seine Ruhe. Wie gesagt – krank sein will gelernt sein. Ich saß etliche Male vor meinem Laptop, aber es floss nichts aus meinen Fingern, wie ich es gewohnt war. Die Geschichten, alle schon fertig in meinem Kopf, wollten sich nicht ausformulieren lassen. Es ging nichts und ich habe es akzeptieren müssen, ob ich wollte oder nicht. Mein Körper schrie nach Ruhe. Einen Spielfilm bis zum Ende anzusehen war nicht mehr möglich. Einfach zu lang und zu anstrengend, wenn ich nicht vorher schon eingeschlafen war. Selbst bei meinen Drei-???-Hörbüchern gelang es mir nicht, eine Geschichte vollständig durchzuhören. Auch nicht, wenn ich dabei die Augen geschlossen hielt. Häufig schlief ich sogar dabei ein. So schaute ich bestimmt zum vierten Mal die Serie „The Big Bang Theory". Schön kurzweilig. Wissend, was kommt, und die Protagonisten vertraut. Zwanzig Minuten schmunzeln und lachen. Denn Lachen ist ja bekanntlich die beste Medizin, stellte ich wieder einmal fest.

Neben der Schlaffheit und Müdigkeit bekam ich nach ein paar Tagen einen Pilz im Mund. Eine häufige Begleiterscheinung bei dieser hoch dosierten Chemotherapie, die ich bekam. Der behandelnde Arzt machte sogar ein Foto mit seinem Smartphone von meinem Rachen und sendete es an einen HNO-Spezialisten.

Ich habe nie erfahren, ob er es nicht heimlich auf Facebook gesetzt hat. Aufgrund dessen bekam ich nur eine Stunde später eine Mundspülung und eine orange Flüssigkeit. Diese musste ich im Mundraum verteilen und so versuchen, alles zu benetzen. Anschließend runterschlucken. Sah lustig aus, wenn das Zahnfleisch plötzlich vollständig orange war und für eine kurze Weile anhielt. Jedoch färbte das Zeug so stark, dass ich mir tatsächlich bei der ersten Anwendung mein T-Shirt versaute. Zähneputzen ohne zu kleckern ist mir nie gelungen und da bin ich zum Glück nicht allein. Also mit nacktem Oberkörper das Zeug in den Mund. Allerdings sah ich, nachdem ich wie üblich schlabberte, wie ein blutender Alien mit orangefarbenem Blut aus. Das war der Beweis. Ein Vulkanier konnte ich nicht sein, denn die haben grünes Blut. Aber das Zeug half. Schmerzen hatte ich keine und essen konnte ich ganz normal. Musste halt nur gut den Mundraum pflegen. Viermal am Tag.

Ich spare mir, ausführlich darüber zu berichten, dass es wesentlich unangenehmer hätte kommen können. So schlimm, dass man nichts mehr essen könnte und künstliche Nahrung über den Tropf bräuchte. Davon blieb ich verschont.

Am zweiten Abend, die Müdigkeit hatte noch nicht so ganz zugeschlagen, fragte ich Jürgen, ob wir uns einen Film ansehen wollen? Ich hatte ein paar DVD's dabei, um sie auf meinem Laptop anzusehen. Wir entschieden uns für „Ziemlich beste Freunde". Etwas zum Lachen, tut sicher gut.

So organisierte ich einen dieser Metalltische auf Rollen, stellte diesen mit dem Laptop zwischen unsere Betten und ließ den Film laufen.

Bis plötzlich die Nachtwache in unser Zimmer stürmte, einen Augenblick ausharrte, als er uns beide so auf den Monitor starren sah, und fassungslos fragte, was denn hier los sei.

Ich befürchtete, die Lautstärke zu hoch gedreht zu haben, doch Udo, so stellte er sich vor, verneinte. Er wunderte sich lediglich ein wenig ungehalten darüber, woher ich diesen Tisch hatte. Da ich die Schwester, die ihn mir gab, nicht in die Pfanne hauen wollte, gab ich ihm nur eine ausweichende Antwort. Er verließ das Zimmer. Kurz danach kam er wieder und rollte einen dieser wunderschönen Krankenhausbett-Beistelltische herein. Also tauschten wir die Tische und so bekamen wir einen zweiten Nachttisch. Schon schön, wenn man Platz hat, um etwas abzustellen.

Den Film haben Jürgen und ich nie zu Ende geguckt, denn wir sind beide währenddessen eingeschlafen.

Nur zwei Tage später erfuhr ich, dass Udo einen Herzinfarkt erlitt und auf der Intensivstation lag – und nein! – nicht wegen der Tischbegegnung.

Es geschah von jetzt auf gleich, wie es nun mal bei einem Herzinfarkt passieren kann. Zu allem Übel war er der Stationsleiter und durch seinen Ausfall war der komplette Personaldienstplan dieser Abteilung über den Haufen geworfen.

Es kam ein bisschen Stress unter dem Pflegepersonal auf, doch sie versuchten, das von uns fernzuhalten. Wie war das noch mal mit dem deutschen Pflegenotstand?

Zwei Tage später saß Udo vor mir im Frühstücksraum und erzählte, wie es sich anfühlt, die Seite zu wechseln. Vom Pfleger zum Patienten. Und dann auf der eigenen Station, gepflegt von seinen Arbeitskollegen. Es wäre schon ein sehr ungewöhnliches Gefühl, bemerkte er. Doch er fühle sich gut aufgehoben. Allerdings hatte er schnell Langeweile und versuchte sich nützlich zu machen. Natürlich wurde er sofort von seinen Kollegen wieder ins Bett geschickt.

Den Herzinfarkt bekam er ironischerweise im Fitnessstudio und er hatte sogar noch ausreichend Kraft, den Rettungswagenfahrer anzupflaumen.

Durch ihn bekam ich viele Informationen über den Verlauf meiner Krankheit, die ich zwar schon wusste, aber nicht so detailliert. Von ihm erfuhr ich auch den Klassiker: „Alles kann, nichts muss." Genauso wie die Menschen mit Charlotte umgehen und wie sie sich ihrem Schicksal fügen, oder auch nicht. Waren schon interessante Geschichten dabei und Udo hörte sich gerne erzählen.

25
Meine eigenen Stammzellen

Am fünften Tag bekam ich meine Stammzellen wieder zurück. Ich ging davon aus, es kommt ein Arzt, hängt den Beutel an den Ständer, verschlaucht mich und dann war es das. Weit gefehlt.

Dazu muss ich erst ein bisschen aus der Vergangenheit erzählen.

Auf dem Medikamentenplan stand für den Tag „eine Valium". Jawohl!, war mein erster Gedanke. Und „ups", der zweite: Warum werde ich „weggespaced", wenn ich meine eigenen Stammzellen zurückbekomme? Ich habe es nicht mit solchen chemischen Drogen. Aber warum eigentlich mal nicht? Bin ja im Krankenhaus unter Beobachtung. Da kann ja nicht sooo viel passieren. Ich wurde neugierig, was da so geschehen könnte und in welcher parallelen Welt ich landen würde. War es wie damals, als ich einundzwanzig war?

Als Zivildienstleistender durfte ich im Altenheim zu Mittag essen. Lecker Altenheimkost. Kein Scherz. Die Köchin war wirklich gut. Ich lief in die Küche und holte mir mein Essen. Am Stück und nicht püriert. Ich lief in den Speisesaal. Och! Da lag ein Gedeck mit Besteck und einem Orangensaft. Warum noch einmal in die Küche laufen und es holen. Wird nachgeliefert, überlegte ich mir.

Kaum war ich mit dem Essen fertig und der Saft getrunken, kam schon die Küchenfee und fragte, wo denn der Saft von Frau Willenhügel sei? Die gute Frau aß später.

„Getrunken", antwortete ich und lächelte sie wie ein kleiner unschuldiger Junge an.

Die Küchenfee kriegte sich nicht mehr ein vor Lachen. Als sie sich wieder gefangen hatte, erklärte sie mir, dass in dem Saft acht Tropfen Haldol, auch bekannt als Hallowach, waren.

Jo, und die hatte ich intus. Infolgedessen wurde mir richtig schön schwummrig und ich war nicht mehr in der Lage weiterzuarbeiten, geschweige denn eine Stunde später mit dem Wagen nach Hause zu fahren. Also suchte ich mir ein freies Bett und schlief bis zum späten Mittag meinen Rausch aus.

Das Schnäpschen hieß zwar „Hallowach", wahrscheinlich war die Dosis für mich zu hoch und schlug ins Gegenteil um. Brachte also auch nicht viel an Horizonterweiterung oder bunten Träumen.

Also fragte ich den verantwortlichen Arzt, wie es sich mit dem Valium verhält und warum es auf der Medikamentenliste steht. „Die wurde früher den Patienten verordnet, damit sie ruhiger werden und die eventuell auftretenden Nebenwirkungen nicht so deutlich spüren."

„Gegen meine eigenen Stammzellen?", fragte ich verwundert.

„Nein, gegen das Lösemittel, in denen sie gelöst sind", antwortete er.

Wie wir ja alle wissen, werden die Stammzellen bei minus 17.583,5 Grad Celsius gelagert. (Erfahrene Physiker wissen, dass das nicht stimmt. Ich habe keine Lust nachzusehen, bei wie viel Grad sie wirklich gelagert werden. Auf jeden Fall ist es ganz schön kalt. Und das soll in meinen Körper? Frier!)

Er fuhr fort: „Diese Flüssigkeit wird aus dem gefrorenen Zustand genommen und auf Raumtemperatur gebracht. Sie werden also durchaus Kälte verspüren."

Oh je. Und das mir!

„Das ist eine alte Verordnung. Eigentlich wird Valium bei der Stammzellentransplantation nicht mehr verabreicht."

Stammzellentransplantation. Auch ein schönes Wort. Bislang ging ich nur davon aus, dass Herzen, Nieren oder Leber transplantiert werden. Aber Blut? Wieder etwas dazugelernt.

„Nein, nein!", antwortete ich entsetzt. „Die Valium steht da auf der Liste, jetzt haben Sie mich neugierig gemacht und nun hätte ich die gerne. Sie können mir doch nicht erst etwas versprechen und dann wieder wegnehmen."

Das ist so wie ein versprochener Schokoladenkuchen und am Ende sind es Zitronenröllchen. Geht gar nicht. Ich einigte mich mit dem Arzt auf eine halbe Valium. Ich nahm die Tablette eine Stunde vorher und war einfach nur ruhiger und fiel am Mittag in einen tiefen festen Schlaf. War ganz nett, jedoch nichts Besonderes.

Die Transplantation war gut getimt. Muss wohl auch, wegen der Auftauphase.

Eine nette Ärztin klärte mich wiederholt über die Nebenwirkungen auf, forderte von mir abermals eine Unterschrift und schloss mich an meinen Port an.

Ich hätte doch eine ganze Valium nehmen sollen – nein – nicht wegen der Ärztin –, wegen einer der unzähligen Unterschriften, die man immer wieder zu leisten hat.

Es war eine rosa Flüssigkeit und es war gar nicht so viel. Ich dachte, es käme ein riesiger Tropfbeutel – nein –, es waren nur dreihundert Milliliter. Diese waren nach einer halben Stunde in meinem Körper verschwunden.

Die Ärztin blieb die ganze Zeit und wir verfielen in ein oberflächliches Blabla, sofern es mir mit meiner zunehmenden Leichtigkeit und Sphärigkeit noch möglich war. Ich löcherte sie mit meinen üblichen Fragen, ob sie zufrieden mit ihrem Beruf war und warum sie Ärztin geworden ist. Sie konnte mir nicht entrinnen, weil sie beobachten musste, ob ich einen Ausschlag bekam oder mir schwindlig oder übel wurde. Zum Glück blieb mir das alles erspart. Kein Ausschlag, keine Übelkeit. Ich stank nur. Das Lösemittel der Stammzellenflüssigkeit wird über die Atemluft abgebaut. Ich selbst roch nichts. Denn der Betroffene kann, muss es aber nicht riechen. Andere Lösemittel entschwinden aus dem Körper über den Urin. Man kennt es von der Einnahme eines Antibiotikums. Dieses Mal war es mein eigener Atem. Und der stank übel nach überlagerter Tomatensuppe.

Erst Tage später ging ich an einem Zimmer vorbei, aus dem es unangenehm roch. Ich erkundigte mich und ja – Stammzellentransplantation. Das war also der Geruch, den ich auch ausdunstete. Übel. Die Armen, die mich in der Zeit besucht hatten.

Seitdem sind die Stammzellen drin und erfüllen anscheinend ihren Zweck.

Jürgen verließ mich nach einer Woche und Dennis gesellte sich in mein Krankenzimmer. Traurige Geschichte. Ein junger Mann, dreißig Jahre, mit einem bösen Blutkrebs. Er hatte schon einige Charlotten-Besuche hinter sich und sie war bei ihm, bezogen auf die Haare, ungnädig gewesen. Sie zehrte heftig an seinem eh schon schlanken Körper. Aber nicht nur an seinem Körper, sondern auch seine Psyche war – ich sag mal – nicht sehr stabil. Durchaus nachvollziehbar. Nach so einer Diagnose, solchen heftigen Therapien und dann noch so jung. Er war das komplette Gegenteil von Jürgen. Zu Dennis' Glück und irgendwie auch zu meinem verschlief er drei Viertel des Tages und war sehr in sich gekehrt. Zwar führten wir ab und zu mal ein gutes Gespräch und philosophierten über unsere Krankheiten, jedoch hielt es sich sehr in Grenzen.

Es war – ich will nicht sagen anstrengend, aber auch nicht förderlich, gegen den Krebs und meine aktuelle Situation anzukämpfen. Ich hatte durchaus Mühe, mich nicht von seinem mangelnden Kampfgeist anstecken zu lassen. Sein

Verhalten war verständlich und ich wollte wirklich nicht in seiner Haut stecken, aber auch nicht solch eine destruktive Lebenseinstellung haben, geschweige denn übernehmen.

Plötzlich hatte ich wieder vor Augen, wie es jemandem ergehen kann, der einerseits irgendwie mit seinem Leben abgeschlossen hat, andererseits sich irgendwie an den bereits braun gewordenen Grashalm klammert.

In dieser Woche, als er in meinem Zimmer lag, kamen mir sehr viele, zu viele negative Gedanken hoch. Ich mochte gar nicht darüber nachdenken, wie es Kindern ergeht, wenn Charlotte sie besucht, egal welche Diagnose zugrunde liegt. Denn mit ihnen kann man nicht so reden wie mit Erwachsenen. Ehrlich gesagt – und ich denke, es wird nun auch richtig interpretiert – bin ich froh, nie einem Kind in einer Chemobehandlung begegnet zu sein. Wenn es schon bei den tragischen Schicksalen der Erwachsenen sehr wehtut, möchte ich gar nicht wissen, wie es bei Kindern ist.

Dennis hatte es wirklich nicht einfach. Er musste zweimal eine Rückenmarkspunktion über sich ergehen lassen. Bislang kam ich noch drum herum. Hinzu kam bei ihm, dass er absolut keinen Appetit und keinen Geschmack mehr hatte. Er nahm innerhalb kürzester Zeit sehr viel ab und wurde an einem Tag künstlich ernährt. Da hing er da an seinem Ständer. Ein Beutel mit zwei Litern weißer Flüssigkeit, die er dann ironischerweise nicht vertrug. Ihm wurde schlecht und er bekam sogar Probleme mit dem Aufstoßen. Er musste den Ärzten versprechen, wieder was zu essen. Zum Ende der Woche wurden seine Blutwerte besser und er verließ unser Zimmer an einem Freitagmittag.

Ich bin ihm am Ende meines Krankenhausaufenthaltes einmal begegnet. Ich habe nicht gedacht, ihn jemals beziehungsweise so schnell wiederzusehen. Er erlitt einen Rückfall und trug deshalb einen Mundschutz. Durch einen heftigen Pilz im Mund musste er nun wirklich künstlich ernährt werden. Was letztendlich aus ihm geworden ist, weiß ich nicht. Ich wünsche ihm alles Gute.

Das Wochenende verbrachte ich allein. Es kam kein Notfall rein. Dann wäre es aus gewesen mit der Ruhe und dem eigentlich zu ruhigen Wochenende. Es war schön, aber auch ungewöhnlich.

Am Montag bekam ich „meinen" Jürgen wieder zurück. Ich war sehr überrascht und doch ganz froh, dass die Stationsleitung so weit und gut nachdachte und handelte.

Seine Blutwerte hatten sich gebessert. Nächster Charlottenbesuch. Damit seine Krebse keine Chance erhielten, sich wieder neu zu bilden, wurde sein Immunsystem abermals runtergefahren, um eventuelle neue Krebszellen abzutöten. Diese Prozedur hatte er dann noch fünfmal vor sich. Drei Wochen Krankenhaus, eine Woche Pause und wieder von vorne.

Sein Kampfgeist war ungebrochen. Zwar hatte ich nach wie vor meine netten Schwierigkeiten mit seinem fußballerischen Sprachgebrauch wie „Das Spiel gewinnen wir" und: „Wir werden schon in das richtige Tor schießen" oder: „Wir sitzen ja auf der Reservebank".

Er schloss mich in seine Motivationsäußerungen immer mit ein. Und so gewöhnte ich mich irgendwie an seinen Sprachgebrauch.

Und das tat nach der Woche Dennis wirklich gut.

„Kein Mensch war ohne Grund in Deinem Leben.
Der eine war ein Geschenk,
der andere eine Lektion." (12)

26
Privat versichert

Ich lag in der Klinik auf einer privaten Station. Bislang ging ich immer davon aus, dass es nur vereinzelt Zimmer gibt, die privat belegt wurden, aber gleich eine ganze Station war bislang nicht zu mir durchgedrungen. Gesetzlich oder privat war für mich ehrlich gesagt auch eine ganz neue Welt. Habe zwar viel gehört davon, jedoch selbst noch nicht erlebt. Bis zur Diagnose meiner Krankheit hatte ich nie damit zu tun.

Meine Eltern besaßen eine Krankenzusatzversicherung und beide waren nicht gerade wenig im Krankenhaus, aber welche Vor- und Nachteile sie bei ihren Behandlungen hatten, wurde mir nie bekannt. In solchen Momenten gingen mir andere Dinge im Kopf rum, denn sie wurden ja meist gut behandelt. Ich brauchte das nie zu hinterfragen.

Also habe ich mich zum ersten Mal in meinem Leben damit auseinandersetzen müssen – und ja, ich meine müssen –, wo die Unterschiede sind und ob sie „berechtigt" sind oder nicht.

Ich selbst stellte irgendwie nie so richtig Unterschiede fest, da ich nie erfahren habe, ob ich in irgendeiner Weise einen Termin schneller bekam oder sogar bessere Medikamente erhielt. Wie denn auch? Um so etwas zu vergleichen, hätte jemand, der gesetzlich versichert ist, mit der gleichen Diagnose den gleichen Weg parallel mit mir gehen müssen.

Es soll ja bestimmte Klassiker wie Neurologe oder Orthopäde geben, bei denen es ganz schwierig sein soll, einen Termin zeitnah zu erhalten. Da musste ich bis jetzt nicht hin und habe diesbezüglich keine Erfahrungen.

Keiner der Arztanwärter und keine der Arztanwärterinnen, die ich kennengelernt habe, und das waren mehr als zwei

Dutzend, alle so Mitte, Ende zwanzig, antworteten auf meine Frage, worauf sie sich spezialisieren wollen, dass sie es noch nicht wüssten. Meist hörte ich Anästhesist oder Onkologe. Die Mädels wollten häufig Kinderärztin werden. Irgendwie klischeehaft. Tierarzt wollte von denen keiner werden – und sich selbstständig machen oder Neurologe werden, auch nicht. Obwohl es ja anscheinend gefragte Jobs sind.

Genauso verhielt es sich mit einem Termin für eine CT. Auf diese Untersuchung habe ich zwei Wochen warten müssen. Ich hörte, dass man in Großstädten bis zu sechs Wochen wartet. Meine CT war in einem Krankenhaus am Rande der Stadt, von daher kann ich nicht beurteilen, ob es daran lag oder dass ich Privatpatient bin.

Nach meinen gesamten Erlebnissen in Wartezimmern und auf die Krankenhausuhr schauend kann ich mir nur allzu gut vorstellen, wie schwierig es ist, einen Termin für solch eine Untersuchung in den Ballungsräumen zu bekommen. Denn die Radiologien sind jeden Tag brechend voll und dazu eng getimt. Vielleicht traut sich auch keiner in die Krankenhäuser am Rande der Stadt oder Patienten wissen gar nichts davon, dass es möglich ist. Vielleicht ist es ein logistisches oder organisatorisches Problem. Ich weiß nicht, warum manche lange auf Termine warten müssen und andere nicht.

Das Einzige, wo ich dann doch private Vorteile hatte, war beim Zahnarzt. Da ich seit meiner Jugend schon recht desolate Zähne besitze, habe ich sie recht hoch versichert, weil ich mir schon dachte, dass es eines Tages zu aufwendigen Restaurierungen kommen könnte. Meine liebe Zahnärztin leistete eine gute Arbeit und es war die Kosten wert. Aber ich musste selbst noch eine Stange Geld dazutun.

Laut TV-Werbung gibt es diese Zusatzversicherungen anscheinend für einen überschaubaren Betrag.

Da die Klinik ihre Betten voll haben will, nachvollziehbar, wurden also auch Betten der privaten Station mit gesetzlich Versicherten belegt.

(Jetzt, wo ich diese Zeilen schreibe, kommen mir diese beiden Worte schlimmer vor, als wenn man sie ausspricht. Aber ich nutze sie nun weiter, denn es ist eben mal so, wie es ist.)

Wo war ich überhaupt stehen geblieben? Ich wollte ja eigentlich ein Erlebnis darüber erzählen.

Wir hatten auf der Station eine Küchenfee. (Die nenne ich so, weil mir alle anderen Begriffe nicht so gut gefallen.) Sie brachte uns das Frühstück oder das Abendessen. Ebenfalls morgens die Tageszeitung. Sehr häufig mit dem Kommentar: „Eine Zeitung für die Privaten."

Fand ich schon recht merkwürdig, solche sich wiederholenden Äußerungen. Sollte sie ein Problem damit haben?, fragte ich mich. Das würde ich schon herausfinden, meine Neugierde war geweckt.

Jürgen, der ebenfalls privat lag, bekam also auch eine. Dennis, der gesetzlich lag, bekam keine Zeitung.

Nun war es auf der Station so gestaltet, dass man sich sein Essen aufs Zimmer bringen lassen konnte, es sich im Buffetraum holen oder dort essen konnte. Je nach eigener Lust und Kraft, die man an diesem Tag hatte. Vom System her fand ich das gut. Außer wenn sich Brotgeruch mit dem Gestank von Desinfektionsmittel zu sehr mischte. Das war fies. Und wenn Charlotte zu Besuch ist, hat man einen sehr empfindlichen Geruchssinn.

In den ersten Tagen bin ich auch sehr häufig mit Jürgen dort essen gewesen. Ich muss schon sagen – es war gut, bis auf das Brot und die Brötchen, die wirkten mir zu alt. Ich entschied mich meist für Mehrkornbrot, das ging gerade noch so. Der Obstsalat war klasse. Dieser stand nur den Privaten zu. Oder der Gnädigkeit der Küchenfee.

Eines Morgen bekam ich einen lautstarken Aufschrei der Küchenfee mit, wie sie einen Patienten anpflaumte, weil er sich ein hart gekochtes Ei nahm.

„Die stehen nur den Privatpatienten zu, genauso wie die Croissants."

Da ich mit dem Rücken zu dem Geschehen saß, bekam ich leider nicht ganz mit, wen sie auf dem Kieker hatte, denn es stand eine Handvoll Patienten um das Buffet herum. Ich weiß nicht, ob er es wieder abgeben musste oder nicht. Es wäre ihr zuzutrauen gewesen.

Der Arme, der wollte doch nur ein Ei und nicht in Kassen oder Klassen unterschieden werden. Ich war nun darauf vorbereitet, was geschehen könnte, und meine Neugierde wurde weiter angestachelt.

Eines Morgens, es war die Dennis-Woche, ging ich in den Frühstücksraum, saß und aß allein und knabberte gerade meine Cornflakes. Die schmeckten mir in der Zeit noch halbwegs.

Ein älterer Mann schlich sich um die Ecke. Ich kannte ihn von der Station nicht und sah, wie er sich ein Croissant nahm. Weil jeden Tag neue Patienten eintrafen, habe ich ihn nicht weiter beachtet und grüßte nur nett und freundlich. Als ob sie es geahnt hat. Schon kam auch die Küchenfee um die Ecke, starrte ihn an und begann herumzuzicken.

„Herr Meier Müller Schmidt! Das dürfen Sie nicht. Die Croissants sind ausschließlich für die privaten Patienten. Außerdem liegen Sie auf einer anderen Station, nicht auf der Privaten. Sie haben dort ihren eigenen Buffetraum. Ich kann nichts dafür, dass es keine Croissants auf Ihrer Station gibt und die nur den Privaten zustehen. Sie dürfen nicht hierherkommen. Das habe ich Ihnen schon etliche Male gesagt. Sie können nicht einfach hier rüberkommen und sich ein Croissant holen. Das geht nicht, Herr Meier Müller Schmidt. Hier ist die Privatstation und Sie liegen auf der gesetzlichen Station. Wenn ich erwischt werde, wie Sie sich hier die Croissants holen, bekomme ich Ärger. Ich muss mich auch vor meinem Arbeitgeber rechtfertigen. Ich kann nichts dafür, dass die Privaten alles in den A... gesteckt bekommen und Sie nicht." Frustriert haute sie ihm das vor den Kopf.

Ob sie das A-Wort benutzte, weiß ich wirklich nicht mehr, aber es waren schon derbe Worte in ihrem Monolog. Ihre Aussage schoss schon heftig gegen Privatversicherte.

Was war geschehen? Der Herr Meier Müller Schmidt lag einmal bei einem seiner Charlottenbesuche auf der privaten Station, genoss dort das Buffet und lag bei seiner nächsten Chemo auf der gesetzlichen Seite. Raffiniert, wie er anscheinend war, schlich er sich rüber und stibitzte sich dort ein Croissant. Wie ich später erfuhr, machte er es jeden Tag.

Herr Meier Müller Schmidt wehrte sich nur ein wenig, äußerte nur knapp, dass er es nicht fair fände und zog dann mit seinem Croissant, welches er ja schon in seiner Hand hielt, wieder ab. Aus hygienischen Gründen durfte es ja nicht wieder zurück auf das Buffet. Es wäre also in der Mülltonne gelandet. Also ließ sie ihn nach ihrer Maßregelung gehen, mit der Order, sich hier nicht mehr blicken zu lassen.

Ich fand das sehr witzig und musste innerlich lachen.

Das war nun ein gefundenes Fressen für mich. Ja, ich gebe zu, es war fies. Ich konnte es aber nicht sein lassen. Schließlich saß und aß ich dort allein und mein Zimmernachbar war nicht der „Plaudrigste". Also legte ich es ein wenig auf einen verbalen Schlagabtausch an und – ja, ich provozierte sie ein wenig. Provokatorius war geweckt.

Zuerst fragte ich sie, was denn geschehen sei und sie erzählte mir, was ich oben schon erwähnte.

Doch dann haute ich raus: „Ihre Bemerkung über die Privatpatienten finde ich nicht gut und es fühlt sich für mich irgendwie doof an, wie Sie das gerade sagten. Verstehen Sie mich nicht falsch, ich kann nichts für dieses System, ich befinde mich in diesem. Sie brauchen das nicht vor einem Privatpatienten so durch den Dreck ziehen."

Meine Worte mit der richtigen, leicht jammernden Betonung und sie war da, wo ich sie haben wollte. Sie reagierte unbeschreiblich. Jeder Gesichtszug war ihr entglitten. Folglich wurde ich nun zugetextet. Sie wand sich in Ausflüchten und verstrickte sich sogleich in Widersprüche. Sie versuchte sich zu erklären, doch es gelang ihr nicht so recht. Es war schon herauszuhören, dass sie dieses System nicht gerecht findet. Und sie darf ja auch so denken. Tu ich ja eigentlich auch. Es ist nun mal, wie es ist, und in einem Frühstücksraum ändert keiner etwas daran.

„Und wenn Sie es schon so sehen, müssen Sie ja einen Privatpatienten nicht gleich so vor den Kopf stoßen. Irgendwie empfinde ich das gerade als diskriminierend und das fühlt sich nicht gut an. Sie können ja Ihre Meinung dazu haben, aber man sollte schon in den richtigen Momenten seinen Mund halten", setzte ich oben drauf.

Meine Provokation war gelungen. Einer Frau zu sagen, dass man sich nach einer Bemerkung von ihr schlecht fühlt, geht ja gar nicht. Da anscheinend wenig Männer in ihrem Umfeld über Gefühle reden, hatte ich so richtig schön den Nagel auf den Kopf getroffen und die Entschuldigungs- und Erklärungsachterbahn ging weiter.

Ich hatte sie richtig schön eingenordet. Allerdings dachte sie nach diesem Gespräch, sie hätte mein Vertrauen gefunden.

Sie war überaus freundlich zu mir, sodass ich nun um ein alltägliches Zutexten nicht herumkam. Was einerseits ab und zu ganz witzig war, andererseits an den Tagen, wo es mir schlechter ging, mich schon sehr nervte.

Und die Moral von der Geschicht:
Empathie will auch gelernt sein – auf sie bezogen.
Wer Wind sät, wird Sturm ernten – auf mich bezogen.

Letztendlich ist das ja eine Geschichte gegen die Klinik, in der ich lag und deren Philosophie, welches Essen sie für ihre Patienten bereitstellt und welche Gelder sie dafür ausgibt. Die arme Frau hat ja eigentlich nur ihre Arbeit getan. Sie kann ja nichts dafür.
Aber ich finde schon, dass man den Patienten – auf das Essen bezogen – nicht unbedingt spüren lassen sollte, dass es da Unterschiede gibt. Denn eigentlich ist diese Verhaltensweise wirklich Quatsch. Und ehrlich gesagt, sollte das Essen wirklich besser beziehungsweise umfangreicher sein, gerade bei Chemopatienten, denen Charlotte den Geschmackssinn genommen hat.
Wie das umzusetzen ist, steht auf einem anderen Blatt.

Ähnlich verhält es sich mit dem Pflegepersonal. Wie ich schon erwähnte, herrschte auf meiner Station, auch durch den Ausfall von Udo, ein Pflegenotstand.
Auf Nachfragen bei verschiedenen Personen stellte sich schon heraus, dass alle über fehlendes Personal und Stress durch die Wechselschichten klagten. Wir Patienten spürten davon nicht viel und wurden gut versorgt.
Also ist Folgendes kein Klagen, eher eine Feststellung, wie unterschiedlich die MTA's handeln und pflegen, wie unter-

schiedlich ihr Wissensstand sowie der Umgang mit Patienten war. Und so unterschiedlich die Menschen waren, genauso unterschiedlich waren ihre Handlungsweisen.

Aber eines hatten alle gemeinsam.

Die Überschrift des nächsten Kapitels heißt einfach nur: Gleich.

27
Die Dehnung der Zeit – gleich

Vor einigen Jahren durfte ich bei einer Dame meines Alters ein Haus renovieren. Ich nenne sie mal „Frau BM". Ihr Mann, recht wohlhabend, ließ sie gewähren und mischte sich nicht in die Gestaltung des neuen Hauses ein. Also hatte ich nur eine Ansprechpartnerin. Es ist angenehmer, nur eine Person zu haben, die bestimmt und entscheidet. Denn es geschieht durchaus, dass die Frau etwas will und der Mann quer treibt, vor allem, wenn es um die Kosten geht und die Frau sich „mal wieder" das Teuerste ausgesucht hatte.

Das kann schon eine kniffelige Herausforderung sein. Die Beratung mit ihr erwies sich als recht schwierig. Zwei Stunden Tapetenbücher wälzen und die Bücher immer und immer wieder an verschiedene Wände haltend, um unterschiedliche Lichteinfälle zu erzielen.

Es ist durchaus nachvollziehbar, dass es für den Laien nicht einfach ist, sich einen ganzen Raum vorzustellen nur anhand eines kleinen Musters. Um das ansatzweise zu verdeutlichen bin ich ja da. Bis zu diesem Tag gelang es mir auch immer gut.

Jedoch konnte sich die gute Frau so gut wie gar nichts vorstellen und wollte Tapeten miteinander kombinieren, die überhaupt nicht zusammenpassten. Eine silber senkrecht gestreifte Tapete passt ganz schwierig mit einer rosa Blümchentapete auf eine Wand, geschweige denn in einen Raum.

„Die Tapeten sind doch beide schön", klingt es mir nach wie vor in meinen Ohren. In meiner Aufgebrachtheit schnitt ich dann die Tapetenmusterseiten aus dem Buch heraus und klebte sie mit Malerkrepp auf die entsprechende Wand. Letztendlich mit gewünschtem Erfolg. Es gelang ihr, sich zu entscheiden. Als wir mitten in der Ausführung waren, fiel der guten Frau ein, dass sie sich einen Farbton für die Küche aussuchen wollte, statt eines langweiligen Weiß. Mir graute es schon davor, und ich hatte mich mit einer gehörigen Portion Geduld gewappnet.

Nur am Rande bemerkt, damals hatte ich noch keine Krankenhausuhr.

Allerdings hatte Frau BM an dem Morgen nur stückweise Zeit, verließ das Haus mit den Worten: „Ich bin gleich wieder da!" In meiner gesunden Naivität, und auch, ich gebe es zu, ein wenig aus mangelnder Kenntnis über die Denk- und Gefühlsweise einer Frau, ging ich davon aus, dass sie wirklich „gleich" wieder da ist. So mal eben zum Bäcker um die Ecke oder zur Post vier Straßen weiter und zurück.

Was bedeutete denn „gleich"?

Ich hatte bis dato folgende Zeitbestimmung verinnerlicht: Fünfzehn bis zwanzig Minuten ist ein „Gleich". Ich finde, das passt. Ein „Sofort" bedeutet für mich so zwei bis drei Minuten und ein „Später" so ein bis zwei Stunden.

Leider sind diese Worte wirklich nicht klar definiert, und wie ich an diesem Tag lernen sollte, hat da jeder so seine eigenen Ansichten. Die gute Frau BM war nach drei Stunden wieder da und sie bekam durchaus meinen Missmut freundlich, aber mit einer gehörigen Portion Ironie zu spüren. Denn durch ihr für meine Begriffe zeitlich viel zu lang gezogenes „Gleich" hatte sie meine gesamte Tagesplanung zunichtegemacht, was mich verständlicherweise verärgerte.

„Ich sagte doch gleich", antwortete sie und wollte mich nicht verstehen.

„Gleich sind aber keine drei Stunden", entgegnete ich. Doch die Diskussion verlor ich gnadenlos, ich gebe es zu.

Wie ich in der Klinik erneut feststellen musste, ist „gleich" ebenfalls ein sehr dehnbarer Begriff.

Ich bekam zweimal täglich Kochsalzlösung über den Tropf, der so circa zwei bis drei Stunden durchlief, je nachdem, wie schnell der Tropf eingestellt war. Und wenn der durch war, wollte ich so schnell wie möglich abgeschlaucht werden. Allen anderen erging es genauso. Man hat ja nichts Besseres zu tun, als die Schwestern zu ärgern, einen abzustöpseln. Es ging wirklich „nur" um das Abhängen des aktuellen Tropfes, wenn der leer war. Ein Prozess von zwei bis maximal vier Minuten zuzüglich Gehzeit zum Zimmer.

Ohne dieses Teil auf die Toilette rollen zu können oder gar zum Frühstück oder Abendessen, deshalb wurde die Befreiung von dem immer mitzuführenden Ständer zur großen Wichtigkeit. Ohne die Kette mit der Metallkugel am Fußgelenk, die einem eine Flucht schier unmöglich machte. In der Tropfzeit war das Umziehen, geschweige denn Duschen undenkbar.

Also drückte ich die Schelle, hörte eine meist freundliche Stimme, die nur sagte: „Ich sag Bescheid." Ab da hieß es warten. Nach zwanzig Minuten lief ich mit meinem Ständer zur Tür, öffnete sie und schaute auf den Gang, erblickte eine MTA, sprach sie oder ihn freundlich an, dass der Tropf durch sei, und hörte nur ein „Ich komme gleich". Da hatte ich es wieder. Auch in diesem Fall wurde ein Gleich einmal auf zwei Stunden gezogen. Nicht schlimm, aber auch nicht schön. Vor allem, wenn man das straff organisierte Zeitfenster des Tages zum Duschen nutzen wollte oder Besuch bekam und mit diesem in der Cafeteria einen Milchkaffee trinken wollte.

Ach ja – die Steigerung von „Gleich" ist übrigens „Gleich sofort", hintereinander, in einem Atemzug, in einem Satz, so wie ich es gerade geschrieben habe.

Für mich das ultimative Zeitangabe-Highlight. Was bedeutet das? Wie ich schon sagte: „Gleich" zwanzig Minuten, „sofort" zwei Minuten. DAS PASST NICHT ZUSAMMEN!

Das ist wie ein weißer Schimmel, oder? Ich habe es gerade gegoogelt. (Mach ich da gerade Werbung für Google? Egal.) „Gleich sofort" könnte ein Pleonasmus sein. Ist irgendwie ein schickes Wort. Bis ich erst einmal herausgefunden habe, wie ich es auszusprechen habe.

Denn selbst beim weißen Schimmel streiten sich laut Wikipedia die Gelehrten. Mir egal. Aber schön ist auch: „Rabenschwarz", wo der Rabe eigentlich immer schwarz ist. Gibt es Albino-Raben? Und selbst da kann man einen draufsetzen: „Pechrabenschwarz." Auch schön – so wie die „runde Kugel", die ja bekanntlich immer rund ist. Hinter diesem Eintrag stand dann doch tatsächlich bei der Aufzählung der Beispiele die „weibliche Bundeskanzlerin". Ob das irgendwie zusammenhängt? Meine mit der Kugel. Wobei, ist sie wirklich weiblich? Ja, ich weiß, ich schweife ab.

Aufgrund dieser für mich sehr verwirrenden Zeitangabe bat ich den Zeitangeber, sie oder er möchte doch dies in Minuten ausdrücken. Ich erntete entweder ein erstauntes Gesicht oder ein Schulterzucken. Damit gab ich mich nicht zufrieden. In solchen unerfreulichen Situationen mutierte ich gerne zum charmanten Provokatorius.

„Erklären Sie mir doch bitte, wie viel Minuten Ihr ‚Gleich' lang ist", bat ich freundlich, aber mit ernstem Gesicht.

Wie der aufmerksame Leser sich denken kann, waren die Antworten mannigfaltig wie die Personen selbst, die ich gefragt habe.

Ich hätte mir auf mein gelb-schwarz gestreiftes Willi-Nachthemd auf der Brust fett eine Zeittabelle, wie ich sie oben schon erwähnte, drucken sollen, mit der Bitte, diese einzuhalten, wenn man eines der Worte benutzt. Und das bei der deutschen Pünktlichkeit. „Die Bahn kommt gleich"

will von den Menschen, die diese Worte benutzen, auch keiner hören, geschweige denn an der Anzeigetafel am Bahn-
steig lesen.

Apropos Pünktlichkeit – ich schrieb vorhin von dem Zeitfenster des Krankenhausalltages ...

28
Krankenhausalltag

Denn so ein Krankenhaustag kann manchmal sehr stressig sein. Meinetwegen mindere ich stressig in lebendig und herausfordernd.

Man beachte bitte die unterschwellige Ironie, wobei da auch ein Fünkchen, vielleicht sogar ein Flämmchen Wahrheit dran ist.

Um fünf Uhr morgens ging es an den ersten Tropf, Antibiotikum. Der war dann so nach einer halben Stunde durch. Bin zwar häufig wieder eingeschlafen, hörte jedoch durchaus ein „Gleich", wenn ich wieder abgestöpselt werden wollte. Je nach Verordnung und Verhaltensweise des Pflegepersonals kam im direkten Anschluss die Kochsalzlösung. Das hieß zwei bis drei Stunden Tropf, je nachdem, wie schnell er eingestellt wurde und ob der überhaupt laufen wollte.

Um sieben Uhr kam dann der fröhliche Weckdienst mit der Tageszeitung und der schon erwähnten unüberlegten Bemerkung und der Frage, wo Jürgen und ich frühstücken wollten. Wenn wir fit waren und in den Buffetraum gehen konnten, verabschiedete sich die Küchenfee nur freundlich. Ansonsten nahm sie die Frühstücksbestellung auf.

Da ich zu dieser Zeit schon hellwach war und manchmal Hunger hatte, und wenn Jürgen sein Trödeln draufhatte, war ich schon um 7.25 Uhr allein am Buffet und sicherte mir meinen Lieblingsplatz zur Verwunderung aller, weil ich der Erste war. In meinem klassischen Alltag stehe ich jeden morgen um halb sieben Uhr auf, und irgendwie scheint sich mein Körper darauf eingestellt zu haben, um diese Uhrzeit wach zu werden, und meist knurrt mein Magen.

Auf neun der Stühle konnte ich nicht sitzen, weil es dort zog. Da ja mein Immunsystem auf null runtergefahren wurde, wollte ich mir so keine Erkältung holen. An dem verbliebenen Tisch ging es dann auch nur auf einem Platz. An den anderen hätte ich mit dem Rücken zum Raum gesessen. Geht gar nicht. Und an diesem Fensterplatz konnte ich das Geschehen gut beobachten. An schlechten Tagen holte ich mir allerdings mein Essen aufs Zimmer und wollte mit der Welt nichts mehr zu tun haben.

Auf dem Rückweg eben auf die Waage stellen. Jeden Tag. Und das Gewicht merken. Bis zum Zimmer hatte ich es ab und zu schon wieder vergessen. Da ich ja mit meinem Gewicht nie schummele, musste ich notgedrungen zurücklaufen und mich noch einmal wiegen. Erschreckende Zahlen leuchteten mir da Rot auf schwarzem Grund entgegen. Ich hatte trotz der Chemo zugenommen. Ich ging, ehrlich gesagt, und hoffte es auch, ein bisschen davon aus, dass ich etwas abnehmen würde. Weit gefehlt.

„Ich stellte mich auf eine Waage und erkannte,
wer ein Herz aus Gold hat,
Nerven aus Drahtseil
und einen Charakter aus Stahl,
derjenige kann überhaupt nicht wenig wiegen." (13)

Ja, ich weiß, darüber macht man keine Witze. Es gibt wirklich Patienten, die während Charlottes Besuch drastisch abgenommen haben. Jürgen nahm während seiner gesamten Chemozeit mehr als dreißig Kilogramm ab, war nicht so schön. Hatte jedoch vorher wirklich ein paar Pfunde zu viel. Wenn schon so eine Quälerei, dann bitte mit Bauchweggarantie. Man wird doch mal träumen dürfen, irgendwie von seinem Bäuchlein loszukommen. Eine MTA klärte mich auf, dass sich das Wasser der Kochsalzlösung im Körper einlagert. In der ganzen Krankenhauszeit habe ich drei Kilogramm zugenommen, obwohl ich nur wenig aß. Selbst meine heiß geliebte Schokolade verschmähte ich. Die Kilos hatte ich ganz schnell wieder runter. Das Bäuchlein war nach wie vor da. Es war wirklich nur das Wasser. Anderen ging es nicht so gut wie mir.

Dann ging es wieder ins Bett. In den körperlichen Tiefphasen kann so ein Gang zum Frühstück und zum Wiegen ganz schön anstrengend sein.

Um halb neun Uhr kam die nette Polin und brachte uns Wasserflaschen und tauschte die Trinkgläser aus.

Um Viertel vor neun kam eine freundliche und sehr verständnisvolle MTA und nahm Blut ab. Das mit dem Blutabnehmen ist auch so ein Kapitel für sich.

Zwischen acht und neun Uhr kamen dann die MTA's, maßen Blutdruck, Fieber und fragten nach der täglichen Verdauung.

Um halb zehn Uhr kam das Reinigungspersonal.

Zwischen zehn und elf Uhr erfolgte meist die Visite. Nur selten, dass die Ärzte erst am Mittag kamen. Schließlich wartete man auf sie. Jeder wollte ja wissen, wie es aussieht. Denn es war ein tägliches Warten auf die Blutergebnisse des Vortages. Dann stand plötzlich ein Pulk weiß gekleideter Ärzte, Oberärzte und Arztanwärter um mein Bett herum und erklärten den aktuellen Stand.

Dann war erst einmal Ruhe und eigentlich die Möglichkeit, bis zum Mittagessen die Augen zuzumachen. Nein, weit gefehlt. Erst öffnete sich die Tür und die Küchenfee schaute nach, ob noch Tabletts im Zimmer waren. Eine Sekretärin, die irgendeine Unterschrift brauchte oder der freiwillige soziale Dienst, bei dem man sich hätte ausheulen können. Und dann kam irgendwer, der irgendwas wollte. Fehlte nur noch ein Zeuge Jehovas oder jemand, der einem ein Zeitschriftenabo verkaufen wollte. Morgens war es immer wie im Taubenschlag. Ein stetiges Kommen und Gehen. Aber besser so, als wenn keiner käme.

Um dreizehn Uhr gab es das Mittagessen aufs Zimmer. Und ich muss schon sagen, das Essen in der Klink war gut. Selbst in der Phase, wo ich keinen Geschmack hatte, gab es immer irgendetwas, was ich irgendwie runter bekam. Um vierzehn Uhr wurde das Tablett wieder abgeräumt.

Der Nachmittag verlief etwas ruhiger. Das war die Zeit, in der man getrost duschen konnte und nicht befürchten musste, dass irgendwer etwas wollte und wo man nicht an der Eisenkette mit der Metallkugel hing.

Und wehe man hat dieses Zeitfenster verpasst. Ehe man sich versah, ging es bereits an den nächsten Tropf.

In der tropffreien Zeit war es möglich, in der Cafeteria einen leckeren Milchkaffee zu trinken, je nachdem, wie es die eigenen Kräfte zuließen. Nur nicht zu lange, sonst wurde man schon gesucht. „Der kleine Georg möchte bitte aus dem Bälleparadies augenblicklich in sein Krankenhauszimmer kommen und nicht mehr am Zuckerwattestand vorbeigehen, denn der nächste Tropf winkt schon", tönte es über die Lautsprecheranlage – Scherz.

Abendessen gab es zwischen sechs und halb acht Uhr. Mit der Auflage, pünktlich bis halb acht Uhr fertig sein zu müssen, denn die Küchenfee wollte rechtzeitig Feierabend machen. Na ja, auch verständlich. Doppeldienste, sprich morgens vier Stunden und abends vier Stunden, sind schon doof.

Zwanzig Uhr Tablettenkontrolle, Blutdruck- und Fiebermessen und der Tag war dann von offizieller Seite her nahezu gelaufen.

29
Kuriose Begegnungen

Ja, ich gebe zu, manchmal kann ich ein klein bisschen fies sein. So ein kleines Teufelchen hat ja jeder von uns in sich. Zuweilen habe ich unwillkürlich das Gefühl, ich müsse der Lehrmeister meines Umfeldes sein, vor allem bei den jungen Dingern, egal ob weiblich oder männlich. Jedoch auf eine nette Art. Einige der Unerfahrenen wurden von mir freundlich, aber auch mit einer gehörigen Portion Ironie in ihre Schranken verwiesen. Nein, das stimmt so nicht. Ich formuliere es um: Freundlich darauf hingewiesen, was sie falsch gemacht haben, wenn sie was falsch gemacht hatten.

Nach der zweiten Woche legte man mir einen Zugang auf der Handoberfläche. Da mich dieses Gefummele an der Hand nervte und es auch unangenehm war, schraubte mein Arzt eine Verlängerung in Form eines durchsichtigen Schläuchleins an den Butterfly.

Ein Butterfly, englisch Schmetterling, ist eine Infusionsnadel, die in die Ader gestochen wird. Sie hat zwei Flügelchen rechts und links an der Nadel, damit man sie besser anfassen kann. Mit ein bisschen Fantasie sieht es aus wie ein Schmetterling. Sozusagen ein stechender Schmetterling.

Diese gibt es mit unterschiedlich dicken Nadeln. Klar wollte ich immer die Dünnsten haben, weil die am wenigsten wehtun. Ich merkte mir ganz schnell die unterschiedlichen Farben. Und wehe jemand nahm einen zu dicken Butterfly. Es kam zu einer Diskussion.

„Dann läuft es schneller", hörte ich.

„Soll es langsam laufen", antwortete ich.

Eines Mittags wollte eine blutjunge Ärztin an meinen Zugang und versuchte über den Handzugang Blut abzunehmen. Was nicht ging. Das hatte ich schon gelernt. Über den Port ja, über einen Handzugang – nein.

Ich versuchte, ihr das zu erklären, doch sie gab nicht auf. Irgendwie glaubte sie mir nicht, also ließ ich sie gewähren. Es klappte natürlich nicht. Nur das klare Schläuchlein füllte sich sichtbar mit Blut.

„Ich habe keine Kochsalzlösung mehr, um es zu spülen", stellte sie fest.

(Nach jedem Tropfinhalt muss das Schlauchsystem mit Kochsalzlösung gespült, sprich gereinigt werden, damit keine Rückstände im Schlauch verbleiben.)

Wie gesagt, da war nun sichtbar Blut drin.

„Und?", fragte ich und musste innerlich schon schmunzeln.

„Ja, das muss gespült werden, bevor das Blut verklumpt", nuschelte sie klar und deutlich – allerdings in sich hinein.

„Dann laufen Sie doch rasch in den Vorbereitungsraum und holen welches", forderte ich sie freundlich auf. Sie zögerte. Doch schon hörte ich nach einer längeren Denkpause ihre harten Absätze den Gang entlanglaufen, kurze Stille, und es klackerte wieder zurück. Sie tauchte, richtigerweise, mit einer Spritze gefüllt mit Kochsalzlösung auf und spritzte es in den Schlauch hinein. Das Blut war verschwunden.

Ich konnte mir Folgendes wirklich nicht verkneifen: „Das nächste Mal, wenn Sie etwas vergessen haben, verraten Sie es den Patienten nicht. Und Sie sollten schon gar nicht laut sagen, dass sich das Blut verklumpen könnte."

Sie sah mich entsetzt an.

„Wenn der Patient, also auch ich, schon hört, dass da etwas verklumpen kann, dann stellt er sich einen riesigen Klumpen vor, der in seine Adern eintritt und alles verstopft, oder gar zum Herzen geht. Also, das nächste Mal nur denken, zügig handeln und nicht aussprechen."

Sie reagierte freundlich und war dankbar für meine Worte.
Über die Auswirkung ihrer Worte hätte sie nicht nachgedacht.
Wieder was dazugelernt.

In dem Monat Klinikaufenthalt stellte ich immer wieder fest, wie schwierig es manchmal sein kann, Frauen zu kritisieren. Sie sprechen eine andere Sprache, verglichen zur Sprache, die auf dem Bau herrscht. Doch diese junge Ärztin konnte mit meiner Kritik richtig umgehen.

Im Gegensatz zu einer anderen blutjungen Pflegerin. Ich nenne sie mal Natascha. Natascha hatte zwar schon ausgelernt, aber was den Umgang mit den Patienten betraf, war sie noch grün hinter den Ohren. Sie sah gut aus, schlank, dunkelhaarig und legte viel Wert auf ihr Äußeres, denn sie war sehr gut und dezent geschminkt. Mit Natascha hatte ich eine sehr ungewöhnliche Begegnung.

Erklärung vorab: Die Flüssigkeiten, die in den Körper eingeträufelt werden, haben meist Raumtemperatur. Beim Tropf merkt man es nicht, weil es ja recht langsam tröpfelt. Werden die Zugänge, Port oder Handzugang, mit der Kochsalzlösung gespült und die MTA jagt die Flüssigkeit zu schnell hinein, ist es durchaus spürbar und kalt. Sind ja auch so circa sechzehn Grad Celsius Temperaturunterschied. Hinzu kam im folgenden Fall, dass das viel zu schnelle Einspritzen der Flüssigkeit über meine Hand dazu führte, dass ich das schnelle Dehnen der Ader spürte und es durchaus unangenehm war.

Natascha befreite mich eines Morgens vom Tropf und jagte mir die finale Spülung mit sehr viel Druck in die Hand.
Ich schrie auf.

„Nein! Das können Sie nicht gespürt haben", behauptete sie. „Doch! Meinen Sie, ich spiele Ihnen etwas vor?", fragte ich und sah sie wütend an. Irgendwie hatte ich das Gefühl, dass sie mich nicht ernst nahm. Sagte ja – grün hinter den Ohren. Am späten Nachmittag geschah dasselbe noch einmal und ich erntete nur den Kommentar: „Sie sind der erste Patient, der sagt, dass er es spürt."

„Vielleicht haben die anderen sich nicht getraut, etwas zu sagen. Schon mal darüber nachgedacht? Es ist irgendwann immer das erste Mal. Und Sie haben jetzt beim zweiten Mal erneut keine Rücksicht darauf genommen. Würden Sie langsam spritzen, würde das nicht geschehen. Wir können ja gerne mal die Plätze tauschen", schlug ich ihr vor, was aber mit Ignoranz abgetan wurde. Irgendwie wollte sich Natascha nicht zu meiner Favoritin entwickeln.

Einen Tag später bat ich sie, mir den Blutdruck zu messen, weil es der Frühdienst vergessen hatte. Es wirkte nicht so, als ob Stress auf der Station wäre.

„Das Blutdruckmessgerät ist am anderen Ende des Ganges", antwortete sie.

„Und? Wo ist das Problem?", fragte ich.

„Dann müsste ich es ja holen gehen."

Ich war wie vor den Kopf geschlagen und habe bis heute nicht herausgefunden, ob sie mich verarschen wollte oder nicht.

„Wir machen das gleich, wenn wir unsere Runde machen", versprach sie.

Da war es wieder. Das mir verhasste „Gleich".

„Wenn Sie jetzt erst die Runde machen, sind Sie nicht vor einer Stunde zurück. Dann haben Sie aber ein verdammt langes ‚Gleich'. Dann würde ich es eher später nennen", gab ich zur Antwort und kroch wieder zurück in mein Bett.

In den letzten zehn Tagen meines Aufenthaltes war es notwendig geworden, mehrere Male am Tag meine Temperatur zu messen. Also bat ich Natascha, als sie nach Jürgen schaute, dies zu tun.

„Das Thermometer ist am anderen Ende des Ganges."

Das hatte ich schon einmal gehört und wir sprechen hier über maximal dreißig Meter. Dreißig hin und dreißig zurück. Macht sechzig. Besser organisiert macht null Meter. Nach dieser Bemerkung hatte ich sie dann so richtig auf dem Kieker. Tatsächlich gab sie am folgenden Tag noch einen oben drauf. Erneut bat ich sie, mir die Temperatur zu messen.

„Es sind keine Tüllen mehr da, die müssen nachgefüllt werden." Das sind diese Einweg-Plastiküberzüge, die auf das Thermometer gesteckt werden, um im Ohr zu messen.

„Und?", fragte ich und wusste schon, worauf es hinauslaufen würde.

Sie schaute mich fragend an. „Ja, wie gesagt, die müssen nachgefüllt werden", wiederholte sie sich tatsächlich.

„Was hindert Sie daran, die jetzt nachzufüllen? Das kann kein riesiger Arbeitsaufwand sein. Soll ich Ihnen vielleicht dabei helfen?" Ich war sauer. Solche pubertären Ausreden mag ich so gar nicht hören und habe auch genug davon gehört. Doch wie damit umgehen? Sich bei ihren Vorgesetzten zu beschweren ist nicht mein Ding. Würde sicher nicht viel bringen, außer mir vielleicht ihren Zorn zuzuziehen. Also musste ich es mit ihr selbst klären. Angriff ist die beste Verteidigung.

Am darauf folgenden Tag haute sie tatsächlich wieder irgendeinen dummen Spruch raus. Das war die Gelegenheit.

„Wissen Sie, warum wir beide uns nicht verstehen?", fragte ich sie.

Natascha sah mich fragend an. „Unsere Denkweisen sind grundverschieden! Ich stehe am anderen Ufer. Ich bin Arbeitgeber und zahle Löhne. Wenn einer meiner Angestellten zu faul wäre, einen Gang hinab und hinauf zu laufen, um ein Thermometer zu holen, hätte ich ihn längst entlassen", sagte ich freundlich, ruhig und bestimmend.

Das hatte irgendwie gesessen. Ich weiß nicht, was der ausschlaggebende Punkt war, jedenfalls bekam ich die Lösung langsam reingespritzt sowie Fieber und Blutdruck ohne Widerworte gemessen. Geht doch.

30
Mein Tiefpunkt

Zweieinhalb Wochen waren vergangen. Es war ein Mittwoch. Die Therapie hatte ich gut überstanden und fühlte mich recht gut, wenn ich das so unter den ganzen Umständen sagen kann. Zwar schlapp und ausgelaugt, aber Kopf und Körper waren in einem zufriedenstellenden Zustand. In der Visite erfuhr ich erfreuliche Nachrichten. Ich darf am Donnerstag die Klinik verlassen. Was habe ich mich gefreut. Hätte ich die Kraft gehabt, wäre ich wie ein kleiner Junge durch das Zimmer gehüpft oder hätte einen „Ich-darf-nach-Hause-Tanz" aufgeführt.

Stattdessen packte ich meine Sachen, die mein Freund am Abend schon mit nach Hause nehmen konnte, damit ich am Donnerstag selbst nicht so viel zu schleppen hatte. Mein eigenes Bett. Mein eigenes Bad. Einen vollen Kühlschrank. Dirk wird ihn auf jeden Fall gefüllt haben. Ich hatte es überstanden. Charlottes Besuch war überstanden und nun konnte und sollte sich mein Körper regenerieren.

Am Abend wurde meine Portnadel gezogen. Jubel! Ich war nadelfrei, tropffrei und ständerfrei. Morgen nur noch einmal Blutabnehmen im Arm. Diesen einen Pikser würde ich mit Sicherheit überstehen.

Doch leider weit gefehlt. In der Nacht bekam ich einen heftigen Schweißausbruch und Fieber. Zwar überlegte ich kurz, ob ich es verheimlichen sollte, denn ich wollte wirklich nach Hause. Ja, ich weiß, das macht man nicht. Zudem ja die Order lautete, sobald Fieber aufkam, sofort melden. Ich hatte auch wirklich nur gaaanz kurz darüber nachgedacht, denn ich hatte so ein heftiges Heimweh wie noch nie in meinem Leben.

Annette, eine freundliche, aber auch recht bestimmende Pflegerin, empfing mich am Morgen mit den Worten: „Herr Hollas, Sie hatten Fieber in der Nacht, dann können Sie sich abschminken, heute nach Hause zu kommen." Ich sagte ja, sie war freundlich und bestimmend.

In der Visite wurden mir unzählige Fragen über mein Befinden gestellt. Weil ich so gut wie gar keine Begleiterscheinungen hatte, sprich Husten, Schnupfen, Übelkeit –, sondern „nur" Fieber, stellte das die Ärzte erst einmal vor ein Rätsel. Am Mittag kam ein Assistenzarzt und fragte mich, ob ich eine Allergie auf Kontrastmittel habe. Ich verneinte, denn ich hatte nie eine CT mit Kontrastmittel.

„Was ist es denn?", fragte ich.

„Das können wir Ihnen im Moment nicht sagen. Das wird erst geklärt, wenn Sie morgen im CT waren", antwortete er.

Das hieß für mich in der Übersetzung: Da ist etwas, was da nicht hingehört, ich muss morgen, sprich am Freitag, ins CT und bleibe demzufolge länger. Und je nachdem wie schnell oder auch langsam die Ergebnisse da sind, mit Sicherheit über das kommende Wochenende. Meine Laune ging in den Keller. War nix mit nach Hause gehen. Meine Enttäuschung war mehr als groß.

In der Nacht bekam ich erneut einige Fieberschübe und Kälteattacken, dass ich mir sogar eine zweite Decke geben ließ.

Ja, ich muss zugeben, besser so, als wenn ich schon zu Hause gewesen wäre und erneut in die Klinik gemusst hätte. Das wäre ein Trubel, den ich in dieser Situation gar nicht gut gefunden hätte. Es ist wirklich schwierig, so zu denken und das Gute aus der Sache zu ziehen. Und wenn man enttäuscht ist, umso schwieriger. Positiv denken ist anstrengender, als sich in das schwarze Loch fallen zu lassen. Gerade unter solchen Umständen. Also am nächsten Tag durch den Donut.

Davon gibt es nichts Besonderes zu berichten, außer dass es in dem Wartebereich höllisch zog und ich Angst vor einer Erkältung hatte. Aber ich habe es aufgegeben, mich über die baulichen Fehlplanungen in den Krankenhäusern aufzuregen. Selbst das war kräftezehrend.

Die Ungewissheit klärte sich am späten Freitagmittag. Es waren noch nicht alle im Wochenende. Der Oberarzt überbrachte mir persönlich die nicht so schöne Nachricht.

Psychologisch geschickt eingefädelt begann er: „Herr Hollas, Sie haben eine Bilderbuchchemo hinter sich. So wie sie sein soll und im Lehrbuch steht. Ihre Blutwerte haben sich gut erholt und Sie waren auf einem guten Weg der Besserung."

Doch dann kam der Schlag ins Gesicht. „Leider haben Sie an zwei Stellen einen Pilz auf der Lunge. Die sind beide etwa so groß wie ein Zwei-Euro-Stück."

Jo, Info angekommen, dachte ich. „Das heißt?", fragte ich.

„Es bedeutet, dass Sie mindestens zwei Wochen länger in der Klinik bleiben müssen zur Beobachtung. Mit einem Pilz in der Lunge ist nicht zu spaßen und damit kann und werde ich Sie nicht nach Hause gehen lassen."

„Zwei Wochen?", mein Entsetzen stand mir ins Gesicht geschrieben.

„Im schlimmsten Fall auch länger. Ein Pilz auf der Lunge ist ein langwieriger Prozess", antwortete er und sah mich mitfühlend an. Er erklärte mir, dass es nicht unüblich ist. Die Sporen können mit der Luft in die Lunge gelangen, sich einnisten und ausbreiten.

Das hat man nun durch zu saubere Luft. Was lobe ich mir die sechziger Jahre, als die Luft im Ruhrgebiet noch so schön dreckig war. Die zum Trocknen aufgehängten weißen Bettlaken allerdings auch. Sporen und Pilze hatten in dieser

Zeit, bei der sauren Luft, keine Chance, in eine Lunge einzudringen, geschweige denn sich festzusetzen.

Ich kenne dieses Phänomen von Fassadenanstrichen. Zu der Zeit gab es weniger veraltete Fassaden im Vergleich zu heute. Dazu kam, dass die Fassadenfarben so richtig schöne giftige pilzhemmende Stoffe beinhalteten. Sie wurden nur dreckig, veralteten aber nicht. Man konnte sie mit Hochdruck reinigen, sodass der Schmutz der Industrieabgase ins Grundwasser gelangen konnte.

Die Zeiten sind lange vorbei. Die Luft wurde wesentlich sauberer, Sporen und Pilze gedeihen wieder und setzen sich auf Fassaden und ausgerechnet in meiner Lunge ab. Bittere Erkenntnis.

Wie war das noch mal mit diesem inhaltsschweren Trinkspruch? „Zwischen Leber und Milz passt immer noch ein Pils."

Hat irgendwie reingepasst, nur an der falschen Stelle, ist etwas höher gerutscht und hat sich gegen meinen Willen sogar eingenistet wie ein Schmarotzer. Der Verfasser dieses aussagekräftigen Satzes hatte sich anscheinend nie darüber Gedanken gemacht, was man dann mit dem Pils zwischen Leber und Milz anzufangen hat – passt dazwischen – und was geschieht dann?

Ja, ich gebe zu, wenn man krank ist, kommen diese hoch anspruchsvollen alkoholisierten Sprüche nicht unbedingt so gut an. Da ich schon einmal bei schlechten Wortspielen bin, weiche ich ganz kurz von meinem Kurs ab. Dann habe ich diese auch schon abgearbeitet.

Da war doch was mit Alkohol, Schnaps und dergleichen, intravenös in die Vene hinein, damit man schneller den Zustand des Berauschtseins erreicht.

Seit Charlotte um die Ecke geschaut hat, kommt dieser Spruch – oder auch was ansatzweise irgendwie in diese

Richtung geht oder direkt in die Vene eingeleitet werden könnte – so gar nicht mehr gut. Da wurde genug Gift reingeträufelt. Das reicht für eine ganze Weile. Und wenn man diesen oder ähnliche Sätze hört, kann es durchaus passieren, dass man nur kopfschüttelnd mit der Nase rümpft. Die Verabreichung würde aufgrund des Ports in der Tat wesentlich einfacher gehen und der Rauschzustand wesentlich schneller erreicht werden. Muss aber so gar nicht sein, denn da ging nun etwas anderes hinein. Pilzvernichtungsmittel gegen meine Lunge Funghi. Ab sofort wurde die Pizza Funghi aus einem vollständig anderen Blickwinkel betrachtet. Um nun den Kreis der dummen Sätze zu schließen, Champignonzucht in der Lunge, hat man immer was zu essen dabei. Wie würde ich wissen, ob sie für ein leckeres Champignoncremesüppchen reichen? Denn man kann schlecht in die Lunge hineinsehen, ob sie erntereif sind. Das ging nur über die nächste CT in frühestens zehn bis vierzehn Tagen. Doch die galt es nun abzuwarten und zu schauen, ob das Antipilzmittel anschlug. Also blieb ich Jürgen mit meinen Fieberschüben weitere Tage erhalten.

Am Anfang dieses Buches, nach der Diagnose Krebs und vor der gesamten Therapie, versuchte ich schon einmal, meine Gefühle und Gedanken niederzuschreiben. Nun hatte ich Charlottes Besuch hinter mir und ich war gefangen in einer vollständig neuen Situation.

Ich möchte von mir behaupten, dass ich meine Gefühle relativ gut im Griff habe. Aber wie ich erneut feststellen musste, gibt es immer wieder Ausnahmen und neue Grenzsituationen.

Es gelang mir, vor dieser ganzen Krankengeschichte, mit zunehmendem Alter immer besser, sie vom Kopf her zu steuern, bevor ich allzu emotional handelte oder sagte, was ich anschließend bereute. Bildlich ausgedrückt hatte ich manchmal den Eindruck, ich stand neben mir, sah mich an und erklärte mir mein aktuelles Empfinden. Ich will damit nicht sagen, dass ich wie ein gefühlloser Vulkanier aus den Filmen und Serien Enterprise bin, die vollständig ihre Gefühle unterdrücken können und müssen, bevor sie sich gegenseitig abschlachten. Ich stellte im Laufe meines Lebens fest, dass es einfacher ist, mit Gefühlen umzugehen, wenn man sie erklären und einen Namen geben kann. Auch wenn sie schmerzhaft sind.

Ich lernte in einem Seminar, wenn sich ein Kunde über eine mangelhafte Dienstleistung beschwert, sollte er erst seinen Ärger darüber äußern können. Ruhig zuhören ist der erste Schritt, dann gemeinsam den Sachverhalt klären und anschließend eine Lösung finden, mit der beide zufrieden sind. Dies geschah zum Glück sehr selten. Doch wenn es mal sein musste, gelang es mir wirklich, den richtigen Schalter in meinem Kopf umzulegen, und ich handelte, wie ich es gelernt hatte. Es fühlte sich gut an.
Kurz gesagt, ich war mit meiner Selbstreflektion zufrieden.

All meine Erfahrungen und Erkenntnisse schützten mich nicht vor dem, was zwei Tage später mit mir geschehen sollte. So etwas hatte ich noch nie erlebt. Auch nicht nach dem Verlust von nahestehenden Menschen oder Tiefschlägen in meinem Leben. Es ist nach wie vor nicht einfach in Worte zu fassen, aber irgendwie muss es raus aus meinem Kopf:
Am nächsten Morgen wachte ich auf und hatte schon dieses merkwürdige Gefühl unter den Augen und merkte, wie sich meine Tränensäcke füllten. Ich fühlte, wie sich mein ganzer Körper anspannte und voller Traurigkeit war. Nicht diese

„neue Traurigkeit", von der ich anfangs sprach. Etwas ganz anderes hatte mich ergriffen. Ich versuchte, eine Erklärung zu finden, es gelang mir nicht. Ich war in ein Loch gefallen und starrte zum Fenster hinaus, doch ich sah nichts. Ich war leer, antriebslos und fühlte mich von der Welt verlassen. Oder hatte ich die Welt verlassen? Ich weiß es nicht. Ich wollte mich nicht bewegen und irgendwie konnte ich mich auch nicht bewegen. Alles war zu schwierig. Selbst mit meinen Lidern zu schlagen war eine Qual. Was hatte das alles für einen Sinn? Kein Ziel, keine Perspektive, keine Aufgabe. Wie wichtig bin ich noch nach diesem ganzen Prozedere? Was mache ich überhaupt noch auf dieser Welt?

Die negativen Gedanken rasten nur so durch meinen Kopf. Wenn sie überhaupt rasten. Denn zwischendurch dachte und fühlte ich nichts mehr. Nicht gut, gar nicht gut. Es war mir nicht möglich, diese emotionale Talfahrt, ach, was schreibe ich da, diesen Sturz in das schwarze Loch zu stoppen, sie zu beeinflussen oder gar zu erklären. So schlimm hatte ich mich noch nie in meinem Leben gefühlt. Schlimmer als nach der Diagnose.

Ich könnte ja sagen, es war wie: „Erdboden, tu dich auf, damit ich verschwinden kann", wie man es gerne in unangenehmen Situationen hätte. Doch das passt nicht, denn es war kein Erdboden mehr da, in den ich hätte verschwinden können. Alles war mir unter den Füßen entglitten.

Jürgen fragte mich, ob mit mir alles in Ordnung sei. Ich wich seiner Frage aus und blieb regungslos liegen. Ich starrte nur weiter aus dem Fenster hinaus auf den mit grauen Wolken verhangenen Wintertag. Ich kann nicht mehr sagen, wie lange dieser Zustand anhielt, ob eine Viertelstunde oder eine ganze. Ich weiß es nicht mehr.

Die Tür wurde plötzlich aufgerissen und Annette kam mit dem Blutdruckmessgerät herein. Sie erkundigte sich nach unserem Befinden. Jürgen antwortete für mich in seiner fußballerischen Sprache, dass es mir nicht so gut gehe und im Moment auf der Ersatzbank sitze. „Der ist nicht ganz im Spiel", hörte ich ihn durch den Nebel meiner dunklen Gedanken sagen.

Mit besorgtem Gesicht umrundete Annette mein Bett, um dann in mein tränenüberströmtes Gesicht zu blicken.

„Was ist denn mit Ihnen los?", fragte sie beherrscht und mit fester Stimme. „So kenn ich Sie ja gar nicht. Wo ist denn der fröhliche Herr Hollas, wie ich ihn kenne?"

„Der ist weg, den gibt es nicht mehr!", stammelte ich trübsinnig. „Das hat doch alles keinen Sinn mehr."

Sie setzte sich auf meine Bettkante. „Nun erzählen Sie mal, was los ist", bat sie, allerdings nun mit einer sensibleren Stimme. Es war zu ihr durchgedrungen, dass mit mir etwas nicht stimmte.

„Was soll das Ganze noch? Alles so perspektivlos. Erst der Krebs und nun einen Pilz auf der Lunge. Für drei, wenn ich Pech habe, vier Wochen. Das wird nie wieder weggehen", schluchzte ich verzweifelt.

Dann geschah etwas, damit rechnete ich in diesem Moment gar nicht. Annette packte ein dickes Seil aus und warf es mir in mein Loch runter. „Da hat es Sie ja voll erwischt. Ich möchte Ihnen etwas erklären", begann sie mit einfühlsamer Stimme, als sei es das Selbstverständlichste der Welt. „So schlimm, wie Sie es nun darstellen, ist es gar nicht. Sie haben die Chemo sehr gut überstanden, dann werden Sie diesen Pilz erst recht überstehen."

Zum Glück erzählte sie keine Parallel-Geschichten, wie es anderen Patienten ergangen war und sie es erfolgreich schafften, diesen Pilz zu besiegen. Dafür hatte ich in dem Moment wirklich keinen Kopf. Sie ging wirklich gezielt auf mich ein.

„Aber das Fieber wird nie wieder weggehen." Unter normalen Umständen könnte man mir durchaus vorhalten, dass ich dramatisiere – in dieser Situation sprudelte es einfach aus mir heraus. Ohne darüber nachzudenken, mit welcher Konsequenz.

„Nun sagen Sie nicht so etwas. Das ist doch Quatsch, was Sie da erzählen. Sie werden drei- bis viermal am Tag Fieber haben und es wird dank der Medikamente wieder weggehen. Das werden Sie so drei Tage durchmachen müssen. Danach haben Sie zweimal am Tag Fieber und nach diesen drei Tagen einmal am Tag. Das bedeutet dann, dass Sie auf dem Weg der Besserung sind."

„Das soll ich Ihnen nun glauben?" Ich sah sie verzweifelt an.

„Das können nur Sie selbst entscheiden, ob Sie mir glauben wollen oder nicht. Das sind so meine Erfahrungen, die ich in meinen langen Jahren hier auf der Onkologie gemacht habe. Und meist ist es auch so gekommen. Kopf hoch, das wird schon wieder", sie lächelte mich an.

Es erinnerte mich – zwar nicht in diesem Moment, erst ein paar Tage später, als ich dieses Gespräch noch einmal für mich allein reflektierte – an die Fachfragen der Laienanstreicher, die vor der Frage stehen, wem sie glauben sollen, wie man eine Wand streicht. Dem vierundzwanzigjährigen Trockenbauer oder mir mit vierunddreißig Jahren Berufserfahrung.

Annette stand auf und verfiel augenblicklich in ihre übliche Beherrschtheit, als ob nichts gewesen wäre. „Dann haben wir das auch geklärt. Dann geht's nun weiter mit dem Tagesgeschehen. Blutdruck und Temperatur messen. Auf die Waage müssen Sie beide noch."

Bevor sie das Zimmer verließ, drehte sie sich zu mir um, sah mich an und sagte: „Das wird schon, Herr Hollas, machen Sie sich da mal keine Sorgen."

Das Gespräch erzielte durchaus seine Wirkung und ich war froh, dass Annette sich die Zeit nahm, was nicht unbedingt selbstverständlich war. Da hatte ich Glück, im richtigen Moment auf solch eine einfühlsame Person zu treffen.

Es dauerte bis zum späten Mittag, ehe ich mich wieder ein wenig gefangen hatte. War dann froh, dem düsteren Loch entkommen zu sein.

Es bestätigte sich mal wieder, was ich so gerne zu sagen pflege: „Traurig sein ist ganz schön anstrengend. Da kann man doch besser den ganzen Tag arbeiten gehen."

> *„Es gibt nichts Schöneres als jemand,*
> *der genau an deiner Tür klopft,*
> *wenn du gerade das Gefühl hast,*
> *von aller Welt verlassen zu sein."* (14)

Dieses Erlebnis mit dem Pilz als auch Annette bestätigten mich erneut in meiner Wahl der Klinik, denn ich hatte einige zur Auswahl. Meine Hämatologin im Krankenhaus am Rande der Stadt empfahl mir eine andere für den stationären Aufenthalt. Verständlicherweise die, mit der sie zusammenarbeitet. Doch ich entschied mich anders.

Das können sich die Damen aus meiner Selbsthilfegruppe auf die Fahnen schreiben. Nicht nur, dass die Ärzte sich in dieser Klinik auf das Multiple Myelom spezialisiert haben, war schon ein ausschlaggebendes Argument, sondern auch, dass sich die Damen während ihrer Behandlung gut aufgehoben fühlten. Denn es macht schon einen Unterschied, so argumentierten sie in nachvollziehbarer Weise, ob ein Arzt hundert Patienten im Jahr behandelt oder „nur" zwanzig Patienten mit der gleichen Krankheit. Der Erfahrungsschatz ist wesentlich reicher.

Mit meinen Worten, und das darf bitte keiner falsch verstehen: Es ist das eine – eine geeignete Chemotherapie für die bestimmte Krankheit zu finden. Ich denke, da wird der Wissensstand in den Kliniken auf dem aktuellen Stand sein. Viel wichtiger ist, und diese Erfahrungen habe ich selbst, aber auch mit meinen Leidensgenossen erlebt, der richtige und zügige Umgang mit den Nebenwirkungen, diese so schnell wie möglich richtig erkannt zu haben und das dementsprechende Arzneimittel zeitnah verordnet zu bekommen. In dem Fall der Fälle sind Experimente vollkommen fehl am Platz. Deshalb war ich sehr froh, dass sie meinen Pilz in der Lunge schnell erkannten und folgerichtig handelten.

Genauso wie das Gespräch mit Annette. Gut, ich hätte auch an eine nicht so einfühlsame Krankenschwester geraten können, die in diesem Moment nicht in dieser Weise auf mich eingegangen wäre. Das ist wirklich abhängig von der Fähigkeit und Empathie des Personals und von den anderen Menschen, auf die man trifft. Egal ob Arzt, Pfleger, Leidensgenosse oder Besucher.

An einem anderen Morgen, ich frühstückte allein im Buffetraum, gesellten sich zwei Neuzugänge zu mir. Wir stellten fest, dass wir dieselbe Krankheit hatten.

Andy, achtundvierzig, witzigerweise auch Maler, hatte anfangs Rippenschmerzen und führte diese auf seine Arbeit zurück. Massive Rückenschmerzen kamen hinzu, und nach längerem Herumgedoktere stellten die Ärzte MM fest. Bei ihm ging es mit der Diagnose bei Weitem nicht so schnell wie bei mir. Allerdings war seine Wirbelsäule schon so porös –

am liebsten würde ich zerfressen sagen –, dass da nichts mehr zu „reparieren" war. Es ist also nur eine Frage der Zeit, wann er dauerhaft im Rollstuhl sitzen wird. Scheiß-Schicksal.

Kalle, dreiundfünfzig, Speditionskaufmann, hatte da mehr Glück. Sein Rücken wurde in einer elfstündigen Operation geschraubt und zementiert. Er durfte vier Wochen flach auf seinem Rücken liegen und musste in eine Ente urinieren. Das ist wirklich nicht schön und nicht einfach für einen Mann. Kenn ich aus meiner Altenheimzeit. Nicht von mir, von meinen Patienten. Erst nachdem sein Rücken wieder geflickt war, konnte die Chemotherapie beginnen. Durch seine Rückenoperation musste er ein Korsett tragen, an dem zwei Bügel vorne auf der Brust befestigt waren. Die Enden befanden sich in Höhe seiner Brustwarzen. Beugte er sich zu weit nach vorne, kam sein Oberkörper an diese Bügel und die hinderten ihn daran, sich weiter vor zu beugen. Sah schon irgendwie lustig aus. Wie ein kleiner Hirschkäfer, der seine Hörner an der falschen Stelle trug. Das machte mich neugierig und so kamen wir ins Gespräch.

Nach der Feststellung unseres Therapiestandes wurde er neugierig und wollte alles über seine bevorstehende Stamm-zellenentnahme wissen. Ich tauschte mit ihm gerne meine Erfahrungen aus. Wir plauderten mehrmals am Tag und während des gemeinsamen Frühstücks sehr angenehm mit-einander.

31
Sex

Mittags kamen Kalle und Andy immer mal zu Jürgen und mir ins Krankenzimmer zu Besuch. Sie sprachen oft über Fußball. An diesem Tag war mir das irgendwie zu lange und da ich nicht mitreden konnte, wurde es mir doch allzu langweilig. Ich wusste nicht, dass Günter Netzer kein aktiver Fußballer mehr ist. Natürlich bekam ich für diese Bemerkung ihren Spott zu spüren. Ich hätte ja keine Ahnung! Hab ich auch nicht.

Dann lenkte ich das Gespräch geschickt auf das Thema Sex während der Therapie und Chemo. Bin ja neugierig.
Es war, als ob ich in ein Wespennest stach. Alle drei änderten sofort ihre aktuellen Gedanken und irgendwie bekam ich das Gefühl, dass sie darüber reden wollten, sogar ohne sich mit Alkohol die Zunge locker getrunken zu haben. Will ja bei Männern schon etwas heißen.

Und nun kommen wir zu einem sensiblen Thema, das unter die Gürtellinie zielt. Wer nun denkt, es kommen erotische Szenen – weit gefehlt. Sorry, denn es ist wirklich nicht spektakulär – eher beklemmend und frustrierend.
Wer jedoch allzu prüde ist, der möchte dieses Kapitel bitte überblättern und im Nächsten weiterlesen. Ich werde mich bemühen, nicht zu viele derbe Worte zu benutzen. Obwohl mich trotzdem jeder verstehen würde.

Warum will ich darüber schreiben? Weil sowohl Charlotte als auch die eigene Psyche die Sexualität in der Zeit sehr beeinflussen. Ich könnte es mit einem Satz abtun: Es läuft nichts mehr, wenn der Krebs auf der einen Schulter und Charlotte auf der anderen Schulter sitzt. Aber so einfach ist es eben nicht. Und da nach der Krebsdiagnose nichts mehr so ist, wie es vorher war, und es irgendwie auch ein Tabuthema ist, werde ich meine Erfahrungen und Beobachtungen zu Papier bringen beziehungsweise in den Laptop hacken.

Ich habe in meinem Leben gerne und – ich sag mal – dem Durchschnitt entsprechend häufig Sex gehabt, solche Zahlen kann man im Internet nachsehen. Nicht zu viel, nicht zu wenig. Ausreichend für mich, meinen Körper und mein Seelenheil. Und ich denke, meine Partner sind nicht zu kurz gekommen.

Klar – mit zunehmendem Alter nahm es ab und man zog dann doch vor, auf dem Sofa liegen zu bleiben, weil es ja so schön bequem war. Es gab auch Momente, wo man sich aufrappeln musste. Wie sagt man so schön: „Die Lust kommt beim Tun." Am Ende war man doch zufrieden, seinen inneren faulen Schweinehund überwunden zu haben.

Damit war nach der Diagnose Blutkrebs erst einmal Schluss. In den ersten Tagen dominierte dieses Thema meine Gedanken. Es war schier unmöglich, den „Schalter Sex" umzulegen. Selbst langjährig bewährte Startmöglichkeiten funktionierten nicht mehr. Das Wissen, eine Krankheit zu haben, die bis zum Lebensende jederzeit wieder ausbrechen kann, kam immer wieder hoch. Ob ich es wollte oder nicht.

Ich tröstete mich mit dem Gedanken, wenn das alles vorbei ist, wird es wieder klappen. Aber so weit war ich damals noch nicht, stand ja noch am Anfang dessen, was da noch auf mich zukommen sollte.

Der nächste bewusste Einschnitt war im Krankenhaus am Rande der Stadt, wo mich meine Hämatologin über die Nebenwirkungen von Charlottes Besuch aufklärte. Da stand es plötzlich vor mir. Blau auf weiß: Einschränkung der Sexualität. Und irgendwo habe ich mal erfahren, dass sich auch die Hoden verkleinern könnten. Alles nicht so schön.

Ich ging nun wirklich nicht davon aus, dass ich während Charlottes Besuch meinen üblichen Sex haben würde. So realistisch denke ich nun doch, aber es warf einige Fragen auf. Vor allem – wie lange wird diese Lustlosigkeit anhalten und wie sehr ist das primäre Geschlechtsorgan in Gefahr? Das habe ich doch nun mal gut tituliert.

Dieses Wissen, was auf mich zukommen könnte, hat mich zwar nicht in ein dunkles Loch geschmissen, dennoch beschäftigte es mich.

Meine Mädels auf den schwarzen Friseurstühlen konnte ich schlecht fragen, wie sie damit umgehen, und meine Eltern gaben auch nicht viel preis über ihre Sexualität nach Mutters Brust-OP. Ich merkte schon selbst an mir, wie sehr es mich, mein Leben und meinen Partner beeinflusst. Wie schlimm muss es dann für eine Frau sein, die Brustkrebs hat, oder für einen Mann mit fortgeschrittenem Prostatakrebs und einem nicht so schönen Ende, bei dem von heute auf morgen nichts mehr geht. Ich lernte einmal einen Mann, Mitte sechzig, mit diesem Krankheitsbefund kennen. Nach der Diagnose und vor der anstehenden OP hatte er sich so oft wie möglich – und ich formuliere es nun einfach mal derber – einen runtergeholt, weil er wusste, nach der OP war es nicht mehr möglich. Brutaler Einschnitt in sein Leben. Von heute auf morgen alles vorbei. Gar nicht so einfach, damit zurechtzukommen.

Wo sich wirklich schon fast die Frage stellt: Was ist schlimmer? Krebs zu haben oder impotent zu sein? Klar würde jeder sagen, man kann auch ohne Sex – egal wie – eine schöne

Zeit haben. Damit muss man erst einmal klarkommen, und das ist, wie gesagt, die große Herausforderung, die man zu bewältigen hat.

Und nicht nur selbst, es betrifft genauso den Lebenspartner, dessen Leben von heute auf morgen beeinflusst wird. Das ist bei Weitem nicht einfach. Meiner hat sich zu meinem Glück sehr gut mit der unausweichlichen Tatsache arrangiert. Dann wird halt mehr gekuschelt – ist auch gut fürs Seelenheil.

Wie sagte eine Freundin immer so schön: „Sex wird sowieso viel zu sehr überbewertet." Das lasse ich einfach mal so im Raum stehen.

Und ich sage immer: „Man muss die verbleibenden dreiundzwanzig Stunden des Tages auch irgendwie miteinander qualitativ verbringen."

Und das klappt mit meinem Mann gut.

Aber um über Beeinflussung einer Krankheit in einer Beziehung nun weiter zu philosophieren, müsste mehr recherchiert werden und würde an dieser Stelle den Rahmen sprengen.

Also blieb mir nach diesen neuen Erkenntnissen nichts anderes übrig, als mich damit auseinanderzusetzen und mich damit zu arrangieren. Demzufolge wurde nicht nur auf die anstehenden Nebenwirkungen gewartet, sondern auch das Verhalten der Libido beobachtet.

Am Anfang hatte ich die Theorie geäußert über die schnell und langsam wachsenden Zellen. Doch wie verhält es sich mit den Spermien, die täglich und meines Erachtens sehr schnell produziert werden? Klopft Charlotte bei denen an? Eine erfolgreiche Antwort bleibt noch aus. Tut mir leid. Diejenigen, die ich fragte, konnten mir keine zufriedenstellende Antwort geben. Ich sag ja, es ist halt ein Tabuthema.

Wenn jemand da mehr erwähnenswerte Informationen hat, kann er mir diese gerne zukommen lassen.

Ich hingegen merkte durchaus, dass sich nach den ersten Charlottenbesuchen erst einmal nichts mehr tat. Gar nichts. War es nun mein Kopf oder mein Körper? Mehr als nur beobachten, blieb mir nicht übrig.

Jedoch spürte ich nach circa zwei Monaten einen gewissen leichten punktuellen Schmerz vom Nebenhoden zum Hoden. Dieser ist für mich bekannt als Kavaliersschmerz. Ich finde das Wort so klasse. Nicht die Tatsache. Vor Jahren hatte ich schon einmal so ein ähnliches Phänomen, nur wesentlich stärker. Punktuell, oben an den Hoden. Erst einmal war Kühlen angesagt und dann im Internet nachsehen. Denn nachts um zwei will man nicht unbedingt zum Notarzt, wenn es mit Kühlen schon getan ist. Und so schlimm war es nun auch nicht. Indianer kennt ja keinen Schmerz.

Mit dem Ergebnis: Kavaliersschmerz. Tritt auf, wenn man den Orgasmus absichtlich in die Länge zieht und es nicht zum Samenerguss kommt. Mit anderen Worten – das Lebenselixier wollte raus, durfte aber nicht. Und Kavaliersschmerz deshalb, weil es doch nette Männer gibt, die die Frau – oder den Mann – erst zum Höhepunkt kommen lassen, bevor sie selbst loslegen. Und weil die so nett sind, sind sie Kavaliere. Allerdings kann ihr altruistisches Verhalten (Gegenteil von egoistisch) halt zu Schmerzen in den Hoden führen. Das wissen wir nun auch wieder und es war damals ebenso.

Die behandelnden Ärzte, denen ich mein Leid klagte, boten mir an, zum Urologen zu gehen. Es war auszuhalten und konnte durchaus eine Nebenwirkung der Chemo sein. Der Schmerz blieb ein paar Tage und verschwand wieder.

Aber die Gesichter waren schon recht beeindruckend, wenn ich sie darauf ansprach. So ein paar Gesichtszüge entglitten förmlich. Ich sag ja, Tabuthema. Und es war wirklich so! Ich war da nicht wieder Provokatorius! Das möchte ich an dieser Stelle klarstellen!

Dann kam das Gespräch mit meinen Klinikjungs. Und es wirkte für alle Beteiligten befreiend, darüber zu sprechen. In dem Krankenzimmer saß ein zufällig zusammengewürfelter Haufen Männer, alle in ihrem Wesen verschieden, mit der einzigen Gemeinsamkeit – Blutkrebs. Wir vier teilten das gleiche Schicksal. Bei dem einen trat die Lustlosigkeit früher, bei dem anderen später ein. Wir alle machten uns Sorgen, ob es nachher wieder möglich ist und ob durch die Chemo mit Folgeschäden zu rechnen sei.

Die Frage „Wann es wieder klappen wird" stand zudem auch noch im Raum, worüber sich ebenfalls alle Gedanken machten. In dem Punkt waren wir uns alle einig. Es ist nicht die Frage „Wann", sondern, Hauptsache es funktioniert irgendwann wieder.

„Wie gehen denn eure Frauen damit um?", fragte ich. Und wieder bekam ich das Gefühl, dass alle darüber Dampf ablassen wollten. Allerdings blickte ich dann in betroffene Gesichter.

Die drei hatten tolle Partnerinnen, ich habe sie alle kennengelernt. Sie arrangierten sich mit der Krankheit und stärkten ihren Partnern den Rücken. Wie heißt es so schön: „Durch dick und dünn." Aber einfach war es für sie auch nicht.

Circa einen Monat nach unserer Klinikentlassung bekam ich einen Anruf von Kalle. Wir brachten uns auf den aktuellen Stand unserer Krankheiten und er trällerte mir entgegen: „… und die Maschine funktioniert wieder. Ist nicht kaputt."

Ich muss zugeben, dass es eine Weile dauerte, bis ich kapierte, was er damit meinte. Ich würde es beziehungsweise ihn nie so bezeichnen, verstand es dann doch. „Wie war es?"

„Sagte ich doch, es klappt wieder. War zwar nach so langer Zeit ungewohnt, aber jetzt habe ich eine Sorge weniger. Nichts kaputtgegangen."

Ja, so kann man es auch formulieren.

Und so ähnlich war es bei mir dann auch. Nach wenigen Gehversuchen fand ich dann den Schalter, um mich wieder auf dieses Bedürfnis meines Körpers einzulassen. Mit Erfolg. Später erfuhr ich, dass die beiden anderen aus unserer Runde Ähnliches berichteten.

Nun sitze ich hier, nach erfolgreicher Chemotherapie und mit den gesammelten Erfahrungen meiner Krankenhausbekannten. Ich frage mich, ob sich eine Erkenntnis aus dem Thema Krebs und Sex ziehen lässt. Irgendwie nicht so wirklich. Denn hier spielen viele Faktoren eine Rolle, die die ganze Sache beeinflussen. Wie stark war die Chemo? Welche Nebenwirkungen sind aufgetreten und wie lange haben sie angehalten? Auf den Körper bezogen.

Wie ist die innere Einstellung? Wie ist für jeden selbst überhaupt die Einstellung zur Sexualität? Auf den Kopf bezogen.

Und deshalb sage ich „nicht so wirklich".

Man kann es nicht über einen Kamm scheren. Jeder ist anders und bekommt eine individuelle Therapie auf seine Krankheit zugeschnitten, die die Sexualität beeinflussen kann.

Auch wenn ich mich da wiederhole: „Alles kann, nichts muss."

Das Einzige, was wirklich hilft nach einer erfolgreich abgeschlossenen Chemotherapie, ist eine positive Einstellung. Bloß nicht hängen lassen. Das ist nicht immer so einfach, aber mit dem nötigen Kampfgeist und mit Geduld klappt es irgendwann wieder.

32
Der Blumenstrauß

In der letzten Woche meines Klinikaufenthaltes erlebte ich eine Gefühlsachterbahn vom Feinsten.

Es war am Morgen und ich hatte schon gefrühstückt. Ich saß an meinem Platz vor dem Laptop, starrte lustlos ins Facebook und wartete auf die Visite, als plötzlich die Tür aufgerissen wurde. Die Bettenmachfrau schwebte herein und fragte wie jeden Morgen, ob sie unsere Betten neu beziehen sollte.

Eine durchaus nachvollziehbare Sparmaßnahme und gut für die Umwelt. Es wird nicht das vollständige Bett neu bezogen, sondern nur die Kissen oder das Laken. Je nach Wunsch des Patienten. Aufgrund des Fiebers und des starken Schwitzens in der vergangenen Nacht bat ich sie, mir das Bett vollständig neu zu beziehen. Sie zog es ab, verließ mit der Bettwäsche den Raum und tauchte sofort wieder mit stramm gefalteter und gestärkter Bettwäsche auf. Es war schon beeindruckend, wie geschickt und zügig sie das Bett neu bezog. In meiner Altenheimzeit habe ich das Bettenbeziehen gehasst, was bis heute eigentlich noch anhält. Aber was muss, das muss.

Kaum hatte sie die Laken bezogen, stampfte die Bodenreinigungsfrau herein und drängelte sich dazwischen. Das war die, die ich nicht mochte, denn sie hinterließ immer seichte Pfützen. Einmal – und ich war da nicht Provokatorius – bat ich sie freundlich, die Pfützen aufzuwischen, weil sie durchaus eine Rutschgefahr darstellten. Doch sie ignorierte mich nur.

Selbst als Jürgen sie etwas derber auf ihr pfützenbildendes Reinigen ansprach, zuckte sie nur mit ihren Schultern.

Also saß ich da, auf dem Stuhl vor dem Fenster. Gefangen in der Ecke. Mir war es nicht möglich, mich in mein Bett zu legen, geschweige denn den Raum zu verlassen, ohne mich der Gefahr des Ausrutschens auszusetzen. Ich merkte, wie mein Hals anschwoll und ich auf die aktuelle Situation sehr gereizt reagierte, mich aber dazu entschied, den Mund zu halten. Was hätte es gebracht? Nichts!

Da tauchte plötzlich eine Schwester mit einem riesigen Karton vor der Tür auf und blieb hinter dem Reinigungs- und Bettenbezugswagen stehen.

„Herr Hollas?", rief sie verstohlen in das Zimmer hinein und suchte mich in meinem Bett, bis sie mich plötzlich in der Ecke an dem Tisch sitzen sah.

„Ja bitte?" Ich schaute zu der geöffneten Tür. „Ich kann hier nicht weg, sind zu viele Pfützen auf dem Boden, habe keine Lust auszurutschen", sagte ich ruhig mit einem kritischen Blick zur Bodenpflegerin, die mich weiterhin ignorierte.

Die Schwester versuchte zwischen dem Putzmittelwagen, dem Bettwäschewagen und den Pfützen zu mir zu gelangen, ohne sich ihre Schuhe nass zu machen oder ganz und gar auszurutschen. Sie stellte mir den großen Karton auf den Tisch, nachdem ich meinen Laptop zur Seite geräumt hatte.

Mein Groll gegen die Bodenpflegerin saß immer noch in meinem Hals. Selbst beim Anblick des Paketes verschwand er nicht, wurde aber deutlich weniger. Meine Neugierde war geweckt. Man konnte von außen schon erkennen, dass es ein Blumenstrauß sein musste, und durch ein paar Luftlöcher war auch einer zu sehen. Die große Werbung des Lieferanten auf allen Seiten des Kartons ließ keinen Zweifel aufkommen. Von wem war er? Ich hatte keine Ahnung.

Die Schwester lächelte mich freundlich, aber auch ein wenig neugierig an, als ich vorsichtig bemüht war, den Blumenstrauß von dem Karton zu befreien.

„Bekommt öfter ein Patient Blumen ins Krankenhaus geschickt?", fragte ich sie.

„Ab und zu mal. Für mich ist es das erste Mal, dass ich einen
zu einem Patienten bringe", antwortete sie und verharrte so
lange, bis ich den Blumenstrauß in der linken und die Karte
in der rechten Hand hielt.

„Warten Sie mal, ich geh Ihnen eine Vase holen und nehme
gleich den Karton mit." Sie verschwand zwischen den Pfützen und den Reinigungswagen aus dem Zimmer.

„Passen Sie auf, dass Sie nicht ausrutschen", rief ich ihr
nach und starrte den Blumenstrauß an. Die beiden Reini-
gungsdamen putzten seit dem Eintreffen des Paketes merk-
lich langsamer, irgendwie wollten sie wohl wissen, was sich
darin befand. Sie beobachteten mich. Nachdem ich den
Strauß in meiner Hand hielt, brachen beide in Erstaunen
und Bewunderung aus.

„Der ist aber schön", sagte die Bettenmachfrau. „Von wem
ist der denn?"

Die Pfützenbilderin hielt sich bedeckt und sah nur zu.

„Ich habe keine Ahnung", antwortete ich und legte den
Strauß vorsichtig zur Seite. Ich merkte schon, wie sich vor
Rührung meine Tränensäcke füllten, riss mich jedoch zusammen, weil ich nicht unbedingt vor den Damen losheulen
wollte. Und schon gar nicht vor der Pfützenzurücklasserin.

Ich öffnete den Umschlag und las den freundlich verfassten
Dreizeiler auf der Karte. Es waren gute Besserungsgrüße von
einer sehr lieben Freundin, der es leider nicht möglich war,
mich im Krankenhaus zu besuchen.

Dann war es auch schon um mich geschehen. Als ob ich
Zwiebeln geschnitten hätte, liefen mir die Tränen meine zarten und vom Cortison aufgequollenen Wangen herunter. Ich
schluchzte und starrte weiter den farbenfrohen Strauß an.

Ich versuchte, alles um mich herum zu vergessen, und hoffte, nur schnell wieder allein in dem Raum zu sein.

So in Gedanken versunken ging zu allem Übel mein Telefon. Ich nahm ab und schluchzte hinein. Tomek am anderen Ende der Leitung bekam einen Schreck und fragte sofort, ob bei mir alles in Ordnung sei.

Ich konnte nicht reden, schnappte nach Luft und stammelte in mein Telefon: „Alles okay." Nach einer Weile konnte ich ihm das gerade Geschehene erklären. Später erzählte er mir, dass es für ihn schlimme Sekunden waren, bis ich ihn aufklärte. Wir redeten kurz und schon kam die Schwester mit der mit Wasser befüllten Vase herein.

Dann stand er vor mir. Ein Frühlingsblumenstrauß in gelben, orange und violetten Farben. Ich hätte nie für möglich gehalten, dass mich solch eine Aufmerksamkeit so tief berühren könnte.

Es war schön, solch lebendige Farben um mich herum zu haben, und noch schöner war es, weil er einen Tag nach meinem Tiefpunkt kam. Irgendwie zur richtigen Zeit.

Und dass solch ein Blumenstrauß nicht ohne diese Kuriositäten zu mir gelangen konnte, war mir irgendwie auch schon klar.

33
Entlassung

Annette sollte recht behalten. Das Fieber, das aufgrund der Pilzinfektion in der Lunge auftrat, reduzierte sich von Tag zu Tag, bis es sich so weit reduziert hatte, dass ich anscheinend auf Tabletten umsteigen konnte, statt der täglichen Infusionen. Zehn Tage waren um und man wollte der Sache noch einmal auf den Grund gehen. Zum einen, ob das Pilzmittel angeschlagen hat, und zum anderen, ob es nicht besser wäre, den Herrn Hollas mehr oder weniger genesen nach Hause zu schicken, um jemand anderes in sein Bett zu stecken.

Ich erfuhr während der Visite an einem Mittwochvormittag, dass ich einen Termin zur CT am Donnerstagvormittag habe. Es wäre also durchaus möglich, wenn alle Zahnräder der Krankenhausuhr harmonisch miteinander arbeiten würden, dass ich zum Wochenende doch in meinem eigenen Bett schlafen könnte.

Jedoch wollte ich meine Erwartungen nicht allzu hoch schrauben, denn ich bin ja schon zweimal enttäuscht worden. Auf eine weitere Enttäuschung hatte ich keine Lust. Ich lief also ohne große Erwartungen die langen Gänge entlang bis zur Radiologie, meldete mich an und wartete auf Einlass.

Irgendwie hatten die Stress. Es war zwar kaum ein Patient da, der geröntgt werden wollte, doch die Stimmung unter den MTA's war irgendwie nicht harmonisch. Die Standardbefragung lief ein wenig schroff ab und auch das Andocken an meinen Venenzugang, den ich nach wie vor in der Handoberfläche hatte, war nicht gerade zärtlich.

Dann lag ich wieder da, nicht mehr so neugierig wie beim ersten Mal. Das Teil begann sich wieder zu drehen und ich beobachtete erneut die Platinen auf der Innenseite des CT's, bis auf einmal mit sehr hohem Druck das Kontrastmittel über den Handzugang in meine Vene gespritzt wurde.

Das war schon sehr unangenehm. Es fühlte sich an, als ob meine Hand jeden Moment explodieren würde. Ich hätte schreien können, dass es aufhören soll. Doch ich verkniff es mir. Ich konnte keinen anblaffen, weil der Prozess, das Zeugs in die Vene zu jagen, viel zu schnell ging, sich aber wie eine Ewigkeit anfühlte. Also Mund halten. Außerdem wollte ich das Ganze schnell hinter mir haben. Augen zu und durch. Nicht, dass das Bild verwackelt. Das hätte keinen weitergebracht und alles in die Länge gezogen. Zähne zusammenkneifen wie ein ganzer Kerl. Das Ziel, im eigenen Bett zu schlafen, immer wieder vor Augen haltend. Sich beschweren bringt in diesem Augenblick wirklich nichts.

„Das Gerät ist immer so eingestellt, das funktioniert nun mal so. Wir können das nicht ändern", hätte ich mit Sicherheit zu hören bekommen. „Dann hätten wir Ihnen einen neuen Zugang legen müssen!", wäre auch eine mögliche Antwort gewesen.

NEIN!, dachte ich. „Können Sie mir so in etwa sagen, wann die Befunde auf der Station sein können?", fragte ich, nachdem ich wieder auf den Beinen stand und froh war, es hinter mir zu haben. Ich erntete nur ein mich aus dem Raum zitierendes und blickausweichendes Schulterzucken.

„Ob das heute noch etwas wird, kann ich Ihnen leider nicht sagen", hörte ich nur aus dem Hintergrund.

Hmm... eine nicht gerade befriedigende Information. Also trabte ich ohne große Erwartungen in die Cafeteria, um mir einen Milchkaffee zu gönnen. Die haben da einen richtig leckeren, und sehr gemütliche Lounge-Sofas. Also das Richtige, um Leute zu beobachten und um kurzweilig dem Klinikalltag zu entfliehen.

Wie es nun mal so ist, kam die Kopfkirmes wieder in Fahrt. Ich rechnete mir die Höhe der Wahrscheinlichkeit, nach Hause zu kommen, wie folgt aus: Also wenn die Sternenkonstellation der diagonalen Wellenform der Gravitationsblase des Mars lotrecht zum Mondkrater Efesus steht, und dieser mit Schafsdung gedüngt ist, darf ich nach Hause. Quatsch ... aber es fühlte sich so an.

Okay, okay, ich weiß nicht, wie sich eine Gravitationsblase anfühlt. Aber nach einem Monat Krankenhaus darf man so denken.

Ein weiterer Versuch mit anderen Worten: Als Erstes muss der Befund positiv sein. Das ist schon mal die wichtigste Voraussetzung. Dann wird sich zuerst der Radiologe die Röntgenbilder ansehen, danach der behandelnde Arzt und dieser wird die Fotos mit Sicherheit den Champignon- ... eh sorry ... den Pilzspezialisten vorlegen.

Wieder mit anderen Worten: Das kann dauern.

Wobei ja auch – und das ist reine Spekulation – die Frage, ob die mich über das Wochenende in dem Bett behalten oder es schon anderweitig belegen wollen, im Raum stand.

Dann ging plötzlich alles schneller als erwartet. Die Krankenhausuhr hatte einen mir unerklärlichen Kurzschluss bekommen. Mein Handy klingelte. Jürgen war dran und fragte, wo ich sei und ob ich denn nicht nach Hause wolle. Dr. P. suche schon nach mir. Ich glaubte nicht, was ich da hörte, und es ließ folgende Rückschlüsse zu:

A. Die Ergebnisse waren gut. Der Pilz weg oder eingedämmt.

B. Ich darf nach Hause.

C. Es scheint doch mal etwas Hand in Hand, zügig, zu funktionieren.

D. Die brauchen mein Bett.

Irgendwie wollte ich Jürgen nicht so ganz glauben. Ich trank gemütlich meinen Milchkaffee aus und trabte gemächlich zurück in mein Zimmer. Irgendwie hatte ich es nicht so richtig eilig, denn ich wollte meine Erwartungen nicht schüren. Außerdem spielten mir meine Füße einen Streich, dass es gar nicht schneller gegangen wäre.

„Wo bleibst du denn?", empfing mich Jürgen. „Geh mal ins Ärztezimmer, Dr. P wartet schon auf dich. Ich glaube, du kannst heute nach Hause."

Ich drehte mich auf dem Absatz um und kaum hatte ich den Fuß über die Schwelle unseres Zimmers gesetzt, kam mir Schwester Annette entgegen und zwinkerte mir freundlich zu. „Dr. P. wartet schon auf Sie. Wo treiben Sie sich denn herum? Wir haben schon überall nach Ihnen gesucht."

Ich lief also zum Allerheiligsten, klopfte an und wartete auf positiven Einlass.

„Herein", hörte ich durch die dunkelgrüne Tür, Tannengrün, Farbton RAL 6009, die so gar nicht zu den graublau gestrichenen Wänden passte. Wer sucht so etwas aus, fragte ich mich. Derjenige gehört so lange geschüttelt, bis er oder auch sie ein besseres Farbempfinden entwickelt hat. Fürchterlich. Es war das erste Mal, dass ich zum Ärztezimmer lief. Hatte sich vorher irgendwie nie ergeben.

„Wo treiben Sie sich denn herum? Wollen Sie nicht nach Hause?", empfing mich Dr. P., als ob sie sich alle abgesprochen hätten. Irgendwie saß ihm der Schalk im Nacken. Er war, bezogen auf seinen Humor, eine sehr schwer zu knackende Nuss. Aber mit der Zeit gelang es mir durchaus, ein Lächeln und sogar ein Lachen in sein Gesicht zu zaubern, und er stellte sich auch auf meinen Humor ein – denn er war sehr ruhig, sehr verhalten und reserviert. Konnte sehr gut Zugänge und Rückenmarkspritzen setzen.

„Wie? Die Ergebnisse sind schon da? So schnell? Hätte ich ja nie gedacht!", entgegnete ich nur und folgte seinem Blick auf die Monitore, die vor ihm standen. Ebenfalls senkrecht. Meine Lunge war zu sehen und mit der Maus scrollte er die verschiedenen Schichten meiner Lunge durch. Waagerecht geschnitten, als ob ich von einem Magier in zwei Hälften geteilt wurde und die Kisten auseinandergezogen waren.

Es ist für mich immer wieder faszinierend, mit Hilfe von Röntgenbildern ins Innere meines Körpers zu sehen. Ich konnte sogar die Stelle in meinem Beckenkamm erkennen, an der meine Hämatologin den Knochen angebohrt hatte. Diese Stelle war weißer als der Rest des Beckens und sah irgendwie aus wie eine Pistolenkugel, die stecken geblieben ist.

„Das ist das Bild von vor zehn Tagen – und das ist das Bild von heute. Es ist deutlich zu sehen, dass der Pilz zurückgegangen ist und die Therapie angeschlagen hat. Wir können jetzt getrost vom Tropf auf Tabletten umstellen."

„Das bedeutet?", fragte ich naiv, konnte mir zwar schon vorstellen, was es bedeutet, aber ich wollte es hören.

„Sie können heute gehen."

„Ich dachte, der Chef wollte heute Mittag noch drüber gucken?" Irgendwie glaubte ich ihm nicht so ganz, weil gestern in der Visite etwas anderes besprochen wurde.

„Hat er vorhin schon", antwortete Dr. P. „Ich werde Ihnen gleich den vorläufigen Entlassungsbrief fertigmachen, dann können Sie gehen."

Jo – nun werde ich auf einmal schneller entlassen als erwartet. Da stand ich nun und hatte nichts organisiert, geschweige denn gepackt. Keiner wusste Bescheid. Irgendwie waren wir auf Freitag oder zum Wochenende eingestellt – aber so schnell. Na ja, das ließ ich mir nicht zweimal sagen.

Ich trabte zurück ins Zimmer und traute meinen Augen nicht. Schwester Humorlos fummelte an meinem Bett herum. „Sie können sich nicht mehr hinlegen, das habe ich gerade gemacht."

„Jetzt wollen Sie mich richtig schnell loswerden!", stellte ich fest und sah sie fragend an.

„Ja, der nächste Patient wartet schon."

Das war ja wieder was für mich. Erst nicht in die Pötte kommen und dann so etwas. Klar war es großartig, dass ich nach Hause durfte, und ich freute mich auch gewaltig, aber es sollte nun nicht in Stress enden. Schließlich muss ich mich ja von jedem ausgiebig verabschieden und mich bei allen für die Fürsorge bedanken. Außer bei Schwester Humorlos. Viel schlimmer war, dass jemand auf mein Bett wartete, so wie ich vor einem Monat in dem fensterlosen Raum und mit Sicherheit mit der Aussicht auf Charlottes Besuch.

„Der Chef wollte heute Mittag mit mir sprechen, also muss ich noch so lange hierbleiben", entgegnete ich ihr und war gespannt auf ihre Reaktion.

„Dazu kann ich nichts sagen. Ich weiß nur, dass der nächste Patient schon auf sein Bett wartet", sprach sie und verschwand. Viel Zeit verging nicht mehr, denn Dr. P. erschien und gab mir meinen Entlassungsbericht und ein Rezept für die Apotheke, mit dem Kommentar, ich solle doch eine gut gedeckte EC-Karte mitnehmen. Das Pilzmedikament sei sehr teuer, ich müsse mich nicht wundern. Was auch stimmte, denn ich kam am Nachmittag mit einer EC-Karte nicht aus, um das Pilzmedikament zu erhalten.

Die Verabschiedung von den Jungs lief recht zügig. Und da die Mittagszeit schon eingeläutet war, waren die Schwestern zu sehr beschäftigt, um sich von mir lange Lobeshymnen anzuhören.

Plötzlich war ich wieder zu Hause. Schneller als erwartet und überglücklich. Was nach kurzer Zeit in einem sehr zufriedenen Mittagsschlaf endete.

In den kommenden zwei Wochen schlief ich fast nur und kümmerte mich ein bisschen um die angefallene Post. Die Kraft kehrte nur ganz langsam in meinen schwachen Körper zurück.

Je weniger ich im Bett liegen blieb und desto mehr ich mich bewegte, bemerkte ich ein Kribbeln in meinen Füßen, das sich zunehmend verstärkte. Sie meldeten sich schon deutlich, wenn ich in die Cafeteria ging, um mit meinen Besuchern einen Milchkaffee zu trinken. In der Klinik richtete sich jedoch die Konzentration eher auf Charlottes Besuch mit dem Wunsch nach erfolgreichen Blutbildern und anschließend auf die Pilzzucht in der Lunge.

Nun rückten die Schmerzen in den Füßen mehr und mehr in den Vordergrund. Ich habe eine Polyneuropathie. Auch PNP genannt. Der Name ging mir anfangs so gar nicht in meinen Kopf hinein, weil ich diese Nebenwirkung nicht haben wollte.

Ich habe mir den Namen über das Lied von AC/DC gemerkt. „TNT ... hey ... hey ... TNT ... hey ... hey ..." Ich weiß – merkwürdige Eselsbrücke –, aber es hat funktioniert.

Es ist eine Nervenendenschädigung in den Füßen. Es hätte auch die Hände betreffen können, aber es schlägt meist in den Füßen zu. Als es sich bei meinen Händen kurzzeitig bemerkbar machte, habe ich sofort laut „Ich will das nicht" geschrien, und dann war es – auch wenn man es nicht glauben mag – wieder verschwunden, so schnell es gekommen war.

Wie beschreibt man eine PNP? Es ist irgendwie ein Taubheitsgefühl in den Füßen. Oder auch ein permanentes Kribbeln, das nicht weggehen will und je nach Belastung der

Füße unterschiedlich stark ist. Liegt man nur auf dem Sofa, merkt man sie durchaus, aber nicht so dominant. Beim Treppensteigen und Laufen ist sie sehr deutlich zu spüren.

Man kennt das Gefühl, wenn man die Beine übereinander schlägt und das Bein einschläft. Das Gefühl, das Kribbeln, das man spürt, wenn einem das Blut wieder zurückfließt – so in etwa die Hälfte davon. Und das die ganze Zeit, auch in der Nacht.

Mit den Füßen wurde es immer schlimmer. Hatte ich es in der Klinik nicht gemerkt oder wurde es erst einige Tage nach der Chemo schlimmer? Also begann ich mich mehr mit dieser „Nebenwirkung" zu beschäftigen. Ich durchsuchte die unzähligen Unterlagen, die ich in der Zeit unterschreiben musste, und entdeckte eine Notiz, handgeschrieben, von meiner Hämatologin aus dem Krankenhaus am Rande der Stadt: „Nervenendenschädigung in Händen und Füßen." Da stand es. Blau auf weiß. Also wurde ich durchaus vor Monaten darauf hingewiesen, dass es geschehen könnte. Doch in der Masse der Informationen, die ich in der Zeit bekam, war es irgendwie, ich will nicht sagen untergegangen, aber erfolgreich verdrängt worden, denn es muss ja nicht unbedingt auftreten.

Ich fragte mich nun, was ich dagegen tun kann? Doch die Antworten darauf waren sehr enttäuschend und nicht sehr motivierend. *Gar nichts.* Abwarten und hoffen, dass es weggeht. Der eine sagt, es dauert sechs Monate, ein anderer sagt, es kann bis zu vierundzwanzig Monate dauern, bis es verschwunden ist. Man empfahl mir Fußmassagen, Bewegung, unterschiedliche Reize, häufigen Schuhwechsel.

Ich könnte zu einem Neurologen gehen, wenn die Schmerzen unerträglich werden. Der Reizfluss in den Füßen kann zwar gemessen werden, eine schnelle und sofort erfolgreiche Medizin dagegen gibt es nicht. Wie schon gesagt, abwarten und Geduld haben.

Ich stöberte im Internet und versuchte alles über PNP herauszufinden. Rechtzeitig mit dem Finger auf dem Ausschalter, bevor ich von der Vielfalt der Informationen überwältigt und melancholisch wurde. Die Antworten waren dort nicht sehr zufriedenstellend, aber dümmer wurde ich auch nicht.

Die PNP tritt nach einer Chemotherapie und bei Diabetikern auf. Bei Chemopatienten ist die Wahrscheinlichkeit, dass es von selbst wieder verschwindet, sehr hoch. Diabetiker, die sie einmal haben, bekommen sie nur selten bis nie wieder weg.

Auf die Frage an meinen behandelnden Arzt, was ich noch alles tun kann, bekam ich die Antwort: „Ihr Körper wird Ihnen das schon mitteilen."

Mit dem Wissen, das ich mir mittlerweile zugelegt hatte, und den Erfahrungen von betroffenen Patienten, mit denen ich mich in der ganzen Krankenhauszeit austauschte, fand ich diese Antwort gar nicht so schlimm. Es war in diesem Moment die hochoffizielle Bestätigung dessen, was ich schon wusste.

Also auf den Körper hören. So war es auch. Ehrlich gesagt, blieb mir ja nichts anderes übrig. Neben der Schlaffheit nach Charlottes Besuch hielten mich meine Füße davon ab, in den Alltag zurückzukehren. Das Kribbeln und das Taubheitsgefühl in meinen Füßen ließen mich nicht am Leben teilnehmen.

Die ersten vier Wochen nach dem Klinikaufenthalt verließ ich meine Wohnung so gut wie gar nicht. Nur zweimal die Woche zur Blutuntersuchung. Meine Blutwerte entwickelten sich zu meiner Freude sehr gut.

In den ersten zwei Monaten nach der Chemo war mit langem Laufen nicht viel. Ich war froh, wenn ich meine dreiundachtzig Stufen hochgestiegen war. Wobei es mir nur mit einer

Pause gelang. Es gab durchaus Situationen, in denen ich in einem gewissen, allzu stark beschwipsten Zustand eine Pause in jedem Stockwerk einlegen musste. Sodass ich mich schon fragte, wo ich denn bin und wie hoch ich noch muss? Oben ist oben. Höher geht es nicht. Und den Speichertürschlüssel hatte ich nicht dabei.

Ich weiß also, was meine Treppe von mir fordern kann. Sie gibt einen überaus zuverlässigen Messwert für meine körperliche Kondition ab. Mit der PNP jedoch verwies sie mich in meine Schranken. Na, dann dauert es halt mal ein wenig, bis ich in meiner Wohnung bin.

Selbst mit dem Wagen zu fahren war anfangs nicht möglich. Ich wollte auch nicht. Sich fahren zu lassen in dieser Zeit war wesentlich angenehmer. Allerdings will das Beifahren auch gelernt sein.

Nach einem Monat wagte ich mich dann wieder hinter das Lenkrad. Es ging besser als erwartet.

Seit der Chemo sind acht Monate vergangen, und ich merke meine Füße noch deutlich. Lange stehen geht gar nicht und weite Strecken laufen wird anschließend mit ein bis zwei Tagen heftigem Taubheitsgefühl bestraft.

Mein Mann war so freundlich, mir täglich die Füße zu massieren und einzucremen, denn sie waren auch sehr trocken. Kalle empfahl mir später ein Schmerzöl, welches aus Fingerhutextrakt hergestellt wird. Dirk rieb mir über sechs Monate meine Füße damit ein.

Ob dieses Öl half, kann ich wirklich nicht sagen, denn ich habe ja keinen Vergleich. Ich denke, es war die Gesamtheit der Fußbearbeitungsprozedur. Massage, Creme und dieses Schmerzöl sowie häufiger Schuhwechsel und verschiedene andere Reize zum Nervenenden-Stimulieren. Denn die Schmerzen wurden langsam weniger.

34
Ein Schlag ins Gesicht

Drei Monate nach Charlottes Besuch stand die große Abschlussuntersuchung an und das Gespräch zur Nach-Therapie. Wieder Nadeln. Ich kann und werde mich daran nicht gewöhnen. Meine größte Sorge war, dass ich noch mal zur Knochenbiopsie muss. Da sich meine Blutwerte hervorragend entwickelten, hoffte ich, dass mir das erspart blieb. Es blieb mir auch erspart. Doch was nun? War es das? Bin ich nun genesen?

Nein! Nicht so wirklich.

Mein behandelnder Arzt, den ich sehr schätze und respektiere, klärte mich unmissverständlich auf. Im Laufe unserer Gespräche fand er heraus, dass er bei mir kein Blatt vor den Mund nehmen brauchte und nichts beschönigen musste. Und nun folgte die bittere Wahrheit.

„Die Wahrscheinlichkeit, dass Sie einen Rückfall bekommen, sprich Rezidiv, liegt bei fünfzig zu fünfzig innerhalb der nächsten zwei Jahre", teilte er mir mit.

„Das heißt, wenn ich einen Rückfall bekommen sollte, fängt wieder alles von vorne an?", fragte ich und merkte wie eine gewisse Betroffenheit in mir hochstieg.

Er stimmte mir zu und riet mir zu einer Erhaltungstherapie in Tablettenform. Ich bekäme ein sehr teures Medikament, welches auf Conterganbasis hergestellt wird. Es wird die Möglichkeit eines Rückfalls auf vier Jahre verlängern. Die Wahrscheinlichkeit eines Rückfalls bleibt nach wie vor bei fünfzig zu fünfzig. Sagen die Statistiken. Allerdings wird sich die Zweitkrebswahrscheinlichkeit verdoppeln.

Es war mal wieder sehr viel Information in einem zwanzigminütigen Gespräch, die ich erst einmal zu verdauen hatte.

Diese 50:50-Prognose machte mir sehr zu schaffen. Ich kann wirklich nicht mehr sagen, ob ich diese Information schon mal mitbekam. Ich weiß es nicht mehr. Und wenn, dann schlummerte sie bis zu diesem Tag erfolgreich in der Schublade. Dieser Schlag ins Gesicht saß. Diese „neue Traurigkeit" hatte eine neue Facette bekommen. Ich brauchte mehr als zwei Wochen, mich mit dieser neuen Wahrheit abzufinden. Mein Gefühlsleben hing ziemlich in den Seilen. Ich fühlte mich, als ob ich auf einer Bombe saß. Irgendwann kommt irgendwer vorbei und schneidet das rote oder das blaue Kabel durch, nicht wissend, ob die Bombe explodieren wird oder nicht.

Mit den Zahlen sechzig zu vierzig oder siebzig zu dreißig hätte ich umgehen können. Das positive Denken wäre mir leichter gefallen. Ja! Ich gehöre zu den sechzig beziehungsweise siebzig Prozent. Dafür lohnt es sich weiterzukämpfen.

Die Prognose fünfzig zu fünfzig brachte mich sehr aus der Spur. Auch wenn es nur Wahrscheinlichkeiten und Zahlen aus Statistiken sind, die können einen jedoch mächtig herunterziehen.

Jürgen, bei dem die acht Chemos und fünfundzwanzig Bestrahlungen nicht erfolgreich anschlugen und sich die Leukämie und sein Lymphdrüsenkrebs zu einer Pampe vermischten, bekam als letzte Therapiemöglichkeit Fremdstammzellen eines Spenders, der sehr gut zu ihm passte. Die Wahrscheinlichkeit, dass diese Therapie erfolgreich sein wird, lag bei vierzehn Prozent.

Keine so schöne Zahl, aber besser als zum Beispiel sieben Prozent. Er klammerte sich an die vierzehn Prozent und es führte auch bislang zum Erfolg.

Und wo ich schon bei Zahlen und Statistiken bin, stolperte ich in den zwei Wochen meiner innerlichen Unsicherheit und der Suche nach dem „Wohin-ich-denken-will-und-Werde" über einen Bericht meiner Selbsthilfegruppe, in dem Folgendes stand, mit einfachen Worten wiedergegeben:

Es wurden tausendzweihundert Patienten mit der Erhaltungstherapie auf Conterganbasis behandelt. Sechshundert bekamen das Medikament und die anderen sechshundert bekamen ein Placebo.

Von denen mit der richtigen Medikation bekamen fünfzig Prozent einen Rückfall, sprich etwa dreihundert Patienten, jedoch erst nach den bereits oben erwähnten vier Jahren. Die anderen nicht. Aber die Studie wurde erst vor acht Jahren begonnen. Heißt, für die ist alles in der Schwebe.

Die Hälfte der Patienten der Placebogruppe, sprich die keine Erhaltungstherapie bekamen, war allerdings nach sieben Jahren verstorben.

Die mit der Erhaltungstherapie scheinen wohl alle noch am Leben zu sein.

Hmm. Ist mir irgendwie alles zu schwammig.

Das Multiple Myelom tritt meist erst bei Menschen ab einem Alter von fünfundsechzig Jahren auf. Allerdings werden die Patienten zunehmend jünger, wie in meinem Fall, oder auch den Jungs, die ich in der Klinik kennengelernt habe.

Gehe ich nun davon aus, dass MM bei einem Patienten mit fünfundsechzig Jahren diagnostiziert wurde, und addiere sieben Jahre ohne eine Erhaltungstherapie dazu, wäre man dann zweiundsiebzig Jahre und verstorben.

Hmm... Wenn ich nun mit fünfzig einen erfolgreichen Charlottenbesuch hinter mir habe und bekomme in sieben Jahren einen Rückfall, bin ich siebenundfünfzig. Noch einmal sieben Jahre obendrauf, dann wäre ich vierundsechzig Jahre. Ein weiteres Hmm... und ein So-weit-will-ich-im-Moment-gar-nicht-Denken.

Ich zog daraus für mich folgende Schlussfolgerung. Ich will und kann dieser Statistik nicht so ganz glauben. Sie beinhaltet gar nicht, warum die Placebo-Patienten wirklich gestorben sind und wie alt sie überhaupt waren, als MM bei ihnen diagnostiziert wurde. Wie war deren Grundeinstellung zu sich selbst und dem Leben? Wie viele sind wirklich an MM beziehungsweise an den Folgen der Krankheit verstorben und nicht an einem Herzinfarkt oder bei einem Verkehrsunfall?

Ich traf die Entscheidung, mich nicht von Zahlen runterziehen zu lassen, und beschloss, mich auf die Seite der fünfzig Prozent zu schlagen, die so schnell keinen Rückfall bekommen werden. Auch wenn es nicht immer einfach ist, so zu denken, denn regelmäßig wird man auf die Empfindlichkeit seines Körpers hingewiesen. Ich tröstete mich damit, dass ich drei Portionen Stammzellen eingefroren habe. Klar, ich werde älter und weiß nicht, wie ich in ein paar Jahren einen weiteren Charlottenbesuch verkraften kann. Ich werde mich dem fügen, was die Natur für mich vorgesehen hat. Denn so viel ändern kann ich nicht, außer weiter positiv zu denken und weiterzukämpfen.

Es gab jedoch bei der Besprechung über das Medikament einen netten, böse ironischen Moment.

„Es gibt da eine Begleiterscheinung, aber die trifft bei Ihnen nicht zu", begann mein behandelnder Arzt und weckte meine Neugierde. Ich sah ihn fragend an.

„Wenn Sie dieses Medikament nehmen, dürfen Sie nur mit Kondomen Sex haben."

„Ich hatte mein Coming-out in der Zeit der AIDS-Hysterie. Ich kenne es nicht anders, als nur mit Kondom Sex zu praktizieren", antwortete ich. „Was hat das mit dieser Therapie zu tun?", fragte ich ihn.

„Sie dürfen keine Frau schwängern, und sollte es passieren, haben Sie es dem Gesundheitsamt zu melden", klärte er mich auf.

Jo. Ich hatte mittlerweile nicht mehr vor, mich zu vermehren, und fand es ganz witzig, wie er mir diese Information rüberbrachte. Aber so ganz gedankenlos wollte ich das Medikament nicht nehmen. Irgendwie machte es mir auch Angst.

Ich begann mit der auf Contergan basierenden Erhaltungstherapie, allein schon um eine weitere eventuell zu erwartende Chemotherapie in die Länge zu ziehen. Schon merkwürdig. Ein Medikament, das in den Sechzigern als Schlaf- und Beruhigungsmittel gerne für werdende Mütter verschrieben wurde. Mit der tragischen Folge von Missbildungen bei Neugeborenen. Man fand in den Neunzigern heraus, dass es tumorwachstumshemmende Eigenschaften besitzt. Mit anderen Worten: Es ist eine permanente kleine Chemo, die mein Körper täglich bekommt, da dieses Medikament irgendetwas mit den Zellen macht.

Natürlich nicht ohne Nebenwirkungen. Zu dem Kribbeln in den Füßen gesellten sich am Anfang dieser Therapie schwere Beine. Aber das hat sich nach ein paar Wochen zum größten Teil gelegt. Und da es ja auch ein Schlafmedikament ist, habe ich viel mehr Mühe, morgens wach zu werden, und mein heiß geliebter Mittagsschlaf, wie heißt es in Neudeutsch so schön – „Powernapping", von exakt zwanzig Minuten seit zweiunddreißig Jahren, hat sich zeitlich verdoppelt.

Über den unverschämten Preis des Medikamentes möchte ich mich nicht auslassen, auch wenn es mir in den Fingern juckt. Dazu müsste ich in die Politik gehen. Und dazu habe ich keine Lust. Ich sag nur so viel zu dem Thema: Solange sich die Kuh melken lässt, wird sie gemolken.

Eine weitere Unsicherheit, die ich aus dem Gespräch mitnahm, war die Verdoppelung der Zweitkrebswahrscheinlichkeit. Und das bei meiner genetischen Historie. Leberkrebs? Darmkrebs? Hautkrebs?
Heißt in der Übersetzung für mich: Weiter meinen Körper beobachten und regelmäßig zu den Kontrollen und Untersuchungen gehen. Das Beste hoffen und sich nicht unterkriegen lassen.

Auf der Gartenfeier eines Freundes unterhielt ich mich lange mit der Frau seines Chefs, die erfolgreich ihren Brustkrebs besiegt hatte. Ihr wurden fünf Stunden die Hände, die Füße und der Kopf stark gekühlt. Es muss eine sehr unangenehme Prozedur gewesen sein. Sie verlor ihre Haare nicht und bekam auch keine PNP. Allerdings hatte sich der Farbton ihrer Haare verändert, was sie nicht unbedingt störte. Sie ließ einen Gentest machen, um zu erfahren, wie hoch die Möglichkeit für eine weitere Krebserkrankung bei ihr ist. Es endete mit einem netten Diagramm und nicht ganz so nachvollziehbaren und zufriedenstellenden Zahlen.
Als ich meinen behandelnden Arzt fragte, warum mir nicht die Füße bei Charlottes Besuch gekühlt wurden, sah er mich nur fragend an und antwortete: „Dafür gibt es noch keine aussagekräftigen Statistiken."
Wieder Statistiken. Wird erst etwas ausprobiert, wenn es irgendwo anders erfolgreich war?, fragte ich mich in meiner Naivität. Ich musste doch auch am Wassereis lutschen, damit die Wahrscheinlichkeit, einen Pilz im Mundraum zu bekommen, gering blieb. Gibt es darüber Statistiken? Wie wäre

es denn mal mit Eigeninitiative? Für den Anfang reicht schon eine Zinkbadewanne gefüllt mit Wasser und Eiswürfeln für die Füße. Ist nicht so teuer und ein Eisfach gibt es bestimmt auf jeder Krankenstation. Ich probiere doch auch neue Pinsel und Farben aus. Ich merke schon, ich sehe das alles zu blauäugig.

Auf die Frage, warum bei mir kein Gentest gemacht wurde, gab er mir eine zufriedenstellende Antwort. „Die hohen Kosten und der durchaus mangelnde Wahrheitsgehalt aus diesen Zahlen, die Sie dann bekommen, bringt Sie doch nicht weiter, oder? Was bringt es Ihnen, wenn ich Ihnen sage, dass Ihre Darmkrebswahrscheinlichkeit bei achtunddreißig Prozent liegen könnte. Das sagt doch gar nichts aus. Sie erfahren durch diesen Gentest nicht, wann er auftreten könnte, wenn überhaupt. Ob mit sechzig oder fünfundsiebzig Jahren. Sie würden sich damit nur unnütz selbst belasten."

Ja, und da musste ich ihm zustimmen. Zwar habe ich nach wie vor diese fünfzig zu fünfzig im Nacken sitzen, aber ich habe mittlerweile gelernt, damit umzugehen. Und mehr wissen, muss ich nicht.

Womit mir nun auch der Gang zu einer Hellseherin mit einer blau beleuchteten Glaskugel erspart bleibt. Es ist nicht immer gut zu wissen, was in der Zukunft passiert.

35
Komplementär-Medizin

Der stetig bemühte Leiter meiner Selbsthilfegruppe mailte eine Einladung zu einem Vortrag über das Thema „Was kann die komplementäre Medizin in der Krebsvorbeugung leisten?", gehalten von einer Fachärztin für Allgemeinmedizin, Naturheilverfahren und Psychotherapie. Irgendwie machte es mich neugierig und Zeit hatte ich ja.

Obwohl ich mit dem Wort „komplementär" nicht so viel anfangen konnte, bezogen auf Medizin. Ich kenne es nur von Farben. Den gegenüberliegenden Farbton im Farbkreis nennt man Komplementärfarbton. Wie zum Beispiel Orange und Blau. Sehr gerne in der Werbung angewandt.

Außerdem ist es auch ein Gesellschafter bei einer Firma, ohne weiter ins Detail zu gehen. Gegenüberliegend? Aber in der Medizin? Ergänzend passt dann schon eher.

Ich motivierte meinen Freund, mit mir dorthin zu gehen. Also trabten wir durch den Regen zu dieser Veranstaltung. Leider hatten anscheinend Regen und mangelnde Werbung weitere Interessierte davon abgehalten, zu kommen. Dirk und ich, neben einer Frau mit Unterleibskrebs, waren die einzigen Zuhörer.

Der Vortrag der Ärztin war gut.

So ein bisschen fühlte ich mich wie bei Dr. House, einer TV-Serie aus den USA, der den Krankheiten so weit auf den Grund geht, dass seine Ärzte in die Wohnungen der Patienten eindringen, um dort irgendwelche Proben des Geschirrreinigungsmittels zu nehmen, um dadurch einen eventuellen Herzfehler zu diagnostizieren, aufgrund einer Allergie.

Die Ärztin basierte ihre gesamtheitliche Betrachtung eines Krebspatienten auf drei Säulen. Sport, Psyche und Ernährung.

Da hatte ich es schon wieder – Sport. Na ja, darüber will ich gar nicht so viel schreiben. Schaden täte es mir nicht, gebe ich zu. Aber eine Nachbarin haben fünf Kilometer tägliches Joggen auch nicht davon abgehalten, mit dreiundvierzig Jahren einen Schlaganfall zu bekommen. Außerdem muss erst meine PNP weg sein, bevor ich weiter darüber nachdenke.

Die Psyche, erklärte sie, sollte nach der Diagnose Krebs schon irgendwie stabil sein. Wer sich gehen lässt – für den stehen die Chancen schlechter. Sie erklärte, mit welchen Weisheiten und Lebensphilosophien man sich über Wasser halten kann. Es waren gute Denkansichten, da gab es nichts zu kritisieren. Ich habe es ja selbst erlebt. In dem Moment, wo es einem psychisch wirklich schlecht geht, fallen sie einem nicht ein. Dazu braucht man wirklich die Hilfe der Familie und von Freunden, die einen gut kennen und in diesen Momenten zur Seite stehen. Vielleicht sollte man diese Lebensphilosophien auf große Plakate schreiben und in die Wohnung oder in das Krankenzimmer hängen. Immer sichtbar für den Fall, wenn die Psyche mal in den Keller verschwinden will. Wäre einen Versuch wert.

Nun kam das Interessantere. Die Ernährung. Ich wusste zwar vieles schon, aber sie war die Erste, die mehr interessantes Hintergrundwissen vermittelte.
Ein paar knapp gefasste Beispiele: Ein Glas Rotwein jeden Tag für die Blutherstellung. Grüner Tee statt Kaffee. Das Wissen über Öle und Fette, wovon auch gerne bei Quarks & Co im WDR berichtet wird.

Keine der leckeren E's mehr, sprich keine Konservierungsstoffe. Nur noch Brot vom Bäcker. Obst, Gemüse, kein Fleisch, viel Fisch. Wenig Zucker und keine heiß geliebte Schokolade mehr. Keine Produkte, die in Alufolie verpackt sind beziehungsweise mit Alufolie in Berührung kamen. Also auch keine Weihnachtsmänner beziehungsweise Osterhasen in ihrer Alubekleidung, keine Joghurts mit Aludeckel und keinen Fisch in einer Aluschale. Gut, da kann man ja dran arbeiten.

Den Körper laugiger halten und weniger sauer. Also keine Orangensäfte mehr, sondern mehr Tees.

Es taucht bei Krebspatienten immer die große Frage auf, ob und was man mit der Ernährung manipulieren kann. „Zucker sei Nahrung für den Krebs" hört man gerne. Und wovon sollen die anderen Zellen leben, frage ich mich dann immer? Würde ich meine Ernährung vollständig ändern, wie sie es vorschlug, würde es definitiv an meiner Psyche kratzen und da beißt sich die Ratte in den Schwanz.

Nach dem Vortrag wurden Fragen von den Teilnehmern gerne gesehen. Genau das Richtige für mich. Dirk wollte nichts wissen und überließ die Fragerei mir. Die Dame mit dem Unterleibskrebs war sehr zurückhaltend. Mich interessierten zwei Fragen: Wie sie zu der Erhaltungstherapie mit Contergan steht. Ob und wie lange ich es nehmen sollte. Die Antwort glich der meines behandelnden Arztes. Mit großer Wahrscheinlichkeit mein Leben lang.

Wieso ich denn Krebs bekommen habe? Nachdem ich ihr von meiner Familienhistorie und meinem Beruf erzählte, konnte sie mir, wie zu erwarten, auch nur eine Antwort geben. Es ist mit großer Wahrscheinlichkeit eine Mischung aus allem. Genome und Umwelteinflüsse.

Welches Ergo ziehe ich daraus? Würde ich nun regelmäßig Sport treiben und meine Ernährung umstellen, könnte es mir zwar besser gehen, aber es wäre nicht die Gewährleistung, keinen weiteren Krebs beziehungsweise einen Rückfall des MM zu bekommen.

Also bleibt nur, weiter zu hoffen, dass es nicht geschehen wird, und weiter positiv zu denken.

36
Achtzehn Monate nach der Diagnose

Mittwochmorgen, halb neun in einer nordrhein-westfälischen Großstadt. Nach wie vor stecke ich meinen Schlüssel in das Schloss, um an ihm meine Wohnungstür zuzuziehen. Mein Nachbar aus dem dritten Stock hat schon vor einer Stunde seine Wohnung verlassen. Seine Duftwolke war bereits verschwunden. Keine Chance mehr hindurchzulaufen, um für den Tag eingeduftet zu sein. Ich erreichte im Erdgeschoss die dreiundachtzigste Stufe und sah schon durch die Scheibe der Haustür das Taxi auf mich warten. Ich setzte mich auf den Rücksitz und bat den Taxifahrer, mich zur Klinik zu bringen. Erst jetzt konnte ich meinen Gedanken nachgehen und fühlte mich halbwegs wach und ausgeschlafen. Ich schaute aus dem Fenster des Wagens und erfasste meine Umwelt. Ich sah Menschen, die ihrem Alltag mit ihren eigenen Sorgen und Gedanken nachgingen.

Ich erwischte mich, wie ich darüber nachdachte, in welchen unterschiedlichen körperlichen und psychischen Verfassungen ich diesen Weg bereits gefahren war. Ich war neugierig, wen ich heute treffe oder sehen werde. Einige kannte ich bereits vom Sehen, mit anderen hatte ich schon mal eine Begegnung. Wie dem Taxifahrer, der mich schon dreimal nach Hause brachte, oder die junge Dame an der Information.

Mittlerweile kamen mir die Gänge, Aufzüge und Treppen vertraut vor. Auch wenn ich vieles anders gestalten würde und in vielen Bereichen freundlichere Farbtöne nicht geschadet hätten, geben mir diese Räume, neben der Vertrautheit, auch die Aussage: Hier wurde mir geholfen.

Ich lief über die fünfundzwanzig Stufen in den ersten Stock und betrat den Gang der Ambulanz. Gespannt, welche Stimmung vorherrschte, und nervös, was die monatlichen Bluter-gebnisse an diesem Tag sagen werden.

Meine Nadelphobie war nach wie vor vorhanden. Unzählige Spritzen und Blutabnahmen haben nichts daran geändert. Diesmal war der linke Arm dran. Immer schön im Wechsel, damit jeder Arm nur alle zwei Monate gestochen wird. Mein Blut wurde in einem Schnelltest untersucht und das Ergeb-nis landete mit meinen Unterlagen auf dem Schreibtisch meines behandelnden Arztes.

Warten auf einem Stuhl mit Armlehne. Eine Patientin, die ich vom Sehen schon kannte, wurde vor mir aufgerufen. Er-fahrungsgemäß dauert so eine Besprechung zwanzig bis dreißig Minuten. Die Wartezeit überbrückte ich mit dem Blick auf die Krankenhausuhr oder aufs Smartphone. Manchmal machte ich mir Notizen für „Charlotte sticht" auf einem Schreibblock.

Ich wurde vierundzwanzig Minuten später aufgerufen. Nach einem zufriedenstellenden Blick auf meine Unterlagen sah mein Arzt mich an und fragte, wie es mir geht.

„Gut", antwortete ich. „Das Taubheitsgefühl in den Füßen wird langsam weniger."

Er nickte bestätigend. „Ihre Blutergebnisse haben sich sehr gut entwickelt. Sie können zufrieden sein."

Ich fragte ihn erneut nach einem eventuellen Rückfall des MM. Denn nach den letzten zwei Besuchen in der Selbsthil-fegruppe wurde mir irgendwie bewusst, dass es irgendwann zu einem Rezidiv kommen kann und ich mir deswegen Sor-gen mache.

„Hat eigentlich jemals ein Patient keinen Rückfall bekom-men?", fragte ich ihn.

„Nicht dass ich wüsste. Aber wir können auch nur auf die Erfahrungen der letzten zehn Jahre zurückblicken. Länger gibt es diese Therapieform, wie Sie sie durchlaufen haben, nicht. Aber wenn Sie regelmäßig zur Kontrolle kommen und die Erhaltungstherapie nach wie vor einnehmen, sind Sie auf einem guten Weg. Sollten sich die Werte verschlechtern, können wir rechtzeitig medikamentös gegensteuern. Es muss nicht sofort zu einer Chemotherapie kommen", antwortete er und setzte sich sofort aufrecht hin. Er drückte seinen Rücken durch, erhob seine Stimme und wurde ein wenig lauter als normal: „Herr Hollas, auf diesen Zug wollen Sie doch nicht aufspringen? Was soll das denn? Hören Sie auf, daran zu denken. Ihre Werte sind in Ordnung. Leben Sie und lassen Sie sich nicht emotional runterziehen. Das steht Ihnen nicht!"

Ja! Er hatte damit den Nagel auf den Kopf getroffen. Manchmal braucht man einen Arzt, der einen gut einschätzen kann und einem den Kopf wieder zurechtrückt. Gut, dass es solche Menschen gibt, die einen wieder in die Spur bringen. Er hat ja recht. Nicht zu viel darüber nachdenken und das Leben genießen. Es muss nicht immer gleich das Schlimmste geschehen. Außerdem weiß ich ja selbst, es kommt immer anders, als man denkt.

Nach dem Gespräch ging ich in die Cafeteria und bestellte mir einen Milchkaffee. Eine mir lieb gewonnene Tradition, bevor ich mich ins Taxi setze und nach Hause fahre.

Es war nach Langem der erste Tag, an dem wieder die Sonne schien. Ich spürte ihre Wärme durch die Scheibe auf meiner Haut. Ich schaute aus dem Fenster und blickte in die Wolken. Ich beschloss, mich nicht mitreißen zu lassen und aus jedem Tag das Beste zu machen. Ich beschloss, wenn es mir gefühlsmäßig nicht gut geht, es kurzzeitig zu akzeptieren und mich nicht darin zu verheddern. Ich habe einmal diese Tortur von Charlottes Besuch mit Erfolg überstanden, also werde ich ihn auch ein zweites Mal überstehen. Aber warum so weit denken? Ich will nicht, dass es zu einem zweiten Mal kommt.

Also werde ich jetzt hier einen Schlussstrich ziehen. Hier ist es zu Ende. Das waren achtzehn Monate Blutkrebs und meine Erfahrungen damit. Es gäbe noch vieles zu schreiben, und jede neue Begegnung mit Krebspatienten und Angehörigen von Betroffenen bringt immer wieder neue Geschichten und Erfahrungen. Jeder Besuch in der Klinik und jedes Treffen mit einem Arzt sorgt für neue Informationen, die es wert sind, niedergeschrieben zu werden, aber das Wichtigste ist gesagt.

Jeder Betroffene und Angehörige hat seine eigenen Erfahrungen mit einer angsteinflößenden Krankheit gemacht oder macht sie gerade. Ich möchte mit meinen Zeilen vermitteln, dass selbst nach einer Krebsdiagnose nicht alles vorbei ist. Die Zeit ist nicht schön, aber sie wird vorbeigehen. Der Vorteil oder anders gesagt mein Vorteil war, dass ich viele der Unannehmlichkeiten schon vergessen habe.

In den achtzehn Monaten lief nicht immer alles glatt, ich habe mir jedoch absichtlich erspart, davon zu berichten. Zum einen, weil es nicht dramatisch war und immer ein glimpfliches Ende nahm, und zum anderen, weil ich niemanden anprangern möchte und auch nicht werde. Ärzte und Pfleger sind auch nur Menschen, die Fehler machen. Und so ein bisschen Eigenverantwortung und Interesse für die Krankheit hat, denke ich, jeder selbst zu tragen. Lieber einmal mehr fragen, was einem eingeträufelt wird, als einmal zu wenig. Wer freundlich fragt, wird meist eine freundliche Antwort zurückbekommen. Ja, ich weiß – Ausnahmen bestätigen die Regel. Es ist auch nicht immer einfach, gerade wenn man in einem Krankenbett liegt.

Bestimmt werde ich zu hören bekommen, dass es Menschen gibt, denen es wesentlich schlechter ergangen ist als mir. Das ist mir sehr bewusst und ich habe selbst viel zu viel Trauriges beobachten können. Selbst wenn ich mir manche Krankengeschichten aus meiner Selbsthilfegruppe anhöre, läuft mir ein Schauer den Rücken herunter. Jedoch sind sie alle nach der erfolgreichen Chemotherapie – sofern ich es beurteilen kann – medizinisch gut eingestellt und haben mit den gleichen Ängsten und Sorgen zu kämpfen wie ich.

O-Ton Jürgen: „Das Spiel gewinnen wir" oder: „Ich habe keine Lust mehr, auf der Reservebank zu sitzen" und: „Ich will zurück aufs Spielfeld".

Ach ja. Apropos Jürgen, bevor ich es vergesse.

Jürgens Fremdstammzellentransplantation war erfolgreich und er ist auf dem Weg der Genesung.

Kalle arbeitet mittlerweile wieder stundenweise. Auch aus dem Grund, weil sein Arbeitgeber und seine Kollegen so sozial eingestellt sind, ihm dies in seiner Firma zu ermöglichen, und er eine Aufgabe und Abwechslung haben wollte.

Was aus den anderen geworden ist, weiß ich nicht.

Wenn meine Zeilen bei euch, meinen Lesern, verschiedenste, vielleicht auch nicht so schöne Gefühle hervorgerufen haben, hoffe ich doch, ihr konntet über diese oder jene Zeile ein bisschen schmunzeln. Denn in so einer Zeit darf man seinen Humor und sein Lachen auf gar keinen Fall verlieren.

Ich wünsche jedem Krebspatienten und jedem, sei es Angehöriger, Arzt oder Pfleger, der mit ihm diesen Weg beschreiten wird, die nötige Kraft für Körper und Geist.

Und eins habe ich mir nach all diesen Gesprächen und Erfahrungen vorgenommen – es wird keine Fortsetzung von „Charlotte sticht" geben!

37
Ratschläge, Tipps und Hinweise, kurz Geschriebenes, Nachdenkliches

In meinem Erfahrungsbericht habe ich Ratschläge nicht unbedingt deutlich ausformuliert. Ich denke, jeder liest sich das heraus, was für ihn bedeutsam ist und sich merken möchte. Ich schlussfolgerte aber aus vielen Gesprächen, dass so manches nicht unerwähnt bleiben sollte. Von daher gibt es zum Schluss noch ein Kapitel mit Ratschlägen, Tipps und Hinweisen.

Diagnoseverkündung:
Zur Diagnoseverkündung, zu der man ja meist einen Termin bekommt, sollte man nicht alleine gehen. Es ist nahe liegend, dass man jene Person mitnimmt, die einem am nächsten steht. Diese ist allerdings emotional genauso durch den Wind wie man selbst. Deshalb ist es ratsam, vielleicht eine Person um Begleitung zu bitten, der man vertraut und die in der Lage ist, bei der Flut von Informationen alles aufzufassen und sich zu merken. Man darf nicht unterschätzen, dass einem der Arzt oder die Ärztin in den fünfzehn bis dreißig Minuten Diagnoseverkündung eine Menge an vollkommen unbekannten Informationen rüberbringt. Es kann sehr gut geschehen, dass man emotional dichtmacht, wenn man hört „Sie haben Krebs", und die folgende Aufklärung gar nicht mehr aufnimmt, wie es sein sollte.

Formulare, Textmarker und Notizblock mit Stift:
Häufig gibt es keine Kopien mehr. Man wird gebeten, die Formulare mit dem Smartphone abzufotografieren. Also sicherstellen, dass der Akku des Handys geladen ist.

Es ist ratsam, einen Textmarker für die Formulare und Informationsbroschüren, die einem der Arzt aushändigt, mitzunehmen. Wichtige Textzeilen können damit markiert werden, um sie vielleicht später noch einmal nachzulesen.

Einen Notizblock mit Kugelschreiber dabeizuhaben ist auch nützlich. Darauf kann man Worte, die man noch nicht kennt, notieren. Man bekommt sie zwar bei der Diagnoseverkündung erklärt, aber man vergisst sie auch gerne wieder. Diese Worte kann man später im Internet nachsehen oder andere danach fragen. Vielleicht diese neuen Worte in ein Vokabelheft oder Ähnliches schreiben, das man immer zur Hand hat und darin nachsehen kann. Es ist wie neue Vokabeln lernen.

Krankenhistorie:

Seine Anamnese, also die Geschichte der eigenen Krankheiten in Jahreseinteilung, die der Eltern, eigenen Operationen, Allergien, Röntgen usw. in Schriftform oder gar als Kopie zum Aushändigen an den neuen Arzt mitzuführen, erleichtert die Situation erheblich. Ich habe ganz gerne meine Blutdruckmedikamente vergessen, weil sie für mein Leben schon so selbstverständlich geworden sind. Hat man es schriftlich dabei, kann man auch schlecht etwas vergessen.

Neue Worte:

Viele Worte und Begriffe sind neu und ungewohnt, sollten allerdings verinnerlicht werden, weil Ärzte und Pfleger diese im Krankenhausalltag immer wieder benutzen.

Ich gebe zu, ich hatte Mühe, mir neben den Begriffen auch noch die Werte zu merken. Ein Beispiel: „Ihr HB-Wert liegt bei 12." Was ist HB und was bedeutet die 12? Ist das nun gut oder schlecht? Auch wenn vielleicht mancher meint, es wäre

Allgemeinwissen, ich brauchte es neunundvierzig Jahre nicht. Aber ab jetzt. HB war doch mal eine Zigarettenmarke. Also nachgefragt, notiert und irgendwann auch mal verinnerlicht.

Zur Auflösung: HB bedeutet Hämoglobin, roter Blutfarbstoff. Es macht das Blut rot und transportiert den Sauerstoff von der Lunge durch den Körper. 12 ist leider etwas niedrig, also muss man darauf hoffen, dass der Körper zeitnah Neues produziert.

Gentest:

Falls der Arzt einen Gentest für eventuell andere Krebskrankheiten empfiehlt, sollte man klären, ob diese Kosten die Krankenkasse trägt. Aber viel wichtiger ist, ob man diese Information wirklich wissen will. Die Zahlen und Wahrscheinlichkeiten sagen nicht unbedingt so viel aus. Was nützt es einem, wenn man erfährt, dass es zu einer Darmkrebswahrscheinlichkeit von siebenunddreißig Prozent kommen kann. Damit ist nicht gesagt, ob es auftritt und vor allem – wann! Damit macht man sich nur unnütz verrückt und es belastet einen noch mehr. Das ist so wie eine Wahrsagerin mit einer Glaskugel.

Zähne:

Vor einer möglichen Chemotherapie – falls noch genug Zeit ist – den Zustand der Zähne abklären und möglicherweise noch behandeln lassen.

Zum einen, weil sich manche Chemos auf den Mundraum auswirken, wie Pilz oder auch Zahnfleischschmerzen. Zum anderen möchte man wirklich keine Zahnschmerzen, geschweige denn eine Zahnbehandlung währen der Chemotherapie durchmachen.

Manche Medikamente muss man vor einer Zahnbehandlung wochenlang vorher absetzen. Das muss man unbedingt mit dem behandelnden Arzt und dem Zahnarzt abklären.

Impfungen:

Mit dem behandelnden Arzt unbedingt besprechen, ob es sinnvoll ist, sich gegen Grippe und andere Krankheiten vorher impfen zu lassen. Nicht jeder weist einen darauf hin oder schlägt es vor. Man möchte während Charlottes Besuch nicht noch eine Krankheit obendrauf bekommen, wie zum Beispiel Pneumokokken, wieder ein neues Wort. Es ist eine Lungeninfektion, die man in der Zeit gar nicht gebrauchen kann.

Also bitte auch über dieses Thema mit dem Arzt reden.

Körperfotos:

Ratsam ist es, seinen Körper vor der Chemo von allen Seiten fotografieren zu lassen. Je nach Behaarung gegebenenfalls auch nach dem Verlust seiner Haare. Sollten durch die Chemo Hautveränderungen auftreten, kann man nachsehen, ob sich „nur" etwas verändert hat oder vollständig neu aufgetreten ist. Denn es ist schlimm, wenn man plötzlich etwas sieht oder ertastet und sich dann fragt: „Hatte ich das schon, oder ist es neu?" Dann kann man auf den Fotos nachsehen, bevor man unnütz in Panik gerät.

Seifen und Lotionen:

Sich eine unparfümierte Körperlotion besorgen. Weil es bei einer Chemo zu trockener Haut kommen kann – stärker als normal – und unparfümiert deshalb, weil es möglich ist, dass man die parfümierten Lotionen nicht mehr riechen kann und möchte, besonders nicht nach dem Verlust des

Geschmacks- und Geruchssinns. Das darf man wirklich nicht unterschätzen. Eine parfümierte Lotion soll nicht der Auslöser sein, dass einem schlecht wird.

Internet:

Sich im Internet zu informieren hat viele Vorteile, aber auch viele Nachteile.

Man sollte sich von seinen Mitmenschen nicht aus der Fassung bringen lassen, zum Beispiel mit dem Satz: „Ich habe da etwas im Internet gelesen." Und schon bricht eine Flut Halbwissen auf einen herein. Bitte immer rechtzeitig den Ausschalter drücken!

Jede Krankheit ist individuell zu betrachten und jede Therapie läuft ein bisschen anders.

Manche Internetseiten sind durchaus informativ, aber auch reichlich bestückt mit nicht alltagsgeläufigen Worten. Diese kann man, wie gesagt, ebenfalls im Internet nachsehen.

Internetforen meiden oder nur mit der nötigen Kraft und dem Verstand lesen. Denn auf diesen Seiten wird immer gerne von Extremfällen berichtet, die zu Angst und Verunsicherungen führen können. Dort erfährt man zu viel von dem, was schieflaufen kann. So etwas will man selber in seiner eigenen Situation nicht unbedingt wissen.

Selbsthilfegruppen:

Wenn man eine Selbsthilfegruppe für seine Krebskrankheit findet, sollte man durchaus in Erwägung ziehen, sich dort einmal blicken zu lassen. Es ist wirklich ratsam, sich mit Personen auszutauschen, die das gleiche Schicksal – die gleiche Therapie – hinter sich haben. Denn nur jemand, der Charlottes Besuch erlebt hat, kann auch wirklich nachvollziehen, wie es sich anfühlt und was geschehen kann. Diese

Personen findet man in einer Selbsthilfegruppe, sie geben nützliche Tipps, oder auch Wissenswertes, das ein Arzt nicht vermittelt, wie zum Beispiel die Infos aus diesem Kapitel.

„Die können mir nicht helfen" würde ich nicht so abtun. Alleine schon, wenn man sieht, wer alles gelitten hat und erfolgreich genesen ist, kann einem schon Mut geben.

Allerdings gibt es hier auch einen kleinen Haken. Eine Selbsthilfegruppe ist keine Garantie, dass man dort jemanden trifft, mit dem man sich auf Anhieb gut versteht. Es kann natürlich sein, dass man dort Geschichten hört, wo es bei der Behandlung Komplikationen gab. Ähnlich wie bei den Internetforen, in denen Patienten ihre Horrorgeschichten veröffentlichen, aber mit dem Unterschied, dass man direkt auf diese Menschen trifft und nachfragen kann, wie es ausgegangen ist. Da diese Mitpatienten neben mir sitzen, verlief bei ihnen alles gut.

Meine Selbsthilfegruppe hat mir sehr geholfen und ich bin froh, dass ich dort war. Die etwas älteren Damen, auf die ich traf, kümmerten sich fürsorglich, beinahe mütterlich, und waren bemüht, mir meine Ängste zu nehmen. Der Leiter dieser Gruppe war sehr engagiert, und wenn er etwas nicht wusste, kannte er jemanden, der mir meine Fragen beantworten konnte.

Also, mal ausprobieren, man hat nichts zu verlieren.

Essen während der Geschmacklosigkeit:

Ich erachte es für wichtig, immer genug Essen im Haus zu haben. Ich meine die Zeit, bevor die Behandlung losgeht und man noch die Kraft hat, den Vorratsschrank aufzufüllen. Das ist wichtig für die Zeit der Geschmacklosigkeit. Vielleicht auch Lebensmittel besorgen, die einem nicht so alltäglich sind. Sozusagen als „Experiment", ob es einem in dieser Zeit doch schmecken könnte. Und wenn nicht, dann hat man zumindest etwas gegessen. So eine gewisse Selbstüberlistung schadet nicht. Wann hat man das letzte Mal eine Dose Ravioli gegessen? In der Jugend vielleicht häufig. Die schnelle Kost in dieser Zeit. Aber mit zunehmendem Alter immer weniger. Also mal ausprobieren, und wenn die einem nicht schmecken sollten, macht das nichts, weil man Ravioli eh nicht mehr essen wollte, denn die Zeit ist ja vorbei. Aber was einmal im Bauch ist, bleibt drin und nährt einen irgendwie.

Füße und Polyneuropathie:
Den Zustand seiner Füße darf man nicht außer Acht lassen, auch wenn es vielleicht witzig klingen mag. Füße werden gerne mal vernachlässigt. Vor allem, wenn eine PNP, Polyneuropathie, winkt. Es ist eine Nervenendenschädigung, die gerne in Füßen und Händen nach bestimmten Chemotherapien auftreten kann, nicht muss. Also mal gründlich nach ganz unten gucken. Schauen, ob alle Nagelbetten in Ordnung sind und gegebenenfalls Hornhaut beseitigen lassen. Wenn es die Zeit zulässt, vielleicht noch zum Podologen, einem Fußspezialisten, zur Kontrolle gehen.
Die PNP ist ein Kribbeln in den Füßen, welches sich anfühlt, als stünde man in einem Ameisenhaufen. Man kennt doch dieses heftige Gefühl, wenn man im Sitzen die Beine übereinander geschlagen hat und dann wieder aufstehen möchte. Das Gefühl, wenn das Blut wieder durch die Beine fließt und es ganz heftig bis schmerzhaft kribbelt. Ich meine davon die Hälfte, das aber in den Füßen für vierundzwanzig Stunden. Nicht so schön.
Man sagt, die PNP dauert neun bis vierundzwanzig Monate an und es gibt kaum Hilfe dagegen. Was hilft, sind mechanische Beanspruchungen zur Stimulation der Nervenenden,

häufiger Schuhwechsel, ein Fußmassageteil mit Rollen, über das man die Fußsohlen abrollen kann. Ein Tablett mit Trockenerbsen, auf das man sich stellen kann, ist auch eine Möglichkeit, seine Nerven in den Füßen zu stimulieren. Verschieden harte Fußmatten, auf denen man treten kann, sind auch dienlich. Aber das Beste ist nach wie vor, sich die Füße massieren zu lassen. Und somit schließt sich der Kreis. Einen gepflegten Fuß massiert Mann oder Frau nun mal lieber.

Der gepackte Koffer:
Es ist empfehlenswert, während der gesamten Therapiezeit einen gepackten Koffer griffbereit zu haben. Mit allen nötigen Utensilien, die man im Krankenhaus braucht, wie Unterwäsche, Schlafwäsche und Badutensilien. Auch wenn man nicht daran denken möchte, dass man als Notfall ins Krankhaus kommen könnte. „Mir passiert so etwas ja nicht." Aber möglich ist es! Denn bei auftretendem Fieber oder Ähnlichem ist man wirklich nicht mehr in der Lage, eine Tasche zu packen, vor allem nicht, wenn es schnell gehen muss. Die Lieblingsleibwäsche zu suchen oder die richtige Zahnbürste einzupacken hält nur auf und bereitet unnötigen Stress, für sich selbst und seine Angehörigen. Also eine gepackte Tasche irgendwo stehen zu haben schadet nicht und kostet auch nicht die Welt. Sollte ein Angehöriger in solch einer Situation nicht greifbar sein, denn wie wir alle wissen, liegt ja die Tücke im Detail, kann man beruhigt zum Rettungswagenfahrer oder auch zur Nachbarin sagen: „Nimm bitte die dunkelblaue Tasche mit, die hinter der Schlafzimmertür steht." Und schon ist einem geholfen, keine unnötige Stress-Erhöhung, kein ungeduldiges Warten im Krankenbett auf seine eigene Kleidung, und das Engelshemd, das hinten so schön offen ist, wird dann auch nur bedingt lange getragen.

Furzen und Rülpsen:

Ich erwähnte es schon im Kapitel „Ein Monat Klinik". Im Krankenzimmer trifft man mit sehr großer Wahrscheinlichkeit auf Personen, mit denen man eine gewisse Zeit vierundzwanzig Stunden am Tag verbringen wird, ob man will oder nicht, ob die einem zusagen oder nicht. Da muss man durch.

Das Erste, was einen verbindet, ist die Krankheit. Den Rest der Gemeinsamkeiten findet man in den kommenden Tagen heraus. Es ist nun mal „leider" in der menschlichen Natur so, dass der Körper gewisse Geräusche macht, und manche sind auch verbunden mit einem nicht so angenehmen Geruch. Kurz gesagt: Man furzt und rülpst. Und wir wissen alle, wie unangenehm es sich anfühlen kann, wenn man dieses unterdrückt, aber trotzdem irgendwie, irgendwo, irgendwann raus möchte. Sicher kann man darüber diskutieren, warum es gesellschaftspolitisch nicht gerne gesehen wird, obwohl es die Natur so eingerichtet hat.

Ebenfalls finde ich es sehr befremdlich, dass Niesen in Japan als „unfein" angesehen wird. Man habe sich gefälligst zum Niesen auf die Toilette zurückzuziehen. Jedoch niest man ja manchmal schneller, als man zur Toilette gelaufen ist. Und so verhält es sich auch mit dem Furzen und Rülpsen. Es ist schon genug, mit Charlotte zu kämpfen, da soll man auch noch darauf achtgeben? Und womöglich mit Blähungen und Bauchschmerzen kämpfen? Nein, das muss nicht sein.

Auch wenn es vielleicht schwierig über die Lippen zu bekommen ist. Dieses Thema sollte man getrost mit seinen Zimmergenossen abklären. Mit Sicherheit wird er oder sie sich nach dieser Klarstellung auch besser fühlen und nicht alles unterdrücken müssen.

Esoterisches:

Da gibt es noch dieses Thema Eigensuggestion, sprich Selbstbeeinflussung, vor allem bei den Nebenwirkungen. Hört man von einer, hat man sie sofort. Es gibt ganze Bücher darüber, wie man sich selbst beeinflussen kann. Ob es funktioniert, kann ich nicht sagen. Es ist schwierig, nach der Diagnose und vor der Therapie damit anzufangen, weil es ja doch eine gewisse Übung erfordert. Schaden kann es nicht, vorausgesetzt, man erwartet nicht zu viel. Meine Nebenwirkungen von Charlottes Besuch kamen in der zu erwartenden Reihenfolge. Und den Pilz im Mund konnte ich mir auch nicht weg suggerieren, obwohl ich es versucht hatte. Allerdings gab es eine Situation, wo ich doch staunen musste. Ich wusste das von meiner Mutter und es stand auch in der Horrorliste, dass die Nervenendenschädigungen auch in den Händen auftreten können. Eines Morgens beim Frühstück begannen meine Hände plötzlich zu kribbeln und ich konnte das Messer nicht mehr halten. Ja, es war ein kurzzeitiger Schock, doch das wollte ich nicht. Also schrie ich, zum Erstaunen meines Zimmernachbarn Jürgen, meine Hände an: „Ich will das nicht, geh weg!"

Und so schnell es gekommen war, so schnell war es verschwunden. Es tauchte nur ganz selten auf und dann wurden meine Hände wieder angeschrien. War das Eigensuggestion? Ich weiß es nicht. Aber irgendwie hat es funktioniert. Also – nichts unversucht lassen und Versuch macht klug.

Krank sein im Ausland:

Sollte man sich nach einer vollzogenen Chemotherapie in ein fremdsprachiges Ausland begeben, ist es durchaus ratsam, den aktuellen Stand seine Diagnose irgendwie in dieser

Landessprache mit sich zu führen, sowie eine Liste mit den aktuellen Medikamenten, wenn möglich ebenfalls in der Landessprache. Bei einem Arztbesuch ist es für alle Beteiligten wesentlich einfacher, wenn der Befund verständlich ist. In der Notfallambulanz kann man von dem behandelnden Arzt nicht unbedingt erwarten, dass er sich mit einer vorausgegangenen Chemotherapie auskennt. Notärzte sind keine Onkologen. Wenn dann auch noch die Sprachbarriere zwischen Arzt und Patienten steht, hat man definitiv ein Problem. Der Arzt ist verständlicherweise verunsichert und weiß nicht, ob er überhaupt ein Antibiotikum oder auch Cortison, und wenn in welcher Dosierung, verabreichen darf und kann. Ein schriftliches Dokument in Landessprache erleichtert die ganze Situation. Ich kann leider keine Ratschläge für eine hochwertige Übersetzung liefern. Aber manchmal reicht auch ein Übersetzer aus dem Internet. Den ganzen Text eingeben und die Übersetzung ausdrucken.

Medikamente beim Reisen:
Nicht die gesamten Medikamente in einen Koffer packen! Für mindestens drei bis fünf Tage die notwendige Medizin mit ins Handgepäck nehmen, falls der Koffer verloren geht. Flüssigkeitsrichtlinien der Flughafengesellschaft beachten.
Es ist ebenfalls ratsam, sich darüber zu informieren, ob alle verordneten Medikamente aufgrund der Zulassung überhaupt im Ausland erhältlich sind.

Zu guter Letzt noch etwas Nachdenkliches oder anders gesagt: Eine freundliche Aufforderung, seine eigene Denk- und Handlungsweise zu erweitern.
Eine Brustkrebspatientin berichtete mir von einer Verhaltensweise ihrer Mitmenschen, die sich nach ihrer Diagnose,

ich sag mal vorsichtig, „abgewandt" haben. Ob bewusst oder unbewusst erschloss sich mir nicht aus der Geschichte. Die Patientin bemerkte das natürlich und war nachvollziehbar enttäuscht und gekränkt, unternahm aber nichts weiter.

Auf meine Frage, ob sie ihre Bekannten über ihre aktuelle Situation und ihr körperliches sowie seelisches Befinden aufgeklärt habe, erntete ich nur einen erstaunten Blick.

„Ist es nicht selbstverständlich, dass man in solch einer Situation zu seinen Freunden steht?", wurde ich zurückgefragt.

„Sollte es eigentlich sein", stimmte ich zu. „Aber solche Diagnosen öffnen eine ganz andere Tür. Die der Angst, Unsicherheit und Unwissenheit. Wie verhält man sich in solchen Situationen? Was sagt man? Was kann man tun? Was ist richtig oder falsch? Da ist es doch einfacher, sich nicht blicken zu lassen und somit auch nicht unbedingt etwas falsch zu machen. Sollte einmal der Vorwurf kommen, dass man sich nicht gekümmert hat, kommt die Antwort: ‚Ich wusste nicht, wie ich mit der Situation umgehen sollte' oder ‚Ich ging davon aus, du wolltest deine Ruhe haben', und schon ist man irgendwie raus aus dem Schneider."

„Warum hat die Freundin ihre Bekannten nicht zu einem Treffen eingeladen, um ihnen zu sagen, was ihr wichtig ist, was sie erwartet und wie sie sich ihr gegenüber verhalten sollen? Das hätte den Druck aus der ganzen Sache genommen und alle hätten gewusst, was von ihnen erwartet wird."

„Stimmt irgendwie. Daran hat nie einer von uns gedacht."

Eine Krebsdiagnose ist nie einfach: Für keinen – weder für den Betroffenen noch für den Lebenspartner, die Familie, Freunde, Bekannte und Kollegen. Jeder hat seine eigenen individuellen Erfahrungen damit. Der eine kann viel berichten und kennt Beispiele ohne Ende, dass man es nicht mehr hören kann. Der andere weiß ein bisschen, jedoch nicht von

Menschen, die ihm nahestanden, war also emotional nie betroffen. Und dann gibt es jene, die so gar nichts von Krebskrankheiten und deren Folgen wissen oder auch nichts wissen möchten.

Sollte man das erwarten? Kann und darf man ein latentes Wissen über Krebskrankheiten voraussetzen? Kann man irgendjemanden zwingen, sich mit Krankheiten auseinanderzusetzen? Zu viele Geschichten schwirren in den Köpfen herum. Häufig mehr schlechte als gute. Weil ja die Schlechten meist zu einer langen Leidenszeit oder zum Tod geführt haben.

Aber eins haben alle gemeinsam. Ist die Diagnose einmal ausgesprochen, führt es von einer Sekunde auf die andere zu Unsicherheit und Angst, sei es als Betroffener oder als Begleiter. Die Angst wird immer da sein. Ich habe nie jemanden erlebt, geschweige denn von jemandem gehört, der „cool" mit seiner Krebsdiagnose umgegangen ist. Diese Angst gilt es irgendwie in Schach zu halten, nicht groß werden zu lassen. Sie wird immer da sein. Dabei helfen Gespräche mit Nahestehenden, auch wenn mal eine Träne fließen sollte und man in Wiederholungen verfällt.

Ein Betroffener sollte wirklich über seinen Schatten springen, auch wenn es schwerfällt, seinen Mitmenschen verständlich zu machen, was er für diese Zeit von ihnen erwartet. Damit ist jedem geholfen und nimmt viel Stress aus der Situation. Und danach fällt vieles leichter.

Mein großes Dankeschön gilt ...

Meinem Lebensgefährten Dirk, der mir in der Zeit tapfer und stark zur Seite gestanden hat und steht.

Meiner Familie Brigitte, Thomas, Max und Christian.

Meinen Freunden Rob, Tomek, klein Georg, Sebastian, Andre und Peter.

Jan für den Entwurf des Covers.

Meinem Hausarzt Dr. K. und seinen fürsorglichen Angestellten.

Meiner Hämatologin und ihrer Kollegin.

Dem onkologischen Personal im Krankenhaus am Rande der Stadt, vor allem Schwester Melanie.

Meinem behandelnden Arzt und seinem Chef.

Dem onkologischen Personal in der Klinik, vor allem Schwester Annette.

Den beiden besten Blutabnehmerinnen von der Ambulanz in der Klinik.

Dem hervorragenden Personal bei der Stammzellenentnahme in der Klinik.

Meiner Selbsthilfegruppe.

Allen, die sich Sorgen machten, aber nicht sollten. Jan, Mo, Andreas, Petra, Erika, Daniela, Daniel, Denise, Tina, Ralph, Heike, Birgit, Robs Familie, Katrin, Anneliese und Familie.

Meinen Probeleserinnen Mo, Christin, Frauke und Sarah.

Und „last, but not least":
Meinen lieb gewonnenen neuen Freunden Jürgen, Kalle und Uwe. Schön, dass ich euch kennenlernen durfte. Danke für die guten und vertrauten Gespräche. Es war gut, ein Teil des beschwerlichen Weges an eurer Seite zu gehen.

Quellenangaben

(1)   www.sprüchetante.de

(2)   www.gutezitate.com

(3)   www.aphorismen.de

(4)   www.sprueche-suche.de

(5)   www.sprüchetante.de

(6)   www.spruch-des-tages.org

(7)   www.gutzitiert.de

(8)   www.spruch-des-tages.org

(9)   www.aphorismen.de

(10)   www.spruch-des-tages.de (wortweise)

(11)   www.aphorismen.de

(12)   www.spruch-des-tages.de

(13)   www.spruechewelt.com

(14)   www.mademyday.com